民初銀行大亨
BANKING

李北濤等——原著
蔡登山——主編

銀樓，中國早期金融業的店鋪，亦是後來華資辦的銀行前身。

十九世紀中後期，英國在上海設立的匯豐銀行

二十世紀初，俄國在天津設立的道勝銀行

二十世紀，法國在上海設立的東方匯理銀行

二十世紀初，日本在天津設立的橫濱正金銀行

二十世紀初，英、美、俄等國銀行在中國發行的紙幣。

二十世紀初，德國在漢口設立的德華銀行

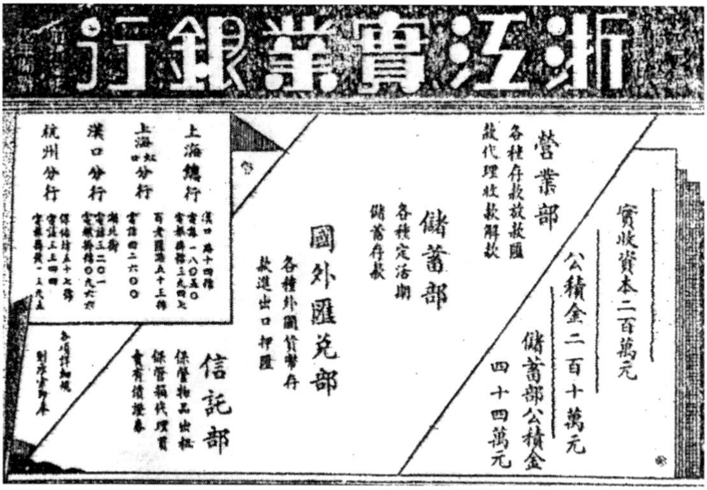

刊登在抗戰前雜誌上的銀行業廣告，以此可窺見當時華資銀行的業務概略。

袁世凱為了獨裁和稱帝，除了向外國銀行大量借入金錢以外，並通過其支配的銀行，發行儲蓄票，搜刮民財。圖為稱帝時的袁世凱及其政府官員與外國銀行團代表。

目次 CONTENTS

銀行前身：爐房、錢鋪及銀號

尚綬珊

編案：爐房、錢鋪和銀號先後興起於清末至二十年代前後，它們可說是現代銀行業的前身。其滄桑變幻、興衰轉化的歷史，除反映了中國憂患年代的政治、軍事和經濟的側面以外，其中的趣聞與秘辛所透露的投機、詐騙等等，值得現今周旋於金融商業社會的人士所警覺。

本文作者從事舊中國金融業凡四十年，其述聞資料翔實而珍貴，舉凡文中所涉人事，均經有關方面核證。

一、爐房逸事

清道光年間（一八二二年至一八五〇年），有直隸深州孤城村盧天保者，於北京前門外珠寶市創設久聚爐房（後改為復聚爐房），專事熔化散碎銀兩為業。初屬家庭手藝作房，父子叔侄相繼經營。後逐步發展，如復聚、萬聚、全聚、增盛、增茂、聚增、德順等爐房，俱係盧氏家族所開設。盧天保字紹周，人稱盧老紹。當時因盧家爐房業務發達，故民間有「要開爐房，先找盧老紹」的說法。不久，有些高官富商亦相繼開設爐房，如：同元（初添「興」字，再改「祥」字）、聚義、祥瑞（初添「成」字，後改「興」字）、益泰（後加「源」字）、源豐、恒豐、德豐、聚盛（後加「源」字）、全聚（後加「厚」字）、萬豐、萬興、寶興、恒盛、聚豐、恒康、裕興（後加「源」字）、寶豐（後加「成」字）、寶元祥、裕豐源及謙和瑞等。於是一時之爐房共計竟達二十六家之多。各爐房之字號，最初均係雙字，如「復聚」、「萬聚」等。按當時爐房業中，有換東家不得改字號之特殊傳統；因此，凡爐房改換東家時，為分清新舊東家之責任，遂在原字號後加一字，以示區別。例如祥瑞興、同元祥兩爐房，均加改過二次，俱係中途改換東家，出倒鋪底所形成。後來，市面新設之鋪家，多用三字名稱，於是，成立較晚之寶元祥、裕豐源及謙和瑞三家爐房，其字號遂均用三字為名，並無改換東家之事。

化銀鑄錠

爐房最初僅設化銀爐一座（爐式與全聚德飯莊之烤鴨爐相仿），熔化碎銀。後業務發達，有設爐四座者。化銀之程序是先將擬化之零散銀兩剪成碎塊，秤足分量後放於笸籮中，待開爐後，將銀倒於專供熔化用之銀罐（特製耐火陶罐）中，以鉗子夾住銀罐，置於爐內，俟熔化後將銀罐夾出，加硝少許，再用長香將銀液浮面雜質打去，倒入預定之鐵模中，立即凝結成錠。在光緒初年間所化之銀錠有五兩、十兩、五十兩、一百兩一錠者，至光緒十五年（一八八九年）後，只化北京市秤十兩一錠。彼時爐房門面所掛之牌子為：「某某爐房散碎成錠信實傾硝行」。

爐房爐內之殘煤及地上穢土和櫃房櫃內地上塵土，向不外倒，積存後有「土廠」前來收買。聞爐房營業最盛時期，有的爐房每年之穢土，即可賣得價銀一百兩。此項價銀例為櫃中同事們的福利。在此時期之土廠，如洪順土廠等共有十家之多，俱係山東人所開設。土廠將上項穢土運回過濾澄清後，即可提出少許銀碴。

珠寶市爐房初創者盧天保為深州孤城村人，因此北京從事爐房業者，大部份為其附近村莊之鄉鄰，而東鹿、冀縣人次之。至於萬豐及萬興之東家、伙計均係山東德平縣人，聚豐爐房之掌櫃為山西人，關門較早，無何足述。後來北京之銀號、錢鋪，其內部人位，大抵多為深、束、冀三縣人，時稱「深束冀幫銀號」，實起源於此。

最早的存放款業務

爐房開始時，其業務為散碎成錠、加工耗色，後以人民生活上需要之增加，交易範圍日趨廣闊，從而市面之籌碼遂亦逐漸增大。同時，又因往來客商攜帶現銀不便，多於換成銀兩後，即浮存於爐房，並無利息；而與爐房東家掌櫃有關係者，遇有急需，亦常臨時通融暫借，初亦無利息，多於事後私人餽送而已。此類浮存、暫借，由少而多，由暫而久，爐房見有利可圖，遂增添管帳及跑外人員，專司其事，由是遂開始兼做存放業務。最初，借款利息甚低，而存款則無利息。光緒年間，長期存款始付予少許利息，往來（折交）存款則無利息。

爐房兼做存放業務後，各家多有各自交往之行業。如聚義專交布行、煤行、票號及「八大祥」如瑞蚨祥等。全聚厚專交外館（做蒙古買賣者）和伊犁幫（做新疆買賣者）。增茂專交官木廠，如興隆木廠（即總承辦建築頤和園的木廠）。其他各家爐房，亦均有各自交往之行業。再者，所有行業或富戶，其所收受之散碎雜色銀兩，多向爐房換成通用紋銀，俾便於隨時使用或撥兌。由此可見，爐房在當時金融方面所起之作用已相當巨大。此時爐房於外地並無分號，故均不做匯兌業務，而各行商需付外地帳款，全賴鏢局護送，如「會友鏢局」即此類鏢局之一。

爐房於兼做存款放款業務後，各行各業幾乎與爐房均有往來，於是各行業撥兌帳款事，遂多委托爐房代辦。例如瑞蚨祥洋貨店，由聚義爐房撥某綢緞莊北京市秤一千兩，該綢緞莊委托全聚厚向聚義照兌，如聚義回答「有」，全聚厚就隨派學徒將現銀扛回，對方不能稍有拖延，否則就被認為是「壞字號」了。

關於取送銀兩事，對年輕學徒的健康頗有妨礙。按當時爐房學徒年齡約在十五、六歲，體力不足，經常扛送千兩重的銀兩，因吃力過甚，以致學徒中患癆病者頗多。

後來爐房家數增多，各家業務亦行擴大，往來撥兌頻繁。例如：甲爐房方由乙爐房扛回現銀，又有貨行由甲爐房撥乙爐房貨款，乙爐房又由甲爐房扛回現銀，當時各業辦公尚無一定時間，一天之中，甲撥乙，乙撥補甲，竟有五、六次之多。往來一次，互相過秤、看成色，種種麻煩，不一而足。

因此，同業議定除單獨無過帳往來者外，每日下午四時半起，各家存欠一律以現銀找清；如交付不清，即認為「關門」。此外，尤有不許「坑同業」之禁例。所謂「坑同業」者，即：如某貨行由甲爐房撥付乙爐房紋銀若干兩，甲爐房如無力交付，於乙爐房與之對話時，可告知「無有此事」來搪塞；倘應允乙爐房照兌，而於下午交割找清時，始聲明無款交付，即視為「坑同業」。又如某爐房一時虧款，可向值年「會頭」（即以後的會長）聲明虧款緣由，請同業幫助，言明某日歸還，經會商同意後，當由各家分擔。如該爐房借款未還之前關門，亦認係「坑同業」。從此，該號掌櫃、伙計以及東家，均為爐房業全體所不齒，不僅彼此斷絕往來，而且爐房業中永不許再用坑過同業的掌櫃和伙計。老掌櫃每年正月「說官話」（送花紅）時，輒諄諄告誡同事，必須以信用為作人之本，萬不可做坑同業之事，並應終身視為禁例。故此，直至爐房業衰落關門，很少有同業欠款者。即以後凡銀號於停業而不欠同業錢款者，該號經理則引以為榮。由此可見爐房業往日之禁例，對於同行確具有一定之影響。

回憶有一坑害同業的實例，現簡述於下。一九三四年，珠寶市各爐房早已改成銀號，惟爐房公會這一組織尚繼續存在。當時有打磨廠大源銀號經理馬瑞章，擬取得爐房公會會員資格，先在珠寶市購房屋一所，遷入居住，繼即托人向爐房公會主席說明，願意加入爐房業公會為會員（按當時外街另有銀錢業公會），後經議決，令其按照珠寶市公議局房產置價，繳付基金二千餘元，則可接納為會員。馬瑞章當即照辦。入會後一年餘，某日馬瑞章約請同業，聲明該銀號銀根吃緊，請籌借四萬元。當時日本帝國主義，正在有計劃地破壞華北金融，市面銀根確屬緊迫，大家本風雨同舟之義，遂如數借予四萬元（聚義未借）。後來馬瑞章歸還該款一部份後，竟逃之夭夭。迨至一九四二年，馬瑞章在臨記洋行楊靖宇等組織的利華銀號充當經理，所有銀號均不與之往來。該利華銀號後因營業不佳，遂關門大吉。

民營改官辦

自清同治、光緒年間中國開闢通商口岸後，國內各大城市，人口漸多，交易日繁，籌碼亦因而增多。又因捻軍起義，地方行政紊亂，以致解京交庫銀兩，名稱不一，質量不等，秤不一致。到京交庫時，庫官借詞敲詐剋扣，百般刁難，意使解銀官有稽留京都半年之久仍不能回省銷差者。後有裕豐源、謙和瑞爐房總管耿亞度（深州耿家莊人——耿家莊距孤城村約一里）上書度支部，申請組織公議局，以二十六家爐房為基礎，代部化銀，凡外省解繳銀兩，統交珠寶市爐房，化成北京市秤十兩一錠，上打「公議十足」四字戳記，外加爐房某號字樣，方為合格，否則度支部不予收受。上述申請經度支部批准後，原由民營之爐房，遂定名為二十六家官爐房，成立公議局，由各家共同出資置房一所，每日由四家爐房各派一人至二人，分上下午輪流在公議局值班，負責審查各家所化之銀錠是否達到十足成色。成色不足者均退回另化，合格者方將存在公議局的「公議十足」戳記和值日家之字號戳鏨在銀錠上。各家所化之銀錠送至公議局後，加蓋「公議十足」和字號戳時，其中字號戳全係值日家之字號戳。換言之，本字號所化之銀錠，不許打自已之戳記。如此，方能互相監督，而免流弊。後來「小爐房」（下詳）所化之銀錠，亦由值日家負審查和打戳責任，手續費亦歸其所有。自成立公議局數十年來，公議十足銀錠從未發生任何成色不足情事。

爐房自改為官爐房後，信用大著，不僅化銀成為專利，且存款亦蜂擁而來，大有應接不暇之勢。按當時北京做存放業務者，除爐房外，不過僅有大錢鋪如「四大恒」數家和山西票號十餘家，故此，爐房竟成為北京經濟之樞紐。於是，旗漢顯宦巨賈多認為爐房為發財之捷徑，紛紛集資在內外城開設爐房（地方官廳不許在珠寶市增設爐房）。此類爐房如義順、蔚豐源等十數家，所化之銀錠必須送至珠寶市公議局，經官爐房審查合格，加打「公議十足」和某爐房戳記後，方能按十足紋銀通用。每千兩付打戳費一兩。該十家爐房，亦做存放業務，與官爐務相同，惟字號分散各處，相距較遠，撥兌和交換現銀等事，均須由官爐房辦理，故俗稱「小爐房」，後亦改稱銀號。

放款利息的結算

爐房自光緒初年對存款始付利息，以折為憑（無存單），期限一年者為多，利息大小不等。對於貨行放款亦憑折往來。欠款在清末，由月息八厘至一分，照例在五月節、八月節、年底必須歸清，同時結算利息。平日不做定期放款。如到年底不能將往來折上欠款歸清者，可預先說明，雙方商量，得另做臨時一個月期之定期放款。由一九一四年起，往來欠款利息，漲到月息一分二厘的老官價，直至一九三一年始增到月息一分三厘。一九一五年後與銀行往來，互相存欠，均以週息四厘計息。每年六月二十日及十二月二十日為結帳期。但對於銀號錢鋪仍無利息，並且只許存不許欠，如偶然欠款，必須預先商妥。此乃因襲爐房時期之習慣。彼時多以珠寶市爐房為地主，以銀號、錢鋪為外客，故此俗稱爐房為「吃地面的銀錢業」，其緣由即在於此。

工資和「吃股」

爐房中的學徒，到爐房的第一年裏無工資，自第二年起，每月始給工資紋銀三錢，逐年略有增加。首席掌櫃工資，每月亦不得超過三兩。後改用銀元，則以一元作北京市秤六錢九分折算。年終認為某伙友有提升之資格，即放買賣（亦稱「吃股」），即合同上所謂「東六伙四」。伙計方面在利潤十分之四中，再訂各佔幾分之幾，從此即與號同休，認為無上光榮。學徒非到三年，不能回家。伙計二年回家一次。同業中有「長工錢」者與「短工錢」者，所謂長工錢者，即假期仍有工資，短工錢者，即假期無工資。每年陰曆正月初二日，為開張日。是日，各往來家俱送現銀或現洋為賀品，作為添倉之意。該日現銀不計成色，現洋鏨字者均照收帳，借表新年共同歡樂之意。號內每月初二及十六兩日，均吃「犒勞」（一般多是吃餃子）。店東對伙計、徒弟的盤剝，在吃犒勞中也表現出來，所以爐房業中遂有如下之諺語：「初二、十六，爐房吃肉，一個人四兩，七折八扣。」

壬子年借款案

壬子年（一九一二年）陰曆正月十五日，北京猝遭兵變，市面百業停頓，政府接濟市面，借給珠寶市爐房現銀，令再轉借貨行。祥瑞興借得十萬兩，其他爐房有借三萬至五、六萬兩不等（聚義、萬豐、萬興未借），共借六十萬兩。迨至一九一九年，北洋政府為支付軍警欠餉，竟「羅雀掘鼠」，將該借款案翻出，命警察廳傳令欠款爐房歸款。此時，爐房存在者不過十四、五家，後經北京市商會會長安迪生出面調處，以現款和五年公債各半歸還了事。

銀號的興起

自庚子年（一九〇〇年，清光緒二十六年）後，歐美等各國紛紛在中國建立銀行，並運來墨西哥站人銀元及英國鷹元，在中國行使。當時的政府也鑄造團龍銀元以及江南、廣東等機製銀元，流通市面。由於現銀因名稱、分兩、成色不一，且攜帶亦較困難，遂逐漸稀少。民國成立後，又明令廢銀改元，爐房業務乃一蹶不振，關門者及自動清理者約八、九家，即存在者如聚義爐房等亦僅餘爐一座，初則七天開爐一次，繼則半月或一月開爐一次。至一九一五年，珠寶市各家化銀爐俱已拆除。一九一六年，聚義、全聚厚、同元祥、祥瑞興、聚盛源等，相繼在天津、上海設立分莊，除做存放款外，並兼做各種匯兌，始改稱銀號。

官爐房將化銀爐拆除，外街（即珠寶市以外的街道）尚有小爐房二家，三聚源及永泰成，各有爐一座，所化之銀兩，均仍到珠寶市公議局打公議十足官戳及某爐房字號戳，並仍按一千兩付打戳費一兩，以便賣與銀樓首飾店時，免去耗色之煩。直至敵偽時期，改組銀號，該兩號方同時清理。從此，「化銀爐房」僅為歷史上一名詞而已。

爐房改為銀號後，以存款、放款、匯兌為主要業務，營業逐漸興盛，又適值中、交兩銀行鈔票停兌，大部份銀號均添設代客買賣中、交票信托業務（聚義未添設），於是一時業務大振。至一九二一年，外蒙獨立，做蒙古買賣之外館全行徹回，致北京綢布兩行所受直接之損失極為慘重，爐房也受到直接與間接之影響極大。此外，新疆、西藏地方不靖，北洋政府無力控制，在該兩地經商之「伊犁幫」和「西藏幫」由於貨物滯塞，波及北京貨行滯銷，遂導致一些爐房如裕興源、益泰源、源豐、謙和瑞、復聚、萬聚等家，相繼清理。存在者如聚義、同元祥、全聚厚等，亦不過十家，竭力掙扎，在西北張家口等地、東北奉天等地、長江漢口、南昌一帶，設立分號，擴大業務。至一九二八年，政府南遷，北京已非政治中心，人口減少，交易日衰，各行業均見蕭條，以致恒盛、寶興、寶豐成等爐房，相繼倒閉。一九三一年「九一八」事變，東北淪陷，使北京各行業，遭受巨大影響，而由爐房所改之銀號，至此僅存七家矣。至一九三五年，日本帝國主義有計劃地破壞華北金融，擠兌法幣，並高價收買銅元（以一元買銅元一斤，計八十枚），以致河北省銀行及中國農工銀行均發生擠兌風潮，兼以中、交兩行緊縮法幣發行，造成市面銀根奇緊。而政府首腦均已南下，無人負責，人心惶惶，謠言四起，風聲鶴戾，一日數驚，百業停頓，如同元祥、全聚厚、祥瑞興、聚盛源、萬豐、萬興等銀號，同時倒閉。此時僅存聚義銀號一家，因有舊西北軍人員存款，實力雄厚，未遭池魚之殃。「七七」事變後，日本特務機關由聚義銀號提去舊西北軍人員存款黃金八百餘兩，現洋二十萬元及存款二十八萬元，共約六十萬元。嗣於敵偽時期，該號經理王振亭，約請大中銀行經理常鑄九合作加股，改為聚義銀行，至日本投降後，由伍小菴（東興飯館經理）依照國民黨政府財政部關於銀號復業辦法之規定，「借屍還魂」，聚義銀號得以復業，董事長仍為舊股東代表田普馨。至解放後，由章士釗、馬占山、胡若愚（前青島市市長）、呂漢雲（中國農工銀行協理）與舊股東合作改組，以前京兆銀錢局副理高鏡明為經理，直至一九五一年結束。

聚義爐房自清咸豐六年（一八五六年）開張，初期僅為化銀爐房，後始附帶兼做存款放款，範圍甚小，嗣由掌櫃田效廷（深州孤城村人）辛勤經營，始具規模，不幸於庚子年八國聯軍進京時，被搶燒一空，劫後僅餘四根門楣而已。經田效廷慘淡經營，晝夜籌劃，不遺餘力，幾至積勞成疾，終於在十二年後，積累厚成（公積金）十五萬兩。

一九一六年由前門大街公興紙莊介紹陸軍第十六混成旅（西北軍前身），由四川運至北京現銀，以銀易元後，即存於聚義。此為西北軍在聚義存款之始。該號勢力既厚，又增加上項大量存款，故數十年在各項風波中，均得安然渡過。聚義在爐房業中，為從未改換東家之第一家。該號自開張至結束，共計九十五年，乃京、津、滬、漢成立年限最久之銀號。

二、錢鋪逸事

舊日錢鋪，除不設爐化銀外，其主要業務為買賣金、銀、錢，辦理存款放款，兼出銀票、錢票。北京之錢鋪甚多，雖然其資本多少不等，但營業範圍則大致相同。至於附帶經營銀錢業之錢臘鋪，家數更多，其情況略同，勢難一一詳述。茲僅將成立較早、信用素著者，如四大恒錢鋪和泰原錢鋪之始末與營業範圍，加以敘述，可作錢鋪之濫觴，從而對於錢業之概況，亦得窺其一斑。

四大恒錢鋪與泰原錢鋪

在清朝期間，北京最大錢鋪為東四牌樓之「四大恒」，即：恒利號、恒和號、恒源號及恒興號（四家聯號）。該四家之營業範圍，為買賣現金、銀、制錢及存款放款，外代「捐櫃」並出銀票錢票，以及和內務府（清朝內帳房）交往。致外傳四大恒為內務府旗人所開，但實係漟人董某等集資所設，年深日久，竟以訛傳訛。其內部人員，完全為通州人。此四家字號市面上通稱四大恒錢鋪，但其門外牌匾及內部圖章，均無錢鋪字樣。按當時之錢鋪、錢臘鋪或貨行，凡擬出銀票、錢票者，需向步軍統領衙門交納紋銀五百兩，領得錢幌子懸於門外，即允許填發銀票和錢票。此項銀票錢票，由出票家用紙條書寫：憑條付北京市秤銀或公砝銀若干兩，也可以帶零，如幾錢幾分，加蓋本號圖章。錢票則寫：

憑條付京錢若干吊，也能帶零，如幾百文，加蓋本號圖章。四大恒銀票有五千兩一張者。當時銀票除四大恒之外，尚有泰原錢鋪所出之銀票，市面上均歡迎收存。其他出票家過多，不可勝計，因信用不如四大恒之著，其所出之銀票，收票人多隨收隨取，不願留存，或即委托爐房錢鋪代為取現。

關於四大恒之營業，除以上所敘述者外，尚有代理捐櫃一項，茲簡述於下：清朝政府巧立斂財機構，搜括民財，而捐櫃亦即該項斂財機構之一。彼時北京之恒利號、恒和號等錢鋪，表面雖謂呈准度支部代收捐款，而實際乃度支部暗中指定之買賣官秩代辦所，即所謂之「捐櫃」。捐櫃即包辦有關賣官鬻爵事項之接洽、收款、領發證件等。據悉捐一「七品銜」需銀三百兩，捐一「九品銜」需銀一百兩。此項捐櫃既可由部領到應得之代辦費用，而捐得官秩者，亦多給予重金酬謝。這一營業，真乃「無與倫比」，但是，與內務府無密切關係者，只得望洋興嘆而已。四大恒均代理捐櫃，其聲勢之大，當可想見矣。

四大恒所收之存款，以內務府及各旗籍官員之款為主要來源；至於放款則以當行為主，買賣現金銀銅錢均以內務府為主，儼然為內務府之外帳房，故其營業既穩固而又有厚利。民初合為一號，改為恒利金店，一九三一年後自動清理。

當時北京最大錢鋪，除四大恒外，尚有泰原錢鋪。該號原係布行，後改為錢鋪；其創辦人，一為山西人，一為山東人，二人合伙經營。直至以後營業發達增加人員時，每添一山西人，亦必添一山東人。例如櫃上共二十人，內中山西籍山東籍各半，其人員永為雙數。該錢鋪設於西華門里南長街一破廟內，後買得錢幌子始出銀票錢票。該號每出一張銀票，票面銀若干，必包起現銀若干，所出錢票亦同樣辦理，然後即將所包之現銀現錢置於土窖庫中收存。如某年有一旗人拉現銀十萬兩，存於泰原錢鋪，迨至六年後提取存款，該號所付之現銀，仍是當初該戶交存之銀兩，原封未動，因此，該號信用大著，竟駕於四大恒之上。該號由布行改為錢鋪後，大門口外尚放置布兩匹，以示永不忘本之意。

泰原錢鋪除出銀票、錢票外，兼做存款、放款、買賣現銀和銅錢為業務。由於座落西華門內，附近旗人和太監較多，因此該號接受之存款，則以旗人與太監為主。至於放款，則以山西和山東字號為主。

萬兩銀元劫案

北京珠寶市之錢市，為四大恒醵資創立，因此關於錢市開盤等事，向為其四家所把持。某年正月間四大恒跑外（即營業員）未到錢市以前，泰原跑外就開了行市；未幾，四大恒跑外來到後，即對泰原跑外大發雷霆，強令停止。當時泰原錢鋪也有一些潛勢力，旋經人出面調停，始告解決。

泰原自在錢市被四大恒欺壓後，認係奇恥大辱，於是暗地陸續存四大恒銀票二十萬兩，某日趕著轎車到四大恒兌取銀票，聲明全部取現。當時如出票家兌現稍遲，就算無信用壞了字號，致使四大恒一時手忙腳亂。自此四大恒遂不敢輕視泰原矣。

庚子年八國聯軍進佔北京，泰原錢鋪因設在西華門裏，竟被左近之日本軍隊從該號土窖庫中搶去現銀二百八十萬兩。該號設在破廟內，鋪房既小又破，而日本軍隊竟洞悉該號存有大量現銀，加以搶劫，定有漢奸為之引導無疑。和議成後，該號迄未向政府申請賠償和懲罰漢奸等事，良可惋惜。從此，泰原錢鋪營業，逐年縮小，後遂改為帳局子，直至一九三七年自動清理。

銀票與錢票

四大恒錢鋪與泰原錢鋪，信譽均甚昭著，所出之銀票、錢票、收票人多視如現款收存不兌。此外尚有較小錢鋪如廣順、廣元、豐泰及義和，彼等業務大致均為存款、放款（高利貸）和買賣現銀及銅錢，並出銀票、錢票。再如天德、天豐、萬順、永豐泰、宏興永等錢鋪，不做貸款，只憑門市買賣銀兩、銅錢，後加銀元、銅元等業務。

另有錢臘鋪，除買賣小宗銀、錢並出銀票錢票外，兼售蠟燭、煤油等雜貨。此項錢臘鋪有明三元、德三元、恒興魁等，其內部人員，全屬回民，分散各城，家數甚多。此外，尚有錢攤，設在固定街頭或娛樂場附近，從事以銀換錢及以錢換銀，問亦有放土印子（即高利貸）者，均以人名為字號，家數甚多，不易統計。如遇市面有擠兌銀票風潮或其他風波時，彼等興風作浪，亦不可輕視。

在當時，無論何項行業，只需買得步軍統領衙門錢幌子，即可隨意出銀票錢票，既無任何條例與規章，且亦不加限制。由於行業不等，字號大小不一，人品良莠不齊，以致時常發生倒閉、逃跑等事，尤以五月節、八月節、臘月到年底或鬧銀根時期，倒閉逃跑不付之事層出不窮。因此，北京每年發生銀票擠現風波若干次，實為市面巨大禍患。政府不僅無何改良措施，且竟置若罔聞，聽其自然，市民只有對於出銀票字號無信用者不予收受。如此，遂使四大恒和泰原錢鋪取得更大利益。直至清朝末年，外國銀行、大清銀行相繼設立，銀兩漸廢，銀票、錢票始行淘汰。

錢鋪與錢鋪之間，既無憑折交往，又無信用過帳往來，遇有收取、交付、撥兌等事，均委托珠寶市爐房辦理。爐房對錢鋪。不視為同業，而以往來主顧待之。因此市面上凡不是爐房而從事銀錢業者，即稱之曰錢鋪。民國以後，錢鋪改稱銀號。凡不做貨行貸款而有門市者，仍呼之為錢鋪，簡稱作現事者，實起源於此。按當時錢鋪分設於各城，家數既多，相距亦遠，彼此收付撥兌事項，實不如在珠寶市爐房匯齊辦理較為方便。於是形成錢鋪與錢鋪間互不往來之習慣，其緣由或係在此。

錢市之形成

早年買賣制錢，由各行業或地區商號自行組織，於清晨在茶攤酒肆自由交易。迨至光緒年間由四大恒錢鋪發起醵資在前門外珠寶市創立錢市，內設經紀人二十戶，並在錢市裏用磚建成長方磚垛子二十個，名為「案子」，經紀人是每戶一個。開盤時經紀人站在各自的案子上，高聲呼喚買或賣，成交後由經紀人到賬房寫買賣證票。票證上所寫的和當鋪寫的當票相似，只有本行人懂得，外界人決不認識。經紀人的字號，通稱「某家案子」，如「蔣家案子」、「馬家案子」，均以姓冠之，子承父業，且以回教人為多數。每天黎明，全城買賣制錢（後改銅元和銅元券）均到珠寶市錢市交易。每日必到之行業，以錢鋪、錢臘鋪、糧店及有門市之商號為最多。當時尚無電話，各家派赴錢市人員，都各攜帶鴿子二、三只，開盤後，各家即將開的行市，寫於一小皮條拴在鴿子腿上，放回本櫃，當有專人將鴿子帶來的行市摘下，即按錢市所開之行市作為買賣標準。如遇行市續有漲落時，各家即再放鴿子回櫃。這項用信鴿傳遞行情的辦法，直至有了電話始行廢棄。

買賣制錢與銅元有特殊的計算方法。買賣制錢，以五十二兩六錢五分松江銀買一「泡」（一份）。行市的標準名曰「邊」、「盤」。後改銅元，仍以「邊」、「盤」為標準。廢銀改元，即以五十二兩六錢五分松江銀改為七十二元為一泡。其計算如下：

五十二兩六錢五分減去「邊」（「邊」是錢市上的行市），以一五歸元（一分五是「盤」子）再以所得數乘四（四是底子），加上傭金，減於其內，即得一泡錢之數；最後以七十二歸之，即知每元應換之數。

假如市上「邊」是十一兩五錢，其算式如下：

（52.65-11.5）÷0.015=41.15÷0.015=2743.3

2743.31-（2743.3×0.004+1.6）=2743.3-12.6=2730.7

2730.7÷72=37.9

得數「37.9」，等於三十七吊九百文換一元。

計算法說明：五十二兩六錢五分，是松江銀分量，買一泡錢，後改為七十二元。「盤」是一分五厘，永遠不動。「邊」是行市名稱，有漲有落。例如「邊」是十一兩五錢，第二天也許漲到十二兩，也許落到十一兩。其中四數是底子錢。北京早年通用「夕冫」（九六）錢，就是九百九十六文為一吊，買賣成泡，須要十成錢，故加四文底子錢，外加傭錢一吊六百文，就是經紀人傭錢。

迨至敵偽時期廢棄銅子，改用分錢，錢市之組織，遂隨時代而被淘汰，殘存者惟天棚、磚垛瓦礫而已。

錢鋪之演變

民國初年，四大恒、泰原號及其他錢鋪均漸縮小。當時較大之錢鋪如後門的會元錢鋪（不帶門市）專做存放業務，與大柵欄的慶樂戲院是聯號，故以劇界為營業對象。再如前門大街的隆茂源、裕豐號、振大號、天聚豐等，不做貨行貸款，專做門市，買賣「羌帖」（俄幣）、「老頭票」（日幣），買賣現銀、洋元、銅元、毛錢及雜色洋錢為主要業務，門首懸掛正式錢幌子（不是出銀票的幌子）。當時並有錢業公會組織，可謂典型錢鋪。一九一六年後改為兌換所，除門市外兼做代客買賣中交票（後改公債）信托業務。直至一九二三年，除天聚豐改換東家外，餘均清理。以上錢鋪人事，完全是通州人，即以後北京有一部分通州籍人經營的錢鋪、銀號，俗稱「通州幫」，追溯根源，均與四大恒錢鋪有莫大關係。

敵偽時期有門市的兌換所，又名錢鋪，既無現金、銀、錢買賣，又無有價證券之買賣或信托業務，不過僅以代賣獎券和馬票為唯一業務，故又稱為獎券行，如晉鴻裕、源利等，直至偽中國聯合銀行改組銀號時，始自動清理。

三、銀號逸事

庚子年後，帝國主義國家紛紛在我國設立銀行，清政府亦成立大清銀行、交通銀行。當時北京操金融業務者，僅爐房二十六家，大錢鋪十餘家，山西票號二十家，帳局子十數家，除票號有內部轉帳匯兌外，餘者俱無匯兌業務。彼時北京人口漸多，交易亦日趨紛繁，應付外地帳款，決非幾家鏢局護送現銀所能濟事。於是有經營存放、匯兌業務之商號出現，但其名稱不叫銀號，也不叫匯兌莊，而是類似票號，如清軍機大臣鹿傳霖所開之德成厚（鹿後來又開有全聚厚爐房）、新升泰，又與李鴻章之子（名號忘記了）開的寶隆源等皆是。德成厚並代理捐櫃，均在天津、上海設立分號，辦理匯兌業務。三號經理均為邊霞軒，內部人員以束鹿、深州為主，天津人次之。此為束鹿人與天津人合作之始。德成厚於宣統三年宣告清理。繼而外省官辦匯兌機構如益善源、源豐潤，雲南天順祥、四川濬川源，其牌匾、圖章均無銀號字樣。光緒末年，有無錫財團王某和同鄉外交官員唐寶潮（或慕潮）及商部福建官員王大貞、王熙農等，集資在前門大街建築大樓，開設信成銀行，是為私人經營銀行之始。其經理、副理不詳，文書主任為以後創辦中國農工銀行之協理呂志琴（字漢雲）。辛亥年（一九一一年）慶親王從該行提取存款現銀一百萬兩，轉存英國滙豐銀行後，信成銀行由此清理。嗣後凡開存放、匯兌業務，其範圍較小者，名為銀號，內部為合夥組織，東家負無限責任。至一九三〇年，天津有同興銀號，創辦人姬奠川、常輯五（西北銀行分行長），獨為財政部正式注冊之股份有限公司，且為銀號會計創用新式簿記的第一家。銀號使用新式簿記這一創舉，頗受到同業的稱贊。迨至敵偽時期，銀號改組資本五十萬元時，統成為有限公司，會計均必須用新式簿記。此時改用新簿記為時較晚，與同興初創時不可相提並論。

銀號與兌換所

民國初年，江蘇督軍李純在北京前門外施家胡同，開設義興銀號。因該號關係，後如華茂銀號、華懋銀號、華興銀號、信富銀號、裕昌銀號、同德銀號、永源銀號、正陽銀號、積生銀號、啟明銀號、同益銀號、余大昌銀號、余大亨銀號、東三省官銀號、四川濬川源銀號、殖邊銀行、東陸銀行、泉通銀行等，均設於前門外施家胡同；尤以天津籍的銀行或銀號，多選該胡同為號址，因此施家胡同竟被稱為「銀號胡同」。義興銀號總經理趙毅齋，又為北京美國花旗銀行之買辦，與北京中國銀行行長常耀奎（字朗齋）、大陸銀行談丹崖、金城銀行周作民等，均有密切關係。又因該銀號東家李純，身為督軍，於是彼時之軍閥如兩廣巡閱使陸榮廷、山東督軍張懷芝、田中玉、江西督軍蔡成勛、陸軍總長何豐林、山東軍人王金鈺以及其他督軍、師長等，與該銀號多有往來。故其存款，僅天津分號定期存款，即達八百萬元之多，在京津銀號中，無出其右。此外，該號既有中外銀行為靠山，且又專交煤、糧行及麵粉公司等行業，可謂銀號之翹楚。該號後因開設源和銀號（倒把鋪）專買賣中交票，虧款甚巨，又因人名欠款過多，兼以市面蕭條，遂於一九二八年倒閉，引起市上一次大的風波，以致牽涉天津籍的銀號如裕生銀號等數家，隨之停業。又如大總統馮國璋開的華充銀行、華通銀號，全不做貨行放款營業，而以自己勢力範圍內銀錢收支及軍隊餉糈為業務，此亦為北京銀號中特殊之一家。馮國璋死後，該號自行清理。又如東四牌樓豫豐銀號，聞其內部有地方官股，但內部組織等事均不詳。該號業務範圍雖小，但曾發行銀元鈔票，嗣於一九二一年自動清理。清朝末年開業者，有內務府劉姓、樸姓旗人開設的義順鈺及萬義長銀號，外館沈家（富連成劇社東家）開的萬榮祥銀號，直隸新安縣官僚周某開的謙和泰東號銀號，後又開謙和泰西號及謙興銀號，內部人事以新安人為主，深、東、冀三縣人次之。又如民初天津人郭雨三，在前門大街開設春華茂兌換所，以北京交通銀行經理胡筆江（後為中南銀行總經理）為靠山。郭雨三後為天津中南銀行副理。天津人韓秀亭在前門大街開設德成南、北兩號兌換所，以中國銀行某副理為靠山。以上銀號、兌換所業務，均蒸蒸日上，詳情與結果後詳。民國以後，如開設銀號，在向京師警察廳呈報時，需要具有資本五萬元，並納一等鋪捐；如呈報兌換所，只需資本三千元；納五等鋪捐。因此，凡開設銀號者，申報時多以兌換所為名，不過另須具有兌換所二家為鋪保。呈准後，托人給主管科送點禮物，刻一某兌換所圖章，僅於領照時用一次而已。有門市者，其大牌匾雖是兌換所，而內部一切圖章俱係銀號字樣，無門市者，其牌匾、圖章全是銀號字樣。

至日本投降後，國民黨政府將銀號名稱統改稱錢莊。

山西票號與帳局子

山西票號，其總號向在山西榆次、太谷，設於北京者，盡屬分號。此項票號如大德通、大德恒、裕源永、晉川源等，其業務除代理總分號內部匯兌外，亦僅在山西同鄉字號方面做些放款。一切收付、撥兌，均委托珠寶市銀號辦理。民國以後，上述之票號，始終不代客買賣中交票、公債、紅糧等信托業務，其餘十數家，均已陸續撤回總號。此後，僅大德通改稱銀號，直至解放後始統案結束。至於在敵偽時期開設的山西籍經理經營之晉昌銀號、匯通銀號等，均在日本投降後清理。帳局子既不是票號，又不是小爐房，不過它經營銀錢業務，接受存款、放款，專做定期，不做折交（往來欠款），利息較大，故又名放土印子者。如永泰公、保隆堂，內部完全為山西人，又如峻興和帳局子，內部系山東人。放款對象，均有各自之交往行業，收付、撥兌均委托珠寶市銀號辦理。後亦改稱銀號，直至敵偽時期改組銀號時而清理。

銀號的支派與其業務

一九一五年，中國、交通兩行鈔票停兌後，小銀行、銀號、兌換所，接二連三地出現，猶如雨後春筍，其營業範圍，約可分為三類，茲分述於次：

（一）專做存款放款及各種匯兌專做存款放款及匯兌之銀行、銀號，約有義興銀號、萬義長銀號、萬榮祥銀號、裕昌銀號及震通源銀號。後有湖南督軍張敬堯開的祥盛銀號，海軍總長劉冠雄開的信富銀號，熱察綏巡閱使王懷慶開的華茂銀號（後改為華懋銀號），湖北督軍王占元開的日亨銀號，王占元任內湖北省財政廳廳長魏聯芳與浙江督軍盧永祥之子盧小嘉合資開設的大新銀號，魏聯芳又以北京廊房頭條勸業場全部財產作為護本二十萬元，外加現款十萬元，獨資經營同德銀號，湖北省造幣廠總辦郭殿臣開的華興銀號，直隸軍務善後事宜督辦李景林開的成城銀號，山東督辦張宗昌開的元成銀號，京兆大紳士張鳴才開的明德銀號及高線鐵路公司負責人謝紫珮開的瑞豐銀號等。上述之銀號，除同德銀號在敵偽時期改成同德銀行，按國民黨政府財政部銀號復業辦法，凡在敵偽時期成立或改組者不得復業，而於日本投降後清理外，如萬義長銀號於解放前清理，餘者均在一九三〇年前，陸續倒閉。

專做存款放款及匯兌之銀號，在一九二七年成立者，計有綏遠督統李鳴鍾開的謙甡銀號，西北軍師長劉仲五集資開的義聚銀號，一九三一年後冀察政委會委員長宋哲元、天津市長張自忠集資開的啟明銀號，察哈爾主席劉汝明，西北軍軍長孫桐萱、谷良民、過之綱開的濟興銀號，北京商會會長冷家驥集資開的信誠銀號，食品公會（豬屠宰業）開的同益銀號，北平市商會主席鄒泉蓀集資開的積生銀號及敵偽時期徐世昌之孫開的利豐銀號等。同時尚有販賣煙土、白丸、白麵者開設的銀號，如華通銀號（不是早年之「華通銀號」）、天興銀號、鼎豐銀號等十餘家，於日本投降後均行清理。再者，日本投降後，根據國民黨政府財政部關於銀號復業辦法之規定，凡在「七七」事變前停業之銀號，得申請復業。援照此項規定復業者，計有：全聚厚、同元祥、謙興銀號等。如謙牲銀號在「七七」事變後，被日本特務機關強提西北軍股款存款共三十萬元而清理。至於信誠、積生因在敵偽時期改成銀行，按上述國民黨政府財政部之規定，不得復業而清理。再如義聚銀號、啟明銀號、全聚厚等，均至一九四九年後統案結束。

（二）專做代客買賣中交票和公債等兼有門市專做代客買賣中交票、羌帖、老頭票、公債、紅糧等及一切信托業務兼有門市之銀號，又稱為做現事的銀號，計有：春華茂、張敬堯開的祥順興、祥順益，永增軍裝局集資開的永增合通記、永通銀號、永泰銀號，湖南議員黃敬仁集資開的阜華銀號，常耀奎開的鼎裕銀號，有不知姓名者開的同成、義豐、匯昌、中源、永利、永利厚、源通、源通厚、鴻慶裕、震源、震興、宏源、民信、同康及中原等，還有春華茂開的五昌、溥益、平易，義興銀號開的源和等銀號。北京自一九一六、一七至一九二二年，為做中交票銀號全盛時代，家數甚多，但至一九二二年後，該項銀號停業者，亦頗不少；而繼續做公債至敵偽時期倒閉者，約十餘家，惟有永增合銀號與平易銀號至五十年代初始行結束。

（三）專做代客買賣中交票公債等無門市專做代客買賣中交票、羌帖、公債、紅糧等而無門市者，又名倒把鋪。這項倒把鋪，計有：華俄道勝銀行買辦沈吉甫開的大通銀號；另有泰源、鴻豐、萬義、開元、義昌源、同興泰等，以及一九二七年航空署長丁錦集資開的正陽銀號，寧夏省主席馬鴻逵開的敦泰永昌記銀號均屬之。後來在敵偽時期出現了買賣紅糧期貨的字號三、四十家，如北京交易所董事冷家驥集資開的同義銀號，天津某銀行副理開的福昌銀號等。交易所不做紅糧後，均即停業。以上做中交票的銀號，於一九二一年均已倒閉，繼續做公債的銀號，至一九三五年亦先後倒閉。敦泰永昌記銀號於「七七」事變後，因受日本特務機關壓迫而清理。

銀號的收交撥兌及結息和傭金

珠寶市之銀號，除萬豐、萬興係山東人開設者外，其餘盡係深、東、冀三縣人。至於外街（即不在珠寶市者）深、東、冀同鄉之銀號，計有：萬義長、萬榮祥、華懋、成城、日亨、謙甡、信誠、濟興、積生、同益、永增合、阜華、敦泰永等銀號。

天津籍銀號，計有：華通、華興、春華茂、德成、義豐、永利、五昌、平易等銀號。

通州籍銀號，計有：豫豐、會元、震源、震興、隆茂源、宏源、同康、中原等銀號。天津人與深、東、冀三縣人合作之銀號，有義興銀號。此外尚有通州、天津、深東冀人合作之銀號，有祥順興及祥順益兩家。

大德通票號及以後的晉昌銀號等，全是山西人。敵偽時期的福順德銀號及裕昌厚銀號，俱係山東人所設，全體伙友均是山東人。

凡外街銀號、兌換所，所有收交撥兌，均委托珠寶市銀號辦理。專放貨行貸款銀號，如義興銀號等，對貨行往來欠息，均以五月節、八月節、年節為結算日期，利息為老官價一分二厘。其他一切辦法，均以珠寶市銀號準則。買賣中交票或公債，其出息辦法：買長貨存中交票欠現款者，須出月息一分二厘；如賣虧貨欠中交票，不出利息，但存的價款也不予出息。此外，買賣一單位（五千元）收取傭金二元五角。承辦的銀號，雖表面不瞞行市，如遇大漲大落時，亦暗中「吃行市」（即隱瞞行市從中取利）。

中交票的買賣與北京證券交易所的成立

中交兩行鈔票停兌後，於一九一七年在北京中國銀行後院開始買賣。當時有爐房改的銀號一部分，外加春華茂、德成、隆茂源等銀號為主幹，餘如新開的泰源等二十餘家，按銀行辦公時間，開始買賣。彼時內部毫無組織，至一九一九年始由新亨銀行（隴海鐵路督辦施肇基集資開設之銀行）經理王灝（字奎元）、大宛農工銀行經理呂漢雲、鹽業銀行經理岳乾齋、金城銀行總理周作民、曾任山東財政廳廳長的李介如、農商部司長王懷清、財政部科長沈芑芳等創辦北京證券交易所，地址在前門大街一百一十四號，資本二十萬元，為有限公司組織。該交易所內設號頭（即經紀人）六十戶，每戶各繳保證金五千元。買賣一單位（五千元）收取傭金一元二角五分，每月月底結算後，再給經紀人百分之二十的回扣（花紅）。場內與銀號設有直接專綫電話，經紀人把著電話，了解行情，掌握買進和賣出，另有記帳職員，多者五、六人，少者亦二、三人，場外絕對不許交易。辦公時間：上午十時至十二時，下午二時至四時，買賣全在上午，以便下午進行交割，下午交易，須於次日沖帳。此種證券交易，行情瞬息萬變，因此，下午交易甚少。至一九二二年，中交票收回後，交易所遂改做金融短期公債與九六公債。直到一九二八年政府南遷，買賣公債重心移往上海，於是該交易所呈請實業部加添「物品」二字，經批准後，其名稱遂成為：北平證券物品交易所。此後，該交易所時開時停。嗣以紅糧為交易品，分現貨、期貨二種，至一九四四年停業。解放後，於一九四九年由原董監事會改為清理委員會，經主任委員李介如、委員呂漢雲、沈芑芳、尚綬珊、王兆棠（鎰源糧棧經理）等清理，至一九五三年全部結束。

交易所成立後，北京之銀行銀號，除票號、帳局子及聚義銀號外，莫不增加代客買賣中交票等信託業務。因此而增添之新字號，約有二、三十家，每家各有特定的主顧。於是，交易所市場如虎添翼，似魚得水，興風作浪，活躍已極，可謂盛況空前，以致市面呈現了假繁榮景象。當時一些官僚、軍人、政客、紳商、文人騷士、新聞記者、家庭婦女，尤其是財政部與銀行之中級職員，多以看行市買賣中交票為發財捷徑。又加以參眾兩院人稱「八百羅漢」的議員，有的領了車馬費無所事事，即以買賣中交票謀取暴利。如訾凌霄等，每日銀號開門就到，如上衙門辦公一樣，今天賺了錢，手舞足蹈，高談闊論國內外形勢；賠了錢便垂頭喪氣，怨天尤人，國家大局如何要壞等等。由早至夜也不回家，既過了大煙癮，又過了麻將癮，贏了錢揣到兜裏，輸了錢就記在水牌上，大吃大喝，大有樂不思蜀之慨。每逢星期日，就找王瞎子（仲華）、馮瞎子抽簽、搖卦，以卜買長或是賣空，竟認王、馮二人為神機妙算的大軍師。又有臭味相投的人，組織小集團，如葉劍星、王紹文等，表面大談其為國為民、如何改良政治的議論，外掛某某改進社、某某促進會、某某俱樂部或進步黨、復興黨，名目繁多，不一而足，其實內幕是買空賣空，妄想投機發財的小團體。他們買了長貨，就聯名提案如何整頓中交票；賣了虧貨，就彈劾財政總長昏聵無能，攆下台去，且不惜到處造謠生事。團體賺了錢，即顯能邀功，要分大份；賠了錢就說團體內部不團結，有洩露消息者，有傾向某派要人者，爾欺我詐，互相傾軋。又有外界倒把分子，利用議員提案，以為買賣准頭，約請幾位議員，事前說明謙錢後如何提成，商妥後於開會時，即照外界飯東指示的意旨提案，侃侃而談，煞有介事。彼等裝腔作勢以及種種卑劣手段，無非為了達到個人發財的願望。直至以後改倒公債，也是比著葫蘆畫瓢，同樣策略，同等方式，以求立時致富。因此累及倒把錢鋪銀號關門者比比皆是。至一九二四年曹錕下台後，樹倒猢猻散，腥風始息。總而言之，這些投機分子，倒霉者十之八九，平平者十之一二，發財致富者，未之有也。

當時有能力操縱中交票行市漲落者，為新亨銀行經理王灝（曾任中國銀行襄理）與倒把專家王禿子（下詳）及大宛農工銀行經理呂漌雲，彼等消息靈通，實力較厚，經驗宏富，終得將大宛農工銀行擴大為中國農工銀行，並且取得了發行鈔票的權利。

王禿子名紫雲，山東人，幼年在小站兵營門外以縫破鞋為生，因此結識了不少由當兵升到督軍等的人物。王後來開了軍裝買賣，發有五、六百萬元橫財。他性情怪僻，住無定所，妻無長婦，每天吃窩窩頭，終年穿破布衣，睡則以草薦為床鋪，惟以推牌九、玩大寶和倒把為樂事。尤為奇特者，為了見總統曹錕，花五萬元門包毫不吝惜。開支票不會寫字而畫一葫蘆為印鑒，而別人卻難以模仿。到了銀行不是坐在門檻上，就是坐到地毯上，他說坐到沙發上難受。交通銀行鈔票停兌時，他在交通銀行有五十萬元定期存款，遂到該行經理室不走，堅決提款，結果該行只好本利照付了結。倒中交票時，以他的實力，以王灝的經驗，二人合作，在一定的程度上確能左右市場、操縱漲落，可稱為倒把專家。當時北洋政府如擬頒發某種公債、庫券等，財政總長總要和他聯絡，告知底蘊，給予小惠讓他首先購買，那時市面銀錢業中一般人，多以王禿子馬首是瞻。王購買後，銀號與倒把家們即隨之買進，行市漲後，王再暗中賣出。類此情事，非止一次，而最突出者則為一九二一年發行金融短期公債收回中交票一事，因事前王知道公債以什麼行市發行和中交票以什麼行市收回，因此發了一筆大財。一九二四年，財政總長張英華，以北京平市官錢局銅元票向各銀行號押款，由每元押銅元票二十幾吊，加至每元押銅元票四十六吊。王禿子認為是發財機會，遂押借與收購銅元票，為數極巨，後該局隨時局而垮台，他竟吃了啞叭虧。一九二五年山東督辦張宗昌，為了騙取王禿子財產，讓王充當軍米局局長，王到職後不久即行辭職。一九二六年王向張宗昌討帳時，因病死於濟南。王禿子善後各事，均由張宗昌代為清理，與王有關係的銀號如震興銀號等二、三家之經理，因此均被押，後始釋放。

關於軍閥開的銀號，有一段插曲，附帶敘之於下。祥順興、祥順益兩銀號清理後，適其東家張敬堯充任張宗昌軍中的交通司令，就又向該號經理苗潤泉索款，不遂，即將苗架往濟南，嚴刑拷打，幾被槍斃，後以款若干贖回。又元成銀號經理張仲三，為桃色嫌疑，被東家張宗昌活埋。以故領軍閥股東開買賣者，咸有戒心。

形形色色的投機公債

一九二一年，北洋政府為了收回中交票，發行金融短期公債六千萬元。次年二月十一日北洋政府為償還短期債款起見，在財政總長張弧任內發行八厘債券，總額九千六百萬元，故又簡稱「九六公債」。此外，又以該公債償還外債三千九百六十萬零八千元，故又名「償還內外短債八厘債券」。以上兩種公債票面較大，遂成為交易所交易籌碼，分「現貨」、「期貨」（期貨一個月對交）二種。做現事的銀號，除代客買賣現貨、期貨外，兼做買賣元年六厘、三年、四年、五年等公債。此時，珠寶市銀號和外街專做存放匯兌銀號，均不做信托業務。

舊中國為半封建半殖民地國家，關稅不能自主，稅務司為英國人安格聯所把持。北洋軍閥政府發行之公債庫券及其他有價證券，均以關餘鹽餘為擔保品。因此，歷任財政總長均須仰安格聯鼻息，否則得不到擔保品，即無法發行債券。此外，凡做公債者，多以安格聯一舉一動為虧長標準，甚至有專心聯絡其門房開車者，冀窺得些許動靜或消息，但安格聯豺狼成性，狡猾萬分，投機者不過枉費心機而已。安格聯遇事，一向獨斷獨行。例如九六公債發行時，償還外債三千九百餘萬元，其本息安格聯竟擅自扣清，以致牽涉自行發行之五千六百餘萬元公債，僅付息一次。此後，因該項債券本息無著，其價格忽漲忽落，終成廢紙，影響做九六公債銀號關門者甚多，做九六的人們傾家蕩產、鬻妻賣女，做強盜者、上吊跳河喝大煙者，不勝枚舉。

一九二六年，有東北青年李志剛，在鴻昌銀號買賣九六公債，開始賺了些錢，就在大柵欄三慶茶園大捧孟小冬。後聞孟被梅蘭芳納為小星，又值做九六賠錢，急醋交加，蓄意搶劫梅蘭芳，遂暗中追隨多時。某日，知梅在東四牌樓十條胡同中國銀行總裁馮耿光家中讌客，遂即投刺訪問。梅為人向極謙虛，有人訪問必竭誠招待。適座有北京社會晚報社長張漢舉（又名野狐，外號「夜壺張三」。又說張長得矮胖，遂有上述的外號），毛遂自薦，願代接見，即到前院客廳與李志剛晤談，李即掏出手槍威迫，索洋十萬元，否則同歸於盡。梅蘭芳與居停主人因在夜間銀行均不辦公，不得已湊了八萬餘元交與李志剛。李一手拿槍，一手牽著張漢舉拖出大門，一看軍警密佈，遂將張漢舉打死，希即脫逃，跑了不遠，被軍警截獲。翌日即被北京衞戍司令于珍押往前門大街鍘死。此乃倒把者之下場。

在倒九六公債期間，有專事興風作浪，希圖混水摸魚者，如北京著名大律師劉鍠，即個中之能手。劉鍠（字仰乾）身為律師兼北京晚報社社長，故外號「晚報劉」。該晚報設有經濟專欄，極盡顛倒黑白、造謠生非之能事。故倒把銀號與倒把者，莫不以先看北京晚報為快。因此，該報銷路益廣，廣告增多。劉本人亦大倒其把，於是，銀行、銀號經理等多趨之若鶩，皆以晚報劉消息為虧長之標準，亦可謂擅於操縱者也。

英國匯豐銀行買辦鄧君翔（其舅父吳某為匯豐銀行在華創辦人）兼擅英語，故深得歷任外國經理之信任，因此與政府各要人及海關稅務司安格聯均有聯係。鄧自己掌握滙豐銀行，並有萬國儲蓄會、中法儲蓄會、北京商業銀行、上海通易信托公司和交通銀行大批股票，一時成為金融界的風雲人物。中國銀行副總裁張嘉璈為經濟界權威，見鄧君翔欲攫取交通銀行協理與之對抗，遂與財政總長閻澤溥和稅務司安格聯等約定開會，亦請鄧君翔參加。開會時說妥擬提方案將九六公債價格提到七扣，鄧對此認為是個發財機會，遂即大量收購九六公債。他由四五扣買到六五扣，張嘉璈即乘機將中國銀行九六公債全部賣出。後因整理案未能通過，於是九六公債由六九扣跌至三八扣，鄧君翔因虧累過巨，遂「逃之夭夭」。據悉，鄧僅虧滙豐銀行庫中現款即達一百二十萬元。中法儲蓄會、萬國儲蓄會、北京商業銀行、上海通易公司，每天照例將頭天庫存均存滙豐銀行庫中保險，一旦發生鄧虧款逃跑事，遂均行停頓。平日滙豐銀行華帳房，每天與銀號做報申滙，即滙豐北京收一萬二千七百餘元，上海交申規銀一萬兩。鄧君翔逃走之日，恰有永增合、全聚厚、義興銀號等，與鄧共做申滙三十萬兩。鄧事發生後，大家都以為款既交滙豐銀行，其華經理逃跑，係屬該行內部之事，未急予追問，數日後才得交訖，市面幾釀大禍。

迨至一九二八年政府南遷，北洋政府所發行之公債，國民黨政府能否加以追認，殊不可測，買賣公債的營業遂無形停頓，以致倒把銀號相繼倒閉。嗣後國民黨政府發行公債，以上海為重心，於是，如較大之永增合、阜華、敦泰永（七七事變後改為信昌銀號）、中原等銀號，均以上海各該分號為其業務重心，直至日本軍強佔上海後，上海交易所解散而止。

銀行外史

醇廬

中國銀行

中國銀行成立於民國元年（一九一二）年，前身是清朝度支部的大清銀行，有官股，有商股。官股董事，是由政府派的，商股董事，是由開股東會選舉的，總裁、副總裁，是在董事中由政府派充的。

張公權原本是上海分行副經理，梁啟超得勢時，推薦他做中國銀行副總裁。當時的北洋政府很窮，時時向中國銀行的北系總行借款，中行的存款又不多，只有多發鈔票，但鈔票須要兌換現洋的，所以應付異常困難。各省會的分行都要應付軍閥的借款，例如民國八年山東督軍向山東中國銀行借款，經該行經理汪振聲拒絕，竟將他扣押於財政廳會客室。有若干省份竟拒絕中國銀行開設分行（如雲南，甘肅等省）。有數省雖准設行，而有很多限制。設在有租界地方的分行，雖不受軍事當局之阻擾，但無法和洋商銀行競爭，海關稅款因賠款關係必須存在洋商銀行，鹽稅因借款關係亦須存在洋商銀行。後來各省當局，如本省已有省銀行，即加強其業務，和中國銀行競爭。省銀行中最發達者，有兩家，一家是東三省官銀號，一家是廣東省銀行。本來東三省的中國銀行規模非常之大，管轄行開設在長春，簡稱東行，自從地方軍事當局勢力日大，使省銀行業務日見發達，顯出中國銀行業務日漸退縮，最受打擊，就是發行鈔票受很大的限制，廣州的中國銀行業務也不算發達。

張公權就副總裁後，使銀行業務，向正軌方面做去，且竭力避免受政局影響。

民國十八年（一九二九年）張公權前往歐美各國攷察銀行業務，尤著重英國的銀行業。他由上海到大連，順便視察東三省各分行，在大連、瀋陽、長春、哈爾濱等處，都有停留，然後由哈爾濱乘中東鐵路火車到滿洲里，改乘西伯利亞鐵路火車，到莫斯科，再經過波蘭、德國、法國等處而到英國，在倫敦躭擱最久，並在倫敦開設中國銀行倫敦辦事處。他在英國時，以中行業務日漸發達，舊有會計制度，不足以應付，有改善之必要，即聘專攻會計學的留英學生劉駟業（後以攻芸之名顯於時），攻建築的陸謙受改革會計等業務，又聘留美、留瑞士的學生張肖梅，為調查部副科長（唐有壬為正。一九三二年改名經濟研究室），專研究國內外經濟、財政、銀行業、工商業實況，以資借鏡，並出有月刊，又增設國外匯兌部，延攬國內有國外匯兌經驗人才主持其事，使中國銀行成為政府國外匯兌銀行。

民國二十四年（一九三五年），國民政府有意將中國銀行和交通銀行放在政府控制之下，遂下令中國銀行改選董事。選舉結果，張公權退出中國銀行，政府派宋子文為董事長，宋漢章為總經理。宋就職後，改總經理制為董事長制，總經理形同秘書長，並升上海分行經理貝淞孫為副總經理，稟承董事長之命，處理行務，宋漢章年事已高，不大過問行務了。

張公權退出中國銀行後，政府發表他為中央銀行副總裁，過了幾個月，又派為鐵道部部長。詩人林庚白，著有《人鑑》，專寫當時名人的八字，張公權的八字也在內。評語說，張不能久於中國銀行之位，而要做到一部的總長，而這個部名，必有金字旁，又非財政部，因為財政部當時已無金，而盡是紙了，不料民國二十四年脫離中國銀行，竟做了鐵道部部長，可謂奇驗了！

在抗戰期間，宋子文遠去美國，仍遙領董事長之職。到日本佔領了大半個中國，汪精衛在南京組織偽政府，不久就恢復中國銀行，總行仍在上海，董事多半是汪政權手下人員，各淪陷區的分支行，也多數復業，董事長是吳震修。勝利後，中國銀總行由重慶遷回上海，而在淪陷區總分行各高級職員，都未以漢奸論罪，因為政府說他們在敵後工作，有功政府，故不檢舉。

民國三十七年，中國銀行當局鑑於共軍勢力日大，上海恐不保，總行遂撤到香港，高級職員又鑑於時局日非，前途不樂觀，幾於全體辭職，大家拿了一批退職金，數目多少，當然以職位高低而有區別，據說全部是美金，又據說，只有兩位不受此項退職金，一位是陳長桐，由港走台灣，在台恢復中國銀行（當時台灣無中國銀行），一位是中國銀行港行經理鄭壽仁。

台灣的中國銀行，是陳長桐到台灣向當局接洽設立的，據說向美國政府交涉，解凍一部份外匯，同時解凍中國保險公司存美的外匯，所以陳同時並任中國保險公司總經理。現在陳調國際銀行理事，駐華盛頓，總經理是俞國華，俞飛鵬的姪兒，俞飛鵬是中央銀行副總裁。

交通銀行

交通銀行在清光緒三十三年由郵傳部創辦的，建議是左參議梁士詒，同時兼鐵路局局長，那時只有正太，京漢，道清，滬甯，汴洛五條路歸部管，所以外界稱梁為財神，實在五路財神之意，總行在北京前門外西河沿，第一任總理是右丞李經楚（合肥人），一開辦即設有北京，天津，上海，漢口，張家口，營口等分行，意在吸收各鐵路局存款，但是除道清鐵路外，其餘都是借款建築的，鐵路收入均由借款公司指定存在洋商銀行，不過當局特別和借款公司磋商，將鐵路局購買煤炭，機油，及其他材料，預計需多少錢，先行撥出存於交通銀行，故銀行方面當有多少存款。其組織是總行設總理一人，協理一人，幫理一人，各大分行，如天津，上海，漢口等處，設有總辦一人，大概是該省的候補道，專為交接官場之用，總辦之下設有經理一人，主管營業事項，另有內帳（即會計主任），外帳（即營業主任）各一人，行員若干人，經理以次，多數是出身舊式銀莊，且多數是鎮江人，因總理李經楚開有義善源，寶善源錢莊，多數行員有由該錢莊轉來，或由該錢莊當事推薦而來，以規元（銀兩一個名稱）為本位，也有銀元戶，因為已有銀大洋，及發行銀元鈔票。

辛亥革命，義善源，寶善源因時局影響，相繼倒閉，欠交通銀行款項，數目甚巨，經一年多的清理，才將李經楚在合肥的田產，各處典當（典當甚多，江蘇外縣都有，省城及大商埠反無），統由交通銀行沒收，再行賣出，交通銀行當然吃虧不少。

民國元年，交通銀行總理換了梁士詒，梁這時是袁總統府秘書長，兼財政部次長，紅得發紫，外界稱他為交通系首領。

交通銀行當局，政治色彩太濃，所以始終辦不好，袁世凱稱帝失敗，梁士詒被通緝，段祺瑞組閣，交通總長換了曹汝霖，交通銀行總理也換了曹汝霖，外界稱為新交通系，其顯著者，王荃士（曹的內弟）為東三省分行經理，錢新之為上海分行副理，經理陶湘永不到行，無異錢是經理，王在東三省毫無成績，而錢到滬，如魚之得水，後來成為中國銀行界元老之一。

這個時候，交通銀行仍用舊式賬，所謂收，支，存，在，到民國七年，謝霖甫任交通銀行總會計，實行改新式簿記。謝在日本專學會計，中國銀行的簿記，也是他訂的，改的方法是，由每行酌量調四五人到北京學習，一面招考學過銀行會計的新人，俟有成就，各行同時改換新式簿記，舊人獲得新知，無損職位，內外界咸稱辦法甚善。

民國五年，因政治變幻，影響中交銀行，不得已政府命令中交鈔票停兌，上海中國銀行抗不遵命，因之輿論稱贊，業務日振，其實交通銀行亦可照兌，因為上海交通銀行所發鈔票，有上海地名，他處地名，不能在上海行兌現也，上海行遵命令而停兌，當然聲譽與業務兩受影響。

民國九年，直系吳佩孚反對皖系段祺瑞，奉軍張作霖幫段，結果段敗，奉天亦失利，退出關外，吳佩孚說曹汝霖是段的人，用交通銀行款項接濟段，因之向交通銀行強迫提款，而且是長期的定期存款。（如京漢路黃河鐵路橋，每年存儲若干萬元，若干年後，本利合計，為橋齡到期重建之用，既為直系軍閥強迫提取，所以始終無法重建。抗戰前，該橋已到重建年齡，但無法重建，只有火車經過橋時，走的極慢，聞近年政府已在舊橋之西建一新橋，此橋開始興建，在武昌長江大橋完成之後），此時受直系軍閥強迫提存，交通銀行萬難應付，後由奉天交通銀行經理商之張作霖，借銀大洋四百萬元，難關方始度過，而直系軍閥，並未因此停止處置交通銀行，總行謝霖甫南下赴滬，與上海交通銀行錢新之商救行之策，商議結果，抬出張謇做總理，錢做協理，因張與直系稍有淵源，直系遂未加反對，且順利進行改組。張從未到北京就職，亦未派過一二位高級職員，只召集各分支行經理到南通，開過兩次行務會議，一切業務，全由錢在北京主持。錢的政策，是縮小範圍主義，裁撤新加坡分行，香港分行，人事方面，雖不裁人，但很少加人。錢在上海交行甚久，總行舊人，都是熟人，故極少更動，頂多位置上稍有更動而已。

民國十三年，奉直兩系戰爭，馮玉祥回師北京，吳佩孚全部失敗，奉張捧段祺瑞做執政。十四年交通銀行改選，梁士詒當選為總理，盧鑑泉為協理，張謇，錢新之均退出。梁就職後，很不滿錢之所為，間錢在滬行虧空八萬元，為梁所知，擬加之虧空罪名，幸得行中高級同事，用張謇名義，酬謝錢數年勛勞八萬元，以銷此案。這事在梁就職前辦的，到了梁就職後，知到了此事非常震怒，但也無可如何。民國十五年，張作霖在北京做大元帥，交通銀行總行忽然遷天津，真意何在，至今不明。

哈爾濱戍通輪船公司，航線是由哈爾濱松花江向東北行到向江口而入黑龍江，向西行而到黑河為終點，航線相當的長。從開辦到購置輪船，都是向哈爾濱交通銀行墊付的，輪船不少，規模非常的大，但是每年要賠錢，其原因，一年行船只有六個月，從三月半到九月半，那半年都是凍河時期，且沿途胡匪甚多，必須請軍隊保護，船上要雇用護勇保護，此種費用，相當龐大，一年只能做半年生意，要想賺錢，真是太難了。哈爾濱交通銀行因為代戊通墊的錢太多了，要總行設法歸還，或還一部分，但總行那有錢還，不得已，以債權人名義，派謝霖甫到哈爾濱來整理並經營，辦了兩年，也是毫無成績，不得不關門大吉，留若干人員看管船隻及碼頭等，一度想將船隻各個出租，等於香港的「賣枱」，但也無人敢租。到了民國十二年，哈爾濱交通銀行換了謝演蒼做經理，謝是常州人，曾任奉天教育廳長，兼張作霖機要秘書，因為戊通事往返奉天，與張手下人商談，結果奉張答應哈爾濱交通銀行多發行六百萬哈大洋，從此戊通即屬張作霖所有，奉張接收後，派了一位福州人王某為總經理，每年賺錢，因為沿途軍隊保護，只要奉張一個命令，不敢要錢，土匪也不敢惹他，所以年有贏餘。偽滿洲國時代當然為滿洲國所有，現在不知如何，但從未見報紙提到過。

在曹汝霖當總理的時候，曾向日本勸業銀行借二千萬日圓，該行派有一日本人，常川駐北京，不大到交行，在交行稱之為顧問，此款實為段做內閣總理時所用，交通總行遷上海，即不見此日本顧問，該款如何歸還，亦無法知其詳。

國民政府北伐成功，定都南京，中交兩行的總行，都遷上海，梁知不能容於國民政府，遂改選，盧鑑泉當選為董事長，胡孟嘉（原上海分行經理）為總經理。

民國二十二年，國民政府將中交兩行放在政府控制之下，遂改選董事會，胡筆江（前北京交通銀行經理，中南銀行創辦人）為董事長，唐壽民為總經理，亦援中國銀行例，改為董事長制，唐肯做事且專權，此時不能獨專，胡唐原本好友，因職權關係，弄成面和心不和的局面。

到民國二十六年八一三中日戰爭爆發，總行遷香港，二十七年八月，胡因公飛重慶，乘桂林號，在唐家灣上空，被日機脅擊，迫降唐家灣海中，胡因之遇難。胡死後，錢新之繼胡為董事長，唐謀此職位而未成。一九四一年後，世界局面大變，香港岌岌可危，交通總行遷重慶，高級職員同往，唐壽民留港未去。太平洋戰爭，日本佔領香港，唐被日軍監視在香港大酒店，四個月後，由日軍用飛機送往上海。

汪精衛在日軍卵翼下組織偽政府，周佛海為財政部長，恢復中交兩行，交行董事長為唐壽民，遷到重慶的交通總行，因唐既投汪，便空出一個總經理缺，此時CC已有合作金庫，仍想抓一個大銀行在手，遂打交通銀行的主意。錢知道地位危險，遂托人向CC疏通，由CC推薦趙棣華（曾任陳果夫江蘇省長時的財政廳長）為總經理，職權與董事長平行，至此CC在交通握有一半以上實權。

勝利復員，錢趙等同滬，唐以漢奸論罪，但不到四年，總行又逃香港，不久趙棣華去台灣，錢未去留港。趙病死在台，由陳誠派其內弟趙志堯為總經理，所以現在台灣交通銀行是歸陳誠控制的，趙志堯又死了，由柳某做總經理（柳是陳誠做行政院長時代的發言人），對外沒有營業，有點外匯調到台灣辦一個紗廠，大陸及香港的交通銀行仍然存在，是向實業方面投資的銀行。

綜合來說，舊日的交通銀行是中國老銀行之一，但始終沒有辦好，最大原因，是受到政局關係的影響，時時更換首腦，有所謂交通系，新交通系等，到國民政府控制後，又成為中中交農四行之一，在重慶時，一變而成為CC所操縱的機關，到了台灣又變為陳誠的金融機關，每換一次主管人，必帶一批新人，將前任色彩重新換去，所留的都是辦事務的人，辦的是日常照例事務，其中也有受行中訓練成才的人，因見前途希望甚微，遂為別的行羅致而去，有的自動他去，殘留的人，抱一種混飯主義，不管是非，不參加派系，所以始終無成就。

中南銀行與黃奕柱

談到中南銀行的歷史，必先要談一下黃奕柱。黃是福建同安人，出生於貧苦家庭，十幾歲就偷渡到爪哇（即現在印尼）的泗水。泗水在爪哇中部，北面是海，為一良好港口，是爪哇島第二大城。黃到泗水後，初無事做，只好以剃頭為業，時在滿清，華僑尚有辮子，所以還有點生意。做了一兩年，地方情形漸漸的熟習，並且省吃儉用剩下了一點錢，就不做剃頭，而擺了個地攤，賣花生水果等物。過了一個時期生意很好，而且有了信用，行家肯先付貨給他，一兩個月才向他收錢，他就把地攤位置買下來，並擴充一些地方，蓋了一個蓬樣的房子，算是一個雜貨店。後來這個雜貨店很發達，很賺錢，店也擴大了，而他賺了錢，欠行家的貨款也不還了，因為他的信用好，行家也不追他還，他就將這些錢，匯回廈門鼓浪嶼買地蓋房子。那時爪哇是荷蘭的屬地，一塊荷蘭銀子可以換一塊八九角的銀大洋，所以匯回廈門的錢很多，當時鼓浪嶼的地皮不貴，建築費很廉，著實賺了很多錢。

他的雜貨店，也變成了一個大鋪子，他成了大商人，認識人也多了，並且認識有荷蘭人（那時認識荷蘭人不容易）。第一次大戰發生之前夕，爪哇市面行情不好，泗水也不能例外，店鋪倒的很多，他欠款的行家，就向他追債。到第一次大戰快完結的時候，德國失敗，戰事結束，黃無法還債，就離開泗水，想回廈門鼓浪嶼，賣產業還債。他由泗水到了香港，遇見一位荷蘭人，他們是老朋友，大談之下，這位荷蘭人告訴黃，如能由爪哇運糖到香港，轉運內地，有一百倍的利錢，苦的是無法弄到船來運輸。可巧黃有一個朋友，有一隻一千多噸的破船，無人要租，黃就告訴這位荷蘭人，如此情形，荷蘭人說不要緊，因為利錢大，可以冒險走，船可以不必先付租錢。辦妥後，船一到爪哇，就向糖廠買糖。糖廠知道黃有船，也不要他先付糖價，一水就賺了很多的錢。那時戰後金賤銀貴，三角多荷蘭錢換一塊銀大洋，兩水之後，就有一千幾百萬銀大洋收入了。黃就帶了這筆錢回廈門，住在鼓浪嶼，開了一間黃日新錢莊，獨資辦了一個鼓浪嶼電話公司，組織廈門電燈公司，廈門自來水公司，以上兩公司他都是大股東。同時在爪哇做糖的，還有兩位華僑，也都發了財，一位是黃仲涵，一位是郭春秧，他是台灣人，他賺的錢一部留在香港，在北角買了很多地皮。

民國八年（一九一九年），黃奕柱忽動爭利於市的念頭，帶了隨員八人到上海。他在上海並不認識一個人，只知道有《申報》，就到申報館拜會社長，這時才知社長叫史量才，他就自我介紹，並說想在上海創辦一種事業，因為不認識人，只知有《申報》，現在既認識社長史量才，就請指教，應創辦何種事業。史當然恭維黃一番，就對他說，創辦一種事業，個人財力有限，必須集羣眾力量才能發展，所以最好先辦銀行，得到社會的信用，存款增加，那時候如果創辦別種事業，招股就容易，有時亦可運用銀行資金，這樣可由一間擴展到無數間，而發源是由一間銀行開始。黃對史的建議，大為稱贊。據說當時黃頗有意請張公權替他辦一家銀行，史說，張在中國銀行已有成就，未必肯捨彼而就此。恰巧此時有交通銀行北京分行經理胡筆江，因政治關係，請假南下暫避，但史黃與胡皆不相識，有徐靜仁（後為中南銀行董事）與史交情頗深，與胡亦相熟，由徐向史推薦，並由史向黃推薦，彼此相見之後，胡即約黃到北京觀光。黃是第一次到上海，現在有機會到北京，當然喜出望外，立即應允胡了。當時北京的內閣總理是段祺瑞，胡與段很熟，段的手下徐樹錚，財政總長李思浩，交通總長曾雲霈等都很熟。所以黃胡二人到了北京，以華僑資格見了段祺瑞，段為了籠絡華僑，就贈黃三等嘉禾章。黃又見到財政總長，交通總長，將想辦銀行之意，告訴財政總長，財政總長當然贊成，遂定名為中南銀行，總行設在上海。那時政府已不再准商業銀行有發行鈔票權，中南銀行因為是華僑所創辦，為鼓勵華僑回國投資起見，特准中南銀行發行鈔票，但有礙從前停止的命令，於是財政部發給中南銀行的批准令，是倒填年月的。黃隨胡到了北京，見了胡與當道者如此相熟，使一個鄉下老黃奕柱見到內閣總理和許多大官，又獲得勳章，而想辦銀行也圓滿解決，並有發行鈔票權，黃對胡佩服到五體投地，自己也樂不可支，因之決定聘請胡筆江為中南銀行總經理，資本銀大洋五百萬元，黃自認銀大洋四百五十萬，每年官息八厘。黃胡回到上海，就開始籌備，因胡是北方銀行界出身，所以中南銀行就和鹽業銀行，金城銀行，大陸銀行，稱為北四行。

中南銀行總行設在上海，籌備時即在三馬路買進五層樓洋房，面積約六千方尺，自用兩層，其餘出租，廈門，天津，同時設立分行。

中南銀行聯合鹽業銀行，金城銀行，大陸銀行設立四行準備庫，六成現金，四成有價證券，發行鈔票，鈔票上印的是中南銀行行名，但四行共同向社會公告，中南銀行所發鈔票，是由四行共同負責。

協和貿易公司用假棧單向天津各銀行押款，總數約一千餘萬元，有兩家銀行已經收了股款，尚未開門，就將股款放予協和，全部吃倒賬，銀行因此開不成，天津中南銀行也吃了一百二三十萬倒賬，中南銀行總行因此停止發息來補這筆損失。黃奕柱是大股東，又是董事長，股息拿得最多，大不願意，要追查這筆放款負責人，要開除天津分行經理，並要賠償這筆倒賬，不贊成停止發息的辦法。天津分行經理說，放這筆款時，適丁母憂未到行辦公，不能負責，結果副理停職，但無錢賠不起，只有停息三年，輿論上對停息補倒賬的辦法，認為很好，因之行的信用，絲毫無損，而黃胡則不免生多少意見了。

廈門分行完全因為黃奕柱住在廈門而開設的，是一個存款碼頭，發行鈔票，做做上海和廈門往來匯兌，不做放款，每年穩賺錢。該行經理做過中國銀行某處經理，到了廈門，事務極少，終日念佛，行裏事不大過問。到了民國二十三年四月，總行才發覺廈門分行放賬一百幾十萬，抵押品是廈門填海的地皮，市政府發的地照當時市價只值四分之一，又以此項地照放在庫裏抵現金共約一百多萬，總行當然另派經理，前經理調總行。廈門分行新任經理到上海請了一位律師到廈門研究抵押品處置問題，及以市政府發的地照放在庫中抵現金，是否可以過銀行戶名問題，研究結果，通知借款戶限一星期將本利送交銀行贖回抵押品。逾期不理，銀行即向廈門市政府申請過戶，原發收條作廢，以地照抵現金問題，亦向市政府過銀行戶。該行經理擬定兩項辦法，親往上海向胡總經理陳述，幾經研究，在無辦法之中，勉予照辦，但亦有批評者，認為銀行吃虧太大，怎知中日開戰，物價高長，法幣日跌，所有抵押品較借款目，不知超過若干倍，其中有借款戶，願以原借數目加利息贖回抵押品，不料銀行方面早已過戶，欠戶毫無辦法了。聞有數家銀行，未將抵押品過戶，經過訴訟，其結果則不若早過戶之圓滿。有人問廈門新經理某君，將底債抵押品沒收過戶，有何理由，又用何種說法，能使胡老總（銀行界背後對各銀行總經理，都如此稱呼）同意這個辦法。某君說，民國十一年他到哈爾濱交通銀行任事，十一年到十四年，這個時候哈爾濱市面非常不景氣，中國銀行、交通銀行、東三省銀行等銀行放的賬近一千萬哈爾濱大洋，交通銀行也有二百餘萬，到了十三年春，哈爾濱交通銀行更換謝君當經理，謝君是張作霖的機要秘書兼奉天教育廳長，對銀行可以說是外行，在他發表之後，就寫了一封信給總行一個高級職員謝某，請指示辦法。謝某覆信介紹某君（即廈門中南新經理），說一切行務可以和他商量。謝就職後，和某君相處極好。十三年秋，有哈爾濱電報局黃君來訪，據說李局長想約某君談談，某君即問黃約談何事，黃說，李局長也是搜查密電專家，與周大文相伯仲，周大文原是張作霖手下密電處的譯電員，因為直皖戰爭，奉張駐津辦事處長截獲了雙方電報很多，但無法譯出，遂原電轉奉天，不料周大文竟能全部譯出，大為奉張賞識，一躍而升為奉天電政監督，一度做過北京市長。李局長原為同事，也有這種本領，周既為監督，遂派李為哈爾濱電報局長。哈爾濱電報局事務繁忙，而李事務卻很清閒，當時哈爾濱外商銀行很多，外國商行也不少，它們在倫敦、柏林、橫濱、上海都有分行，因此每日往來電報極多，李既無事，試將往來電報譯出，以便知其內容。久之銀行方面是互報貨幣行情及動向，商行多報雙方大豆行市及今後動向，李局長就根據這種情形，在市場做多頭，或空頭，其結果都是失敗。他聽人說某君對世界行市，略有研究，所以就叫黃君約某君晤面，藉以研究各種行市動向。某君見了李局長，拿出很多往來記錄，及在市場做生意失敗的情形，給李局長看。某君仔細研究各電後，發現銀行、商行往來電報，是經西比利亞來的，但行市的波動是由倫敦或柏林經紅海，印度洋，中國海各商埠，而到上海，由上海再到大連，由大連才到哈爾濱。如若根據倫敦市行，在哈爾濱做多頭，遠處看是對的，但做投機的人，都是看近利，所以失敗。經此解釋，並以各地行市對照，皆盡符合，李局長大為佩服，以後即照此原則辦，大有所獲。某君在李局長處又獲得倫敦、柏林、橫濱對於哈爾濱今後市面的看法，各處來電一致對哈爾濱市面要看好，某君即向謝經理建議，將所放出賬的抵押品，全部沒收並過銀行戶，謝君初不解，經某君向他詳言各處電報經過，謝經理遂令某君寫一公函致總行請示，竟得總行核准。中國，東三省等行知道後，也仿效辦理，並聯合一致。不數月哈爾濱市面漸興，地產漲價，債戶多後悔，但過戶手續辦妥，無法變更，債戶只有認輸了。某君即將在哈爾濱經過情形，向胡總經理陳述，並說中日必開戰，法幣必貶值，物債必上漲，後來皆一一見諸事實。

上海商業儲蓄銀行

上海商業儲蓄銀行，成立於民國四年（一九一五年），初創辦時，據說資本十萬元，實收只四萬元，還是莊得之拿出來的，莊是盛宣懷夫人的內姪，又據說陳光甫正籌備上海商業儲蓄銀行時，忽然接到上海交通銀行送來一封信，拆開一看，原來是梁士詒打給陳光甫由上海交通轉的一封電報，大意是請陳光甫到北京交通銀行任事（職位未說），月薪三百元，陳接電後，就辭謝了。當上海商業儲蓄銀行開業有期，陳光甫不用普通開業的請帖，而特別寫了一封信，申述已經組織這一家銀行，並告開業日期。凡銀行開幕，上海各同業，例有堆花之舉，所謂堆花，就是送上點款子來存，過幾天全部提回，而梁士詒電上海交通送大洋五萬，說明不是堆花，是長期來往性質，後為中國銀行所知，也照送往來五萬，浙江實業也送往來四萬，其他銀行有沒有這樣做我不大清楚了。

該行創辦時，特點甚多，所以成長非常的快。當創辦時，營業方式分兩部份，一部份完全是新式的銀行方法，所用簿記，單據，傳票等，皆採用新式；一部份是舊式的錢莊方法，一切往來皆依一般錢莊習慣而行，但內部帳目則改為新式，對外帳目，有的改為新式，有的仍依錢莊習慣行之。這家銀行成立時，創辦人陳光甫即注意吸收存款，尤注意儲蓄存款，更注意一元開戶儲蓄存款，當時上海的僕役工資很低，每月有一二元的，一元開戶，就是鼓勵低薪的人儲蓄，每月匯埠一元。這個方法收效很大。

該行另一特色是注意與國外通匯，當時外商銀行，都有分行在上海及各大商埠，國外通匯，全為外商銀行所獨占，上海銀行辦理國外匯兌，首先要存一筆錢，或先撥一筆錢，放在國外代理銀行，這樣代理的銀行才肯代付。這是一種單程交通，不過時間久，彼此信用建立起來，國外代理行也託上海方面交收了，這樣才做到有來有往。陳光甫有鑑於通濟隆，美國運通公司，發行旅行支票，代賣各國火車票，各輪船公司船票，因此組織一個旅行部，附設在上海銀行內，後來業務日見發達，到一九二七年才改組為獨立機構，改名中國旅行社。中國自辦旅行事業，中國旅行社是第一家，據主持人說，當初辦時，國外交通機關，不僅表示歡迎，並且盡力協助，而國內交通機關反少協助。

當時辦銀行的人，多數注意國內政治及金融的變動，很少出外攷察各地市況，陳光甫將行內計劃規定後，交給副經理執行，他就到國內外去旅行，其目的是攷察各處商情，就他說在國外旅行，確實方便，只少數地方不大方便，而國內旅行只少數方便，多數地方很不方便，最大的困難是貨幣問題，要便當，只好帶銀圓在身，其次是居住問題，沒有好的旅館，有的地方旅館都沒有，只有舊式的客店，這種客店是停運糧及運貨大車的，旅客有時搭乘這種貨車，到了晚間，就同貨車一齊留住在店裏了。中國旅行社就在一些名勝地方設立招待所（即是旅館），風景區如黃山也有招待所。

上海銀行行員，在初開辦時，有幾位高級職員，都是陳光甫的老友，如楊敦甫、楊介眉、朱成章等都是該行元老，輔佐創辦人，振興業務，實在出力不少，其餘行員，有些是朋友推薦，有些由招考而來，有的是練習生，經行中訓練，並於晚間補習必要課程，如英文，銀行會計，中英文書信等，即如現在該行的高級職員，由練習生提升者甚多，無形中都是陳光甫的學生，所以在指揮方面收到很大的效果。

一九四九年後，上海的銀行有了很大的變化，上海商業儲蓄銀行的總行設在上海，當然和其他各銀行同一命運。陳光甫早在一九四八年來香港了，上海總行改變後，他頗為狼狽，想去美國，又未得美國批准，後來去南美住了一個時期，仍回香港，即改組上海商業儲蓄銀行香港分行為上海商業銀行，在香港政府註冊，陳光甫仍為董事長。他既然和大陸中國的銀行界脫離關係，就不得不和台灣聯絡，做他的生意，於是先在台設立辦事處，一面請求台灣當局向美交涉，解凍該行存在美國的美金，數目多少非局外人所能知，經數年之磋商，始於一九六五年獲台灣當局批准，准許該行在台復業，仍沿用上海商業儲蓄銀行舊名，開董事會，選舉董事，陳光甫仍當選為董事長，設總管理處於台北，而陳光甫則長居在台北了。

上海銀行從很少資本慘淡經營，而成為中國大銀行之一，實非易事，譽之者，都稱贊它創辦一元儲蓄的存款戶，使勞動界人士，與銀行發生關係，這是該行在中國之首創。但謗之者則謂一元即可開戶，太瑣碎了，是猶太作風。但後來各銀行見上海銀行所辦儲蓄存款，成績非常之好，便相率仿效，紛紛開辦儲蓄存款，且名目極多，有零存整付，整存零付，有活期，有定期等等。當時洋商銀行看見上海銀行也辦國外匯兌，頗為妒忌，時時發出輕視之言論，而上海銀行直接與外國銀行接洽，先從美國入手，並派重要職員，常駐紐約，以便隨時接頭。

有些銀行鑑於上海銀行國外匯兌部辦得很好，且為防國內貨幣不穩定，可以將資金逃往國外（大部份是美國），也有部份銀行設立外匯部，為逃資之準備。

上海的錢莊，也很嫉妒上海銀行，因為該行有一部份完全是錢莊式，用的人曾在錢莊做過的，而時時灌輸以新銀行知識，所以錢莊式部門，也辦得比舊式的錢莊為靈活。所以上海有頗多錢莊也就改為銀行式，但不是有限公司組織，東家仍須負無限責任。從這兩三件事看來，可見當日上海商業儲蓄銀行在上海銀行界中影響之大了。

金城銀行

金城銀行創辦人是周作民，周是江蘇淮安人，日本留學生，民國初年在北京財政部當司長，後來任交通銀行總行總稽核，不久調蕪湖交通銀行兼蚌埠交通銀行經理。那時安徽省長倪嗣冲是個軍閥，駐蚌埠，長江巡閱使兼安徽督軍張勳駐徐州，帶的軍隊叫做定武軍，倪也有軍隊，叫做安武軍，周因此和倪很熟，同時和他的手下軍需及財政廳長也很熟，於是周就勸倪拿點資本辦一間銀行，倪答應了，周即到北京創辦金城銀行，倪是大股東，另外招了些股本，資本金定為一百萬元，收足多少就不知道了，有了五十萬就可開業。

後來金城銀行的業務，一天比一天發達，帳面也最大，是北四行第一位，周以銀行為終身事業，專心辦理，不想在政治方面活動，但又不能不與政治方面，發生關係，所以對政治派別，軍人系統，各方面都有聯系，不過他很少自己出面，手下有專人，負責某派某系，利的方面固有，害的方面也時時發生，如在馮玉祥軍隊內，即由金城銀行設有軍人儲蓄處，到了馮被張作霖趕出北京後，張對金城銀行在馮軍隊裏設有儲蓄處一事，很找他的麻煩，後經各方面向張說項，聽說還有不能公開的條件，方才了事。

日寇佔據上海南京等重要商埠，汪精衛在日本卵翼下組織偽政府，周作民當時在香港，日寇佔據香港，周作民等被俘，關在香港大酒店，後來汪精衛和日本交涉，經過四個月，這批高等難民全部用飛機送往上海。汪精衛、周佛海要他在偽府中擔任一個職務，但他總是推辭，結果周就派他的手下人出面，而他在幕後支持。到日寇投降，國民政府對周作民頗不諒解，經過兩位要人向蔣說項，才算無事，有無其他條件，則非局外人所能知了。

一九四九年，人民政府在北京成立，周作民也在香港，那時身體已不很好，二樓都不能自己走上去，要坐了椅子由兩個工人抬上去，據聞一九五二年，北京方面派了一位說客，請周回國去，說客對周說，金城銀行創辦人，北四行創辦人，只剩周一人，大陸談（丹崖），中南胡（筆江），鹽業張（鎮芳），皆已去世了。周說，在香港還有吳達銓、錢新之。說客道：「吳錢都非北四行的創辦人。」不久周果離港回上海，那時國內正鬧三反五反，而又有謠言，周等八十三人不在鬥爭之列，結果周始終無事，不久就病死在上海。金城銀行總行副總經理殷某，被公事房一個工人檢討他，鬥爭他，用種種方法侮辱他，就在該行六樓飯堂平台跳樓而死。

周作民用人異常廣泛，舊式錢莊的人也有，從別家銀行請來也有，留學生也有，各派系薦來的也有，分支行最多，帳面亦最大，所以居北四行之首位。

大陸銀行

談丹崖是大陸銀行的創辦人，他的原籍是江蘇無錫，寄居淮陰，日本留學生，光緒三十三年即已回國。談回國後，即在南京高等商業學校任教務長兼教授商業課程，校長是胡思敬，湖南人，胡離開即由陳福頤繼任校長，後又與中等商業學校合併，改稱高中兩等商業學校，高等有大學預科，銀行，稅關，師範等專科。高等校長陳福頤於光緒三十四年赴北京應留學生考試，即由談兼代校長。中學校長是宗嘉祿，有本科（等於後來甲種商業），有預科，經費由商會負擔，辛亥革命，即行停辦。民國元年，談就中國銀行南京分行經理，他喜歡用商業學校的學生，南京分行，文書主任，會計主任，營業主任，出納主任，四位都是商校學生，後來談調北京分行經理，因為在南京與馮國璋及其部下很熟，拉他們投資創辦大陸銀行，總行設在北京，當時談尚未脫離中國銀行，就叫姓曹的學生以協理資格執行總理職務。

南京商校學生，各銀行都有，如中國，交通等銀行，但大陸銀行用的最多，所以商校學生對談先生異常好感。

大陸銀行是中國第一間蓋新式幾層樓洋房做行址的銀行，地址在北京西交民巷刑部街口，中國銀行在西邊，金城銀行在對門，後來成了一條銀行街。

大陸銀行也是第一個用電鐘的銀行，母鐘在總理室，用電線聯系各室電鐘，當時北京電燈公司所發的電流很不準確，時高時低，並且有時停電，所以大陸銀行的電鐘也跟著時快時慢，甚至有時停止不走，談甚以為苦，旁人笑他好新奇，他只有搖頭苦笑。不久他與西門子電氣工程師商量，改為電池，由電燈電充足電池，再由電池發出電流而發動電鐘，從此電鐘也準了，不再停了。那時人們都不相信北京電燈公司發出電流是準確而不會中途停電的，談既採用此種電鐘，非將他弄好不可，亦可見談的辦事百折不回的毅力。

談喜歡用舊官僚及民國時代退職各省廳長階級的人物做分行經理，他喜歡燒熱灶，不喜歡燒冷灶，他死的早（民國二十一年），所以在北四行中比較最弱，他故世後，許漢卿繼任大陸總經理，許曾經做過南京中國銀行副經理。談是一個無積蓄的人，死後，據說還虧空大陸銀行九萬元云。

鹽業銀行

該行是張鎮芳發起創設的，他是河南項城人，袁世凱表兄弟，清末在直隸做官，宣統三年十二月，署理直隸總督，北洋大臣，不數日，清帝即退位，他久居天津，因此與鹽商很熟，他既有心創辦鹽業銀行，就要拉鹽商入股，吸收他們的存疑。張本人是進士出身，不懂生意的，就用岳乾齋做協理。岳在前清專結交清宮內務府官員，及王公大臣，如有外省來京謀差缺的人，他可向王府或有關衙門，代為接頭。他的方法是這樣的，某人要謀某差或某缺，要多少兩銀子，就請他到前門外一家古玩珠寶舖買寶。岳會對那個人說：「請你買這件古玩吧。」那件古玩多少兩銀子，就是那份差事或缺的代價所須要的數目。岳又說：「我可以代你送給某某人。」隔了不多日，那個人所求的事果然發表了，而且見了上諭。原來這家古玩珠寶鋪就是岳開的。那個收到古玩或珠寶的某某，就將原件送到岳的舖子裏，取回多少兩銀子，這項交易到此算是雙方圓滿成功。諸如此類的，在清末時是很多的。（南亭亭長的「官場現形記」小說，記此事極詳細。）

張鎮芳開辦銀行，認為岳乾齋與清室及王公有往來，所以就請他做協理，拉這方面的生意。鹽業銀行開辦時大概是民國二、三年（一九一三、一四年）當時袁世凱還在位，不愁沒有生意。到民國五年袁世凱死了，張鎮芳知道失勢，不易支持這個銀行，就請出吳達銓做總經理，但大權仍操在岳乾齋手上，清室的王公存款不少，他就拿這些存款放給溥儀的「內務府」，抵押品多數是宋元明清（康熙、雍正、乾隆）磁器，也有珠寶及金飾，到期不贖，即行沒收，所以岳的家裏有名貴的磁器很多。前兩年報上登載，張伯駒（張鎮芳的兒子）將真金十八羅漢獻給政府，但未說明重量及高度，據傳十八羅漢是清宮之物，抵押於鹽業銀行的，到期未贖而被沒收，銀行即將抵押品由北京偷運到天津分行嵌在牆裏頭，張恐怕人告發，所以就獻給政府了，張伯駒早已脫離銀行，現在吉林博物館做館長。

北京電燈公司，雖是股份公司，但年年賠錢，有勢力用戶多不付電費，不但不付電費，還換大燭光燈胆，因為電力不足，燈不夠亮之故。股東又拿股票向鹽業銀行做押款，公司也向鹽業銀行借錢，這兩項債戶，根本無法還本，有的連利息都不付，銀行不得已，就完全拿過來自己辦，竭力整理，對用戶如不付電燈費，就剪線，這樣辦法也只能勉強維持開支，不再賠錢，想有利息，及公積金還談不到。到了民國二十三年，鹽業銀行索性把公司賣給國民政府，算是國營，鹽業拿到三百多萬法幣。那時鹽業上海經理（是北方老銀行界）就將這筆錢撥到上海，變成美金。有位專做美股票經紀的某某（前年在香港自殺死去）向上海經理獻策，拿一百萬美鈔在美國交易所做物產，完全賠光，經理因之神經失常，離滬回北平休養去了，過了很久後才復元，但從此未見再回到上海的分行了。

美國物產交易所；有很多物產在交易所裏買賣，如棉花，小麥，大豆，玉黍，等等，買賣都可以，有一個月期，有兩個月期，有三個月期，發財也快，賠光也快，銀行是禁止做此項生意的，公司股票是可以做，但只限投資股，投機股是不准做的。鹽業上海經理，自以為銀行老資格，聽了經紀的話，大做其物產，如果那時做了股票，現在最少是十倍了。

鹽業銀行上海分行是一位姓倪開辦的，倪是鎮江人，在清朝是一個河南候補道，四品大員也，他和張鎮芳很有交情，所以做上海分行經理，他到上海後，行裏仍然用舊式帳簿記帳，他說他一日在職，一日不改新式簿記，總行也無如之何。

鹽業香港分行恐怕是北方的銀行來香港分行最早的一家，縱然不是第一，也是第二。德輔道中是自建的行址，經理姓倪，是上海倪經理的姪兒，香港鹽業銀行開設在上海鹽業銀行之前，所以姪哥進行亦較乃叔為先。香港倪經理從開行即任經理，一直到前三年逝世，始終未更換過，據說北幫（如天津，大連，青島，等處）多數與該行往來。

▪

一部銀行史必定將每一家銀行開辦年月，董事名單，總經理姓名，及每半年資產負債報告，詳列無遺，方可稱為銀行史，但筆者所寫的只是每一家銀行的特徵，或其特點，或其創辦的原委，而多半不會見諸該銀行史中，故曰銀行外史。

銀行外史分刊在《大華》雜誌上，已有好幾篇，那幾家銀行，都是分支行遍及全國，存戶及放款戶，也普遍，所以對民眾比較關係密切。歷史悠久可以寫的材料自然較多，以後要寫的，也是大銀行，它們和上海的關係較深，歷史也很久，但特點材料就不能很豐富了，所以只能將這些銀行的特徵，特點，及其創立與發展的奇異處，寫些出來而已。

北京銀行公會

民國五年以後，北京的銀行日見增加，只要有本事拉到存款就可開銀行，將這筆款放給財政部；數目不很大，決不會超過一百萬元，利息可嚇死人，大概要月息二分以上，抵押品是再硬也沒有了，就是關餘，鹽餘，海關稅款，因為庚子賠款的關係，早就歸洋人掌管，管這筆款的洋人，叫做總稅務司，各海關就叫稅務司，也是洋人。海關收的稅款存入外國銀行，每月提出多少還賠款，再有多餘的款子，叫做關餘，財政部向銀行借款，即以關餘做抵押品，但是要總稅務司簽字認可才行，借款經總稅務司簽字，就千穩萬妥了。在民國初年，有一筆大借款，好多國家都有關係，是以鹽稅做抵押品，因此債權人成立一個鹽務稽核總所，各省產鹽地方，運鹽機關，銷鹽機關，都有稽核分所，管理鹽和鹽款，總所及分所主管人都是洋人，鹽款也是存外國銀行，每月應該提多少還借款及利息，多的錢就叫鹽餘，財政部向銀行借錢，鹽餘也是抵押品，但也是要稽核總所洋人簽字才行。中交兩行在北京分行發行的鈔票，有北京字樣，簡稱京鈔，每天錢舖有行市，漲落不定，成為投機的籌碼，中交兩行另發天律字樣鈔票，這算現大洋，可以兌現，一些新開的小銀行，放給財政部的借款，就在市面上買進京鈔，當現大洋交給財政部，其中利益之大可知，而此項利益，當然債權債務雙方，都有利潤，財政部拿到借來的京鈔，就發本部薪水，也可能分點給窮的部。當其時，一些小銀行，每年賺的錢很多，據說行員就可得二十個月花紅，董事及經副理，收益更可想而知了。舉一例來說，如東陸銀行，是賀德霖所創辦的，賀是王克敏時代做過財政部參事，後來做過鹽務署長，（等於財政次長）馮玉祥推倒曹錕的時候，黃郛做攝政內閣總理，馮薦賀做過一任短期財政總長，據說賀是由一位濶人薦給財政總長王三爺（一班政要稱王克敏），一時無法安插，就叫賀在公館裏招待每天來的賭友。有一次有一桌三缺一，三個人急的不得了，就叫賀湊一腳，賀不敢，因為牌太大無錢輸。恰巧王三爺從外面回來，就對賀說代我打，賀方始坐下，這一場牌結果，賀大贏，拿籌碼兌錢，竟贏了七萬多，賀將錢送交王，王不要，將賀說，你拿去做賭本吧。從此賀也是坐上客，而賀賭運很好，贏了很多錢，不但賭運好，而且官運同時也好起來了，不久發表財政部參事，後來又代理次長，下台後就辦東陸銀行，他對財政部借款的把戲，再清楚沒有了，後來做了債權人，焉有不勝利之理？

賀為人甚聰明，壞主義很多，所以能為王三爺賞識。有人說，他對子平之術很有研究，在抗日戰爭的時候，賀也逃來香港，時常代朋友算命，只有一事是可靠，就是收羅古今的講算命的書，不論是印的或是手抄他都買，價錢絕不計較。他自己說收藏這類的書約有三千種；香港淪陷後，一九四二年三月回上海，不久即去世。民國五年以後，北京出現了很多小銀行，專以借款給財政部，獲得高利息為主，同時有些銀行發起組織銀行公會，就在西交民巷自建會所。會並不長開，經理終日忙於應酬，很少到會，忙的副理，也很少到會，只有一事可說，會裏有一位厨子，倒是很出名，菜做得非常之好，常常出新花樣，極平常的原料，能做出色香味俱佳的菜。譬如北京白菜（即黃芽白），只要心及上半段，每段切一寸半高，切成四個墩，平放大海碗裏，先放在桌上，然後將極滾的雞湯澆上，食者無不佩服他的手法巧妙，色香味三者無不臻佳境。菜是白色，加上一點油沒有清雞湯，其色淡雅之至。白菜心本身有清香味，以熱雞湯一沖，清香味更出來了，此湯及菜其味甚為清淡，很多濶人想用這個厨子到家裏，他不肯，但是可以到濶人家裏到會，會裏每日中午（星期除外）有便飯兩桌，每桌可坐十人，來吃飯的幾乎沒有一位是經副理階級的，而來吃的都是各銀行的主任，其目的有三：一是飯菜好，二是離行出來活動活動，三也可與其他主任聊天。其中有一位吳眉孫（庠），是交通京行文書主任，文筆極好，他想寫一本小說，專描畫北京金融界情形及人物，就寫了很多書的回目，結果書並未寫，回目亦未發表，今將能記憶的回目寫出，以供茶餘酒後讀之一笑，第一回「大財神人稱燕老，小錢鬼我怕鴻卿」。梁士詒號燕孫，在民國初年，無論如何，總是金融界領袖，且外間稱為梁財神。鴻卿姓張，在前門外開一間錢舖叫春華茂，專買賣京鈔，無異拿京鈔做籌碼，投機搗把，獲利甚豐，且手段靈活。第二回「張公權言不由中，周作民人稱懼內」。張公權是中國銀行副總裁，他在普通應酬場面，對時局及金融決策，隻字不提，總是說些不相干的話。有人想在談話中得點消息，總是失望，所以說他言不由中。周作民是金城銀行總經理，有一次在家裏請客，不知那一位要人叫了條子來，被周太太知道了，將電燈總開關關閉，客人只得換到別的地方了，周對太太無可如何，所以外間說他懼內。第三回「馮總裁翩翩公子，任協理好好先生」。馮是中國銀行總裁，名耿光（一九六六年十月在上海逝世），人稱馮六爺，日本士官二期，前清在軍諮府當差，與馮國璋同事，且認同宗，馮國璋做了總統，馮六爺不願做官，就做了中國銀行總裁。他是廣東人，家中富有，翩翩年少，在京專捧梅蘭芳。任是交通銀行協理，名鳳苞，號振釆，民國元年就做協理，為人不爭權奪利，故曰好好先生。第四回「陶老爺搖頭擺尾，談胖子疊肚挺胸」。陶湘號蘭泉，武進人，當時是交通銀行北京分行經理，歡喜研究碑帖及明版書，看東西的時候喜歡搖頭，是小老爺出身，見了人喜歡擺尾。談號丹崖，無錫人，大陸銀行總經理，是個大胖子，肚子很大，走起路來，喜歡挺胸。第五回「居逸鴻黃昏度曲，謝霖甫白晝宣淫」。居是中國銀行總司券（即後來總發行，管發行鈔票），住在行的樓上宿舍，下樓到辦公室辦公，下班就回樓上宿舍，極少出門，晚間無事，喜歡吹簫，唱崑曲。謝霖甫，常州人，日本留學，專攻會計，中國銀行總司賬（即後來的總會計），喜歡嫖，白晝宣淫，無非形容其愛嫖耳，底下還有多少回，筆者記不起來了，但是以上幾位，確是當時金融界的名流。

中國最老的一家銀行

中國通商銀行，開辦年月，手中無參攷資料，所以說不出可能是第一間中國自己創辦的銀行，成立期間約在光緒中葉在招商局後，第一任的經理謝綸輝，甯波人，錢莊出身，內部分兩部份，一部華賬部，完全舊式賬簿，一部洋賬部，完全洋式簿記，以便與外商交易，此部有洋職員五人，職位高低不詳，尤怪者，通商是外灘銀行（洋商銀行統稱外灘銀行）會員，後來中交兩行成立，反而不能做外灘銀行會員，他與漢冶萍、招商局等，同一命運，有好的基礎，而不善運用，不求改進，日走下坡，後來因為有發行鈔票權的關係，由國民政府收歸國營，成為小四行之一，杜月笙就是末期的董事長，在民國十四年期間傅筱庵曾做過經理。

一家異想天開而成立的銀行

王伯元，甯波人，是匯票掮客（即經紀）出身，與上海匯豐銀行買辦很相熟，上海外灘銀行規矩，每天早晨先令、標金歸匯豐掛牌，當然買辦先知道，而王又從買辦處先得消息，比對昨日行市，從中得點利潤，日子長久，雖不大富，亦成小康，但人心不足，也是常理，忽然得到消息，有人以中國墾業銀行名字，向北洋政府時代的財政部註冊，並有發行鈔票權，而申請人無力開辦，王就異想天開，想過過總經理癮，同時匯豐買辦告訴他，洋經理說，標金會大漲特漲，可漲到某種程度。他心中大喜，預備大大的做一下多頭，但他是做先令、標金老行家，知道不會一直上漲的，其間必有上上落落，如果在外間，消息多，心容易活動，可能錢沒有賺到，反而虧本，都有可能，他就大做一筆多頭。回家後，他連房門也不出，報也不看，電話也不接，就對家人說，標金跌到什麼行市，或者漲到什麼行市，才來告訴我，平時漲跌不必告訴我。經過若干時日，其中漲漲跌跌，家人都不告訴他，一日果然漲到最高點，達到他的願望，家人馬上告訴他，他就出來了，一算賺的很多，於是就辦墾業銀行，因為有錢，朋友更相信他，股款、存款都來了，於是乎蓋了一座墾業大樓。居然成為上海一家大銀行了。國民政府改行法幣，所有有發行權的銀行，一概取消，歸中央銀行一家發行，像墾業已發行的鈔票，由政府代他收回，政府派人接管，成小四行之一。不過他還是總經理，還是股東，墾業沒有外匯，全是地產，王本人也無外匯，就是有也很少。人民政府成立，他也狼狽來香港，聽說他有一位小姐在聯合國做事，所以他去美國。曾經有人問過他，假如那時標金跌到你的限度，你將如何，王答說道：「只有跳黃浦江了。」

第一間買中國公債的銀行

江浙巨紳張謇湯壽潛等人。提議開辦上海到杭州鐵路，向民間招股，當時政府主張國營，不贊同民營（因有滬寧、滬杭甬與英國借款築路的合約關係），但收到股款距離築路所需甚遠，後來由發起人將這筆款，開辦浙江興業銀行，總行設在上海，以葉葵初做總經理，一直到一九四九年四月逝世為止。民國初年政府發行六厘公債，未能如期發息，所以跌到二三折，葉間接建議政府按時發息，慢慢的抽籤還本，為將來再發公債作想，他就向市面收購，果然政府按期發息，並抽籤還本，大獲其利。初時知道的人不多，後來連私人也投資買進，很多人都發了財。過後若干年，中國公債市場頗大，葉對這件事是有「貢獻」的。中國銀行股票，票面每股壹百元，官息六厘，市價跌得很低，可能是四折，興業也向市面收購。財政部曾拿官股股票，向興業銀行押款，因每年官利照發，後漲至六折上下，有一段很長時間，因有上述的關係，興業始終是中國銀行董事。光緒末年趙爾巽做奉天將軍（尚未改行省）時，葉在趙手下，管奉天財政，一時有理財家之名。其人極精明，事無巨細，多親自處理，該行全體行員待遇很菲薄，可是葉自己待遇也很低，倒是以身作則，據說興業沒有外匯，但是上海房產很多，葉雖做總經理多年，並無多錢，也無外匯，所以人民政府成立，該行沒有人由大陸逃來香港。香港只有戰後才設立一家支行而已。（編者按：葉是進士出身，精目錄之學，藏書極富。）

最富的一家銀行

浙江實業銀行，總行在杭州，上海原是一家分行，後改為總行，杭州行反變為分行。總經理李銘，字馥蓀，（按：此人於本年十月死於香港，年八十。）盧學溥、曾鎔甫都做過常務董事，據說該行市面上放款並不多，多數變成美金買美國股票，有人說是第一家中國的銀行做美股，現在估計資產約為兩億美金。當日本軍控制上海時，李未離開上海，到了汪偽政權成立，周佛海要敲他的竹槓，綁他的票，那時雖住在租界，但毫無保障，李不得已，找人向周說項，後來周答應讓他離開上海，他乘最後的一班總統公司的船去美國。那時候汪政權尚未收回上海的租界，到了一四一年十二月八日，日閥發動對英美戰爭，美國船才不能來遠東。勝利後，李方才回上海。一九四八年，國民政府改發金元券，浙江實業因為外匯多，亦頗受「垂青」。一九四八年該行在香港設一辦事處，一九六四年與日本第一銀行合作，改為浙江第一銀行，在香港政府註冊。

中央銀行之成立

民國十六年（一九二七）革命軍北伐成功，遷都南京，國民政府擬開辦中央銀行，命周佩箴等為籌備員，但久久基金無著，未能開辦：當時財政部長是宋子文，就自兼中央銀行總裁，調周佩箴為杭州造幣廠廠長，周曾經做過通運公司管賬，通運公司是張靜江開的，總公司在巴黎，美國約是分公司，上海也是分公司，周是上海公司的管賬。蔣介石未發跡的時候，常向張靜江通融款項，張一點頭，蔣就到通運公司向周伸手，因此與周很熟。初時叫他籌備中央銀行，因他不內行，沒有辦成，因而調杭州造幣廠，這完全是照應意思。宋兼中央銀行總裁，最初並沒有什麼好辦法，這時候，財政部派顧貽穀等前往北京接收舊財政部檔案，發見稅務司保管的庚子賠款中有德奧賠款，因為第一次世界大戰，德奧都是戰敗國，無庸再付賠款，顧立即向宋報告，並建議以德奧賠款擔保，發行公債（庚子賠款，是按期扣還，一次只扣還一部份），宋贊成以此為中央銀行基金，遂定名十七年短期公債，總額二千萬元，擔保實在，還款期短，認購者甚多，四明銀行孫衡甫首先認購九百萬元，中央銀行由此成立。顧貽穀有此功勞，就做央行的業務局總經理。央行開辦之初，完全做成一個銀行的銀行，省會及大商埠方設分支行，民國二十四年（一九三五）改法幣，停止兌換銀元，紋銀及所鑄銀元皆由政府收買，不得私藏及行使。

兩間奇異的銀行

東三省官銀號，就是東三省銀行，歷史悠久，早在東三省改行省前，即已設立，初設立時規模不大，發行銀角子票（小洋票），拾角為壹元（簡稱奉票），初時兌現，又發一種錢票，票上印的是多少吊錢，這是在外縣及四鄉通用的，後來廢不用了，專用奉票。奉天省貨幣極為複雜，有日本正金銀行發的銀元票，起初與中國銀大洋相等，後來脫離，與日金聯系，另成一種行市；有朝鮮銀行發的日円鈔票，俗稱老頭票，與日本所發的日本票同價；其他有中交發的小洋票；天津字樣的中交票，市面皆通用，官銀號主辦人頗守舊，所以業務不發達。

民國五年（一九一六），張作霖做了奉天督軍，野心甚大，將黑龍江督軍鮑貴卿（還是兒女親家）擠走，換了自己人吳俊陞，將吉林督軍孟恩遠攆走，換了自己人孫烈臣，政府不得已又任命張作霖為東三省巡閱使，兼奉天督軍，省長雖是王永江，實等於秘書，惟命是聽，張集軍政財於一身，對官銀號也大加整頓，完全依照新式銀行組織，採用新式銀號簿記。全部職員，百分之九十八是奉天人，對於中交兩行發行鈔及營業，加以限制，凡屬於官款，如鹽款、印花稅款、煙酒稅款等，原存中交兩行的，一律改存官銀號，只有鹽款，因有借款關係，按時撥交北京中央政府，其餘都截留為本省用。主持人都是張派的。

官銀號的營業，頗為奇突，除放少許款項給部屬，或部屬所開的買賣外，大宗營業，是在高粱、大豆（黃豆）、小麥收割時，用奉票大量買進。收割時間大約在中秋節前後，所有各縣分號。都是做同樣營業，到了農曆年時，必定漲價，因之獲利甚豐。張拿到這許多利潤，並未放在自己腰包裏，全都拿出辦東三省事業，所辦事業，列舉如後：

奉天兵工廠。奉天兵工廠可稱全國之冠，在奉天省城之東，占地非常之廣，可以無限制的推廣，有炮廠、機關鎗廠、步鎗廠、迫擊炮廠（迫擊炮是奉天兵工廠發明的）、手鎗廠、子彈廠、炮彈廠、手榴彈廠、炸彈廠，專門人才頗多，技術人才、工人更不可勝數，這些人都是外省人為多，張自兼督辦，總辦是楊宇霆，以下設有很多的會辦，大都是各國留學的軍人，及專門學生，各廠有廠長副廠長，及專門技師，那時各國大軍火商、大電機廠、大機器廠，都派專家到奉天兜生意，其中以德國人為最多。

建築鐵路。一條由吉林省城到奉天省城東邊海龍縣，這是在南滿鐵路東邊，與南滿路平行。一條由吉林洮南到奉天錦州，這是在南滿鐵路西邊，也與南滿路平行，這是日本最恨的事，條約規定，不得在南滿鐵路東西兩邊築平行線，屢次向奉天抗議，奉天當局不理，建築如故，炸死張作霖，九一八強占東三省，這是最大原因之一。

開發煤礦。北票（在熱河境）煤礦、穆陵（吉林省東北）煤礦、下九台（吉林省城與長春之中間，離吉長鐵路下九台站不遠）煤礦，這是三個大的，還有很多小的，申請開礦的人，都是奉天政府的部屬，可以向官銀號借款，無形中變成官商合辦。

開發葫蘆島海港。這個海港在勃海北面與秦皇島營口之間，是一個不凍港，用來抵制大連的，奉天用了不少錢，都是官銀號拿出來的。

黑河狗頭金。黑河縣在黑龍江省北部，黑龍江邊，江的對岸就是俄國，也是一個城，叫大黑河，離黑河縣不遠有一個金礦，普通金礦都是金沙提鍊出來，所謂沙裏淘金，但這個金礦是成塊的，極其難得。為什麼叫做狗頭金，那就不知其來源了。因有金礦，中交兩行、東三省官銀號，都在黑河設有分行，收買金子，夏天是船運，由黑龍江下行到吉林同江口入松花江，西南行而達哈爾濱，轉運各地。冬天是由齊齊哈爾（黑龍江省城）陸運，乘汽車，一日即達黑河，黑河各分行，當然大賺錢，就是行員也很富有。據說東三省官銀號收購的狗頭金，並不歸公，是歸張私有的。

總之張利用官銀號，發行天文數字的奉票，如果拿奉票來計算所購置及開辦事業總數，還是合算的。

廣東省銀行

這家銀行恐怕是北伐成功後，廣東成了一個政府才有的，到了陳濟棠主持廣東軍民政時候，才將省銀行加強組織，成為現代化的銀行，資本多少未宣佈過，恐怕亦未規定，發行毫洋票（即壹角、貳角銀幣，廣東叫毫洋），拾毫為一元，市面通用二毫銀幣，銀大洋也通用，對毫洋及毫幣，另有行市，最通用的還是港幣，每日對毫幣有行市，官府收付是毫洋折合銀洋，後改為法幣，普通商家無形中是以港幣為本位。

廣東省銀行業務，全靠發行鈔票，而發出的鈔票，多數是買金條及港幣，或用在興建實業，如建糖廠等，為數也很多，所以毫幣對現大洋是很低落。當時主持省銀行是一位沈君（忘其名），人頗正直，而陳濟棠對之亦頗信任，陳對沈除興辦事業，向其要錢外，如果每月軍政費向沈要錢，是會拒絕支付的，如要上私囊更不可能。據說，軍政費是由稅收作支出，廣東是富庶省份，捐稅名目繁多而重，又有鴉片稅及賭捐，但是陳私人括的錢，是另有方法的。

陳維周有次到南京見蔣，回來對老弟說，蔣的運氣、氣色都不如你，在此時陳兄弟迷信扶乩，扶出「機不可失」四字，以為是反蔣的時候了，不料蔣的特務勾引陳的空軍司令，將陳的空軍全部飛機飛往杭州投蔣，到此時，才恍然大悟，「機不可失」是飛機不可失也，今竟飛機全失，無可挽救，只有下野避來香港。後來國民政府派人清查省銀行賬目，所存現金、港幣、糖廠資產等，與發行毫洋票，在市面上所做的行市，相差極微，因之即照此行市定價收回，由此看來，陳對省銀行，並未當它是私人倉庫，而沈主持省銀行的確是合乎辦銀行的原則。

·

作者寫銀行外史，已有一二萬言，以前所寫的，是逐家銀行寫，有類「點將錄」，現在將已點完，以後就記憶所及，一談各銀行的有趣軼事。

一個被暗殺的銀行經理

民國二年，施肇曾是上海交通銀行經理，副理是張紹蓮。施被調做隴海鐵路督辦，張由施保薦升經理，二次革命反袁世凱，反袁的上海地下工作人員，商張借軍費二十萬元，張不理，張乘馬車到行，經過四盤街，被人開鎗射殺而死。外界傳說，是陳其美部下做的，因為當時陳是負責上海地下工作的人。

外國人做中國銀行經理

上海交通銀行曾向比國借過五百萬兩銀子，恐怕是施肇曾代隴海鐵路借的。當時施是上海交通銀行經理，因借款的關係，比國曾派比國人史拉克做代表，常駐交通銀行，經理張紹蓮被暗殺，史拉克一度做經理，副理徐寶琪。不久，北京總行就派趙慶華來做經理，趙是趙四小組的父親，四小姐現在是張學良的夫人，在台北，史拉克仍做比國的代表。

中國銀行總行有位顧問名叫盧克斯，英國人，後來中國銀行於一九三〇年在倫敦設的辦事處，就請他做副經理，以後卞仲茀、貝淞蓀等，都做過倫敦經理，而盧克斯下落就不清楚了。（盧克斯既調倫敦，張公權又聘英人格萊為顧問。此公拿優薪，殊無獻替）

舊中國銀行二三事

馮耿光口述、林漢甫整理

編案：本文作者馮耿光先生，歷任中國銀行總裁等要職凡四十多年，本文主要憶述了四九年以前中行發生的幾宗大事，而這些大事在當時來說的確是全國轟動的，例如中行京鈔停止兌換事件、擠兌風潮、攫奪大改組……

我自從一九一八年三月到中國銀行（以下簡稱中行）擔任總裁算起，到今年已經有四十五年了。在解放前的三十幾年中，一九二八年前我曾兩度擔任總裁，以後一直專任常務董事，只在抗戰勝利後的幾年中改任高等顧問。

一九一八年，我在臨城礦務局任督辦，這個礦局是由華比銀行投資中外合辦的。督辦由中國方面委派，薪金按法郎計算，最初待遇很豐，後來因法郎貶值，逐漸降低。馮國璋到北京就代理大總統後，曾有意要我擔任陸軍次長，我雖是日本士官學校出身，但只在很短時期中帶過部隊，對於政治一向不感興趣，因此我對於這一職務很覺躊躇。正在這時，王克敏做了財政總長，要想找一個和馮有淵源的人擔任中行總裁，遂來拉我去接替他這一職務。我熟思之後，就決定到中行來。四十五年來，我在中行的職務，雖有變更，始於沒有脫離過。現在把我在中行經歷的重大事情，就記憶所及，概述數事於下：

從反對袁世凱稱帝說起

袁世凱稱帝前，梁啟超、蔡鍔等密謀反對。王克敏清末曾在日本任留學生監督，與梁啟超結識很早，交情不淺。一九一三年王在中法實業銀行做中國方面的代表時，曾替袁世凱向該行借到一筆錢，但沒有密切關係。由於他的官癮很大，喜歡熱鬧場面，遂經常參與梁、蔡的密謀。我那時是總統府顧問兼臨城礦務局督辦，事情很閒，也常和他們在一起活動。我們這幫人當時雖對袁認識不清，但贊成共和、反對帝制是一致的。有一天，蔡松坡相識的妓女小鳳仙問蔡為什麼反對袁世凱做皇帝，蔡說：「現在我們大家見面拉拉手就行了，如果讓袁做了皇帝，我們就要向他跪拜，那還受得了。」蔡在雲南起義後，即率部隊進攻四川。唐繼堯的部隊跟在後面，態度不十分明朗，如果蔡部軍事不很得手，唐部很可能叛變。

就在這時，我到天津，住在利順德飯店，遇見王克敏，他邀我去見進步黨負責策劃的人——蹇念益（季常）。蹇把當時形勢講給我們聽，認為必須北方軍人中有人起來響應，蔡的聲勢才能壯大，反對帝制的起義才能成功。蹇的意思要我趕快到南京去見馮國璋，勸他早日表明態度。我看到此事關係重大，立即答應下來。這時袁的密探佈滿在交通要道和頭二等火車中，必須機密行事。當天我就乘三等車南下，到南京時正值午夜一點多鐘。我乘車到馮居住的上將軍府（即太平天國天王府舊址），門衛問我來意，我托辭找馮的上菜工友，混進府去，以免惹人注意。這一上菜工友在前清軍諮府做過事，人很機警，這時是馮的親信。我與他見面後，即囑其不要聲張，將我引到簽押房和馮密談。

馮問到外面情形，我就把各地反對帝制的局勢告訴他，並問他手下有多少軍隊，打算怎麼辦？馮說嫡系軍隊有限得很，所以不敢輕率舉動。我就乘機進言說，袁派了兩路大軍沿著京漢、津浦兩鐵路南下，表面上是和西南方面作戰，實際上對馮也是一種威脅，必須早日表明態度，才是自全之道。馮說：「袁是老上司，如何可以反對。」我說：「袁如不做皇帝，還可以保全大總統的地位。反對帝制，就是為了袁本人和其子女後代的安全，正是愛護老上司。」馮聽了我這番話，勸袁退位的意思才最後決定，立刻吩咐一位賀秘書當晚草擬電稿。次晨我見到馮時，他已坐在那裏看電稿，經我一同參酌，稍加潤色，即於是晨六時發出。

這封電報拍發以後，整個政局為之一變。進步黨梁啟超等通過王克敏和我與馮拉上關係。後來馮任代理大總統，梁任財政總長，王和張嘉璈任中行正副總裁。後王接任財政總長，就約我去接替他的職務。我和馮系前清軍諮府老同事，認識最早，交情也很深，但擔任中行總裁，卻是梁、王的主意，不是馮自己找我的。

總裁與政客

在一九一八年到一九二八年間，中行總處主要是由王克敏、張嘉璈和我三人共同負責主持，遇事大家商量，分別聯繫辦理。王和我均先後兩度擔任總裁，張則一直擔任副總裁，具體主持銀行業務，沒有更動過。

我和王很早就認識。他的父親王子展（存善），一向在廣東做官，交遊很廣，與我家有世交，因此我和王家父子都很熟悉。王在清末從日本回國，因為他父親和直隸總督陳夔龍（筱石）有交情，由陳保舉他做天津交涉使。辛亥革命後，馮國璋調任直隸省都督，王仍任交涉使，我曾從中介紹，這是馮、王結識之始。有一次馮在交涉使署宴請各國駐天津領事，馮的衛兵不滿意所發的車飯錢，吵鬧起來，王不顧情面，當場申斥。馮對王的舉動不但不見怪，回到都督府還懲辦了鬧事的衛兵，因此兩人的交情倒反而更深一層。王經手中法實業銀行借款①時，袁世凱送給他一張一百萬元的支票。那時他因為眼睛不好，住在北京六國飯店，要由人扶到總統府去簽字，他回到飯店時，曾拿這張支票要我替他瞧瞧金額，並問我要不要拿點錢去用。我對他開玩笑說：「至少要分我一半，少了沒有用。」這筆

① 大概是一九一三年十月的「中法實業借款」。這筆借款為法金一億法郎，折合關銀三千九百三十七萬餘兩，而袁世凱政府實收的只有三千零六十八萬餘兩。

錢在當時為數不小，很可以供他揮霍一陣。王在北方很久，對於軍政界各方面人物，都有拉攏，人很機警，政治嗅覺也靈敏。我們在這方面時常要靠他代為籌劃應付，特別是在曹錕、張作霖等人當權時期，中行對外交涉，都是由他出面進行。他在中行多年，關係很深，但對於行裏人事，除了兩次大裁員外，很少過問。在歷次政潮中，中行也沒有因為王的政治活動而捲入漩渦中去。

張嘉璈是日本慶應大學出身，在未進中行前，曾在浙江省議會和北京參議院做過秘書，很為王家襄所信任。他到中行來，大概是通過進步黨的關係②。他那時年紀很輕，但一般朋友、同事都認為他是政客，有時大家談得很熱鬧，他一來到，談鋒馬上冷淡下來。一九一六年中、交停兌時，張在上海分行任副經理，曾與經理宋漢章共同籌劃，抗拒北洋政府停兌命令，照常兌現，在對外宣傳聯絡方面，做了許多工作，但兩人相處始終不甚融洽。宋也是經常用「政客」兩個字來形容張的舉動。有一個時期「政客」兩個字幾乎成為張的綽號。北伐前幾年，每逢中行準備發股息時，我就要電約漢口、杭州兩行經理同到上海和宋漢章磋商分擔墊款辦法。有時宋問我的來意，我回答說：「這不用我說，你心裏也明白。」宋問我墊款幾時可還，我說：「有錢就還，沒錢就慢點還。」宋認為我說話實在，不像張那樣虛偽，說話吞吞吐吐地靠不住，常常約期準還，到期仍然還不了。平心而論，張對於銀行業務經營比較內行，和上海金融界蔣抑卮、李馥蓀、陳光甫等素有聯絡，因此在股東會等方面具有一

②張嘉璈的哥哥張君勱（嘉森）和梁啟超、湯覺頓都是進步黨的主要人物。張進中國銀行是在湯覺頓任總裁時期，主要是通過梁的推薦。

部分力量。他自到行以後，苦心規劃行務，貢獻很大。宋漢章的話，也只是一面之詞而已。

我和王、張兩人結交有先後，彼此性格和能力也各不相同，但有一個共同的看法，即都想把中行辦好，必須維持它的相對獨立性，盡量擴大商股權益，削弱官股力量，以免受到政局變動的影響。北洋政府財政部因為需款應用，經常將該部持有的中行股票抵借款項，我們就慫慂他們陸續讓售給商業銀行，到北伐前夕，官股為數極少，只剩五萬元了。

急謀對策應付京鈔停兌

我就任中行總裁時，北京中行鈔票停兌（即不能兌現洋）已將近兩年，市面上鈔票行市時有漲落。北京的銀行、銀號，做這種京鈔買賣投機的很多，其中有一大生銀行的經理，名叫張鴻卿，最為活躍。因此社會上流傳的一句聯語是：「大財神人稱燕老（梁士詒字燕孫，有五路財神之稱。有人說民五停兌是他的主張），小錢鬼我怕鴻卿。」可見當時京鈔投機的猖獗了。

北洋政府在宣佈停兌時，僅憑國務院一紙命令，上海等地紛起抗命，照常兌現。結果只有北京一地，中交兩行（中國、交通兩銀行的簡稱，下同）發鈔最多，停兌最久，為害也最烈。北洋政府不但放任中、交京鈔在市面上自由買賣，而且還繼續向中、交兩行大量濫借不兌現的鈔票，推行到市面上去。當一九一六年五月十二日停兌時，中行京鈔發行及存款數共二千六百餘萬元，到了一九一七年十二月底，增加到六千五百餘萬元③，京鈔的行市也跌落到六折。一般機關官吏，拿到不斷跌價的鈔票，不能維持生活，叫苦連天。

我就任中行總裁以後，每逢在公共場所，聽到人們談到中行京鈔的行市，又已跌到幾折了，總覺得非常刺耳，頗想早日設法加以整理恢復兌現，才能對得起社會輿論，否則連中行的生存命運，也要斷送了。因此我在最初二、三年中就經常和中行同事在一起研究如何整理京鈔。梁啟超任財政總長時，原有將各國應允緩付的庚子賠款用來整理中、交兩行鈔票的擬議。我到中行後，舊事重提，由中、交兩行聯合呈請政府指定此項緩付賠款及常關稅作擔保，發行七年長短期公債，歸還兩行墊款，收回京鈔，總額共計九千三百萬元，由一九一八年五月一日開始發行。但第一次發行的成績不好，截至同年六月二十九日止，中、交兩行共募得四千四百餘萬元，不及全數之半。且以財政困難，京鈔一面收回，一面發出，增發數實際上超過收回數，鈔價亦隨之趨跌，引起各方面的責難。中行乃於同年九月呈報財政部，詳述維持京鈔及整理無效的原因，要求政府不再命令墊發鈔券。輿論方面對於銀行和財政混成一片，攻擊尤甚。財政部遂於是月十八日行文中、交兩行，正式保證不再令兩行墊付京鈔。這是整理京鈔的重要關鍵。

③ 這些具體數字和日期，是由記錄整理人林漢甫查考有關資料予以補正的。

中行停止墊款後頓呈生機，即向各分行及中外各銀行商借現金，收縮京鈔。以前售餘的公債，也由財政部明令繼續發行售募，計自是年十月十二日至次年十月四日一年間共募得長短期公債各一千三百餘萬元，收回京鈔二千六百餘萬元。中、交兩行京鈔流通數目，從一九一八年四月三十日公債發行前的九千三百萬元壓縮到一九一九年十月四日的三千八百萬元，減少約六成。但中、交京鈔市價仍在五折之間，不但不見上升反而下降。各方面紛紛提出整理辦法，中行股東聯合會在上海開會時，也有具體建議。適中行修改則例問題又在臨時議會引起風波，中行京鈔市價較交行京鈔更為低落。

直到一九二〇年春間，因新銀行團在巴黎組成又有大借款成立之說，鈔價逐步上升到七折。中、交兩行認為整理較易著手，便呈請政府發行公債，將京鈔全部收回。但以各地戰事又起，未能實現。且因直皖兩軍在京津一帶作戰，人心恐慌，於是鈔債跌到四折左右的歷年最低價。其後戰事他移，財政部於九月十九日重申前請，呈準政府以關餘為擔保，自十月一日起發行九年整理金融公債六千萬元，除以二千四百萬元歸還銀行墊款外，餘數按照票面收回中、交兩行京鈔，以四個月為期，並規定逾期以後京鈔停止流通，無論公私機關，不得再有出入，亦不准再有行市。如京鈔持有人及存戶不願購買公債，准其分向中、交兩行換立分期歸還的現金存單，其利率期限悉與公債相同。所有收回的京鈔，一律切角燒燬。

這時，京鈔數額，已較前大為減少，流通既有限期，商民不敢觀望，投機家也受到限制；且多數積存在各路局及稅收機關，收銷較易。遂在四個月期限內，發售公債五千八百餘萬元，除歸還銀行墊款外，換回中、交京鈔三千四百餘萬元。所餘公債一百九十餘萬元，分交中、交兩行作為兌換零星京鈔之用。京鈔收回工作至是基本上告一段落。

中行因為財政部發給的公債，不敷歸還墊款，京鈔轉為存款者頗眾，致發出定期存單二千二百餘萬元，負擔甚重，而本身資金不足以應付，乃由王克敏、張嘉璈、吳震修（榮鬯，時任京行副經理）和我共同商量，另行添招商股四百萬元，補充實力。不料上海發生證交風潮，因而未能招募足額，頭寸仍很緊迫。所有各項京鈔存單自一九二一年第三期起未能如約履行照付，不得已又與存戶協商仍用金融公債換回前出存單。但中行所存債券，因籌借政府墊款，多已陸續變抵，只好在一九二二年下半年再向各商業銀行借入金融公債一千萬元，以換回存單。所借公債，按照票面金額，分為六十一個月歸還本利，由總行及滬、津、漢三行共同負擔。這樣，中行京鈔存單的結束，又拖延了五年之久。中行董事會在一九二九年報告中曾指出：「其後此六千五百餘萬不兌現紙幣之整理，半由政府發行公債，半由本行自籌資金，其間因應補苴，費十年之力，直至民國十六年，始首尾清結。論國家，論銀行，其受損失，固不待言，而他日談我國幣制者，此實一不可忘之事實。」

安福系陰謀控制中行

一九一三年頒佈的中行則例，規定中行的總裁、副總裁由政府簡任，造成了該行主持人隨著財政總長的更換而進退的局面。自從該行正式成立到一九一七年不到五年期間，前後擔任總裁、副總裁的共有十一人之多④，中行就此成為財政部的外府，也是各派政客官僚爭奪的對象。一九一七年十月梁啟超任財政總長時，約請日本財政學家堀江歸一博士到北京演講貨幣銀行問題，並就中行修改則例，恢復兌現等事，提供意見。堀江認為「欲恢復兌現，非先停止增發鈔票不可；欲停止增發，非停止墊款不可。然欲停止墊款，則不可不變更組織，使保持銀行之獨立，不隨政治為轉移」。因此他極力主張正副總裁由政府在股東會所選舉的董事中任命。第二年財政部重新修改的中行則例，就採用堀江的建議。則例明文規定總裁、副總裁由政府於董事中簡任，而董事則由股東大會選舉，任期四年。我就是由中行第一次股東大會選舉為董事，再由政府簡任為總裁。後來財政總長雖然時有更換，中行正副

④ 自一九一三年四月中國銀行正式成立到一九一七年六月，先後擔任總裁、副總裁的計有：孫多森（蔭庭）、聶其煒（管臣）；陳威（公孟）、吳乃深（藎臣）；湯叡（覺頓）、項藻馨（蘭生）；薩福琳（桐孫）、李士偉（伯芝）；周自齊（子廙）、徐恩元（榮光）、俞鳳韶（寰澄）等十一人。

總裁，按照則例規定，不再隨之進退。這樣，中行才脫離了北京政局更迭的影響，整個局面開始穩定下來。

孰知到了一九一九年安福系得勢，又發生很大的風波。安福系政客想奪取中行的管理權，借口中行新則例只由馮國璋以代理大總統命令公佈施行，當時國會解散，沒有經過立法程序。該系議員乃在臨時議會參眾兩院，提出修改中行則例的新議案，要把總裁、副總裁由董事產生等規定完全取消。但是各地中行商股股東普遍反對，西南軍政府和各地方商會等方面亦都通電指責。北洋政府總統徐世昌和代理國務總理龔心湛，看到情勢不妙，也主張慎重，該案才以「付審查」為名擱置下來。然而安福系政客並不甘心，仍利用同年四月中行股東會在北京江西會館開會的機會，進行搗亂，串通少數股東到會質問中行當局，企圖恢復一九一三年舊則例，引起激烈的辯論。但因行方握有多數股權，終於否決了他們的提案。這年冬天，該系議員王伊文等又在眾議院，提出查辦中行正副總裁案。在未提出之前，特托人向我示意，我一笑置之，並致書友人云：「我對於此案不特不為疎通，且盼其成立，依法行查，借明真相，未始非銀行之福也。國家財政，久無辦法，國家銀行，又何能辦，故久有求去之意，不過今日尚非其時耳。現在既有責難，只可鎮靜以待，若因此遽行求去，則我將何辭以自解。」等到該案提出通過後，中行即瀝陳經過，呈請財政部徹查。財政部派員形式上查了一通後咨復眾議院，同時我們又從人事上對該系部分政客進行聯絡，軒然大波才平息下來。

中交兩行的擠兌風潮

一九二一年秋冬之交，交通銀行總理曹汝霖搬到北京佟府夾道新房子裏去。這房子有一個小型戲台，可以招待一、二百人看戲。親友們遂在十一月十六日以祝壽為名，舉辦了一個堂會，大家湊湊熱鬧。孰知戲碼已經排定，將要開演，忽然有人來報告，北京中、交兩行同時發生擠兌風潮。那時中、交的不兌現京鈔，已經全部收回，但實力不充，加之財政部在這年又先後向中、交兩行借墊軍警餉款四百八十萬元及公債基金墊款七百萬元，因此新發兌現鈔票的現金準備，極為缺乏；此外還有大量以京鈔掉換的定期存單，流在外面，即將到期。這些因素就是引起擠兌的原因。

這次擠兌風潮，因為頭寸短缺，兩行一開始時便採用限制兌現的辦法。每有鈔票五元，只兌付現洋一元，餘四元仍付鈔票；且於付款時，故意將現洋反復敲打，手續異常緩慢。只聽見叮噹叮噹的聲音不絕於耳，十分熱鬧，實際上是為了多拖延時間，少兌出現洋。後來連一點現洋亦不搭付，等於停兌了，於是中、交鈔票在市面上又有了行市，其情形的嚴重，不亞於一九一六年的停兌風潮。中、交兩行都感到內部空虛，彼此互相探聽對方實力情形，生怕倒閉在對方的前頭。

當時北京的步軍統領王懷慶對於擠兌風潮，非常注意，曾經會同內務部、京師警察廳共三方面代表，深夜召集中、交總行負責人去談話。我和張嘉璈代表中行，曹汝霖、任振采（鳳苞）代表交行，接連去了好幾次。王懷慶和內務部、警察廳的代表坐在長桌的上首，我等坐在下首，問話時態度嚴肅，一再追問中、交兩行的現款到哪裏去了，是不是私人挪用了，對於交行尤其不客氣。有一次，警察廳長殷鴻壽說：「若在外縣，發生有錢莊停兌倒閉等情事，經理人是要枷首示眾清查財產的。這次在北京城裏，客客氣氣，還不好好交代清楚。」我聽後氣憤極了，就站起來說：「今天我們四個人都在此地，可以暫時拘禁起來，請派大員徹底清查中、交兩行賬目。如果有私人挪用公款，以致發生風潮，情願以身家生命抵償。」王懷慶看到這一局面弄僵了，就說：「您不必動氣，大家坐下來好好談談，想個辦法，應付這個局面。」這才緩和了全場的沉重空氣。經過中、交當局向各方面疏通，終於把這事擱下來。因為這次問話，是由三個官廳共同召集的，我們就把它叫做「三堂會審」。

中行的虧空沒有交行大，京、津兩行又由滬行宋漢章等裝來現洋接濟，因而這次風潮，經過半個月的紛擾就解決了。交行風潮拖延較久，最後聽說由葉恭綽經手，向奉天省官銀號借到現洋四百萬元，於次年一月間對外無限制兌現，才把風潮平息下去。

張志潭是直系大將，在靳雲鵬內閣中先後做過農商、內務、交通三部總長，對於中、交兩行的態度，顯然有所不同。遇有關於銀行方面的事，處處與交行為難，大有非擠垮不可之勢。這次風潮發生後，他時常問我交行內容如何。我和他原有世交，彼此相識多年，交情不錯，但他為什麼對交行如此痛恨，最初我還不大明白。直等到梁士詒由張作霖保駕做了國務總理，吳佩孚通電攻擊張、梁，常要牽涉到交行，才知道這完全是一種派系的傾軋。後來奉系失敗，梁士詒下台，交行發生動搖，幸由股東聯合會推舉張謇、錢新之（永銘）擔任總理、協理，才把局勢挽救過來。

幾任總裁的更替

我從接任總裁後，先是應付京鈔停兌後的局面。京鈔的整理、兌現剛告一段落，一九二一年擠兌風潮又突然發生，雖在兩星期後就歸於平息，我個人卻不願再幹下去了。我對王克敏說：「這一局面，我實在應付不了，還是仍由你來擔任總裁吧！」我的母親也說我年剛四十不宜負此重任。因此第二年（一九二二年）第二屆董事會就改推王克敏為總裁，我退居常務董事之職，副總裁仍由張嘉璈擔任。王就職後，因為全行開支龐大，曾大批裁減總處人員，並於次年在濟南召集經理會議，商定各分行擔負總處開支及維持京行的詳細辦法；又組織業務委員會，各分行經理擔任委員，共同解決各分行的善後問題。

王接任不過一年光景，又去做財政總長，中行總裁職務，由董事會改推金邃（仍珠）擔任。金曾在梁啟超任財政總長時做過財政次長，後由浙江興業銀行葉景葵、蔣抑卮等人推薦，做了中行董事。金在我們這些人中，年事稍長，作風穩健，一切措施，率由舊章，不輕易更動。中行業務，在他任期內，也逐漸走上穩步進展的道路。一九二六年第三屆董事會成立，他繼續擔任總裁，但因病重不能到行執行職務。王克敏又以其他原因，不便出面，我遂再度被推為總裁。這時北方已在奉軍控制之下，政治、經濟紊亂達於極點。

早在一九二五年，中行香港分行經理貝淞孫（祖詒）就寫信給北京總處，報告國民黨自從一九二四年改組以後，有國際援助，聲勢很好。第二年北伐開始，貝又報告國民黨政府向廣州銀錢業借款八十萬元，僱用挑夫把現洋放在磚頭下面，挑過粵贛邊界大庾嶺，作為中央銀行的發行準備，並且說北伐軍力量雄厚，組織嚴密，勝利有百分之百把握，可以打敗北方軍閥。王克敏、張嘉璈和我三人在一起商量，認為北方政局腐敗，是我們所親眼目睹的，軍隊不能打仗也是事實，但南方動態究竟如何，卻不敢輕易相信，最好能有一人親自去看看。王、張兩人認為我是廣東人，如果前去，比較不惹人注意，我也同意以探親為名回家鄉去一趟。

我到廣州，看見那裏各方面情形，另有一番新氣象，和北方完全不同，住了一時就回來。不料路過南京時，被孫傳芳知道行踪，派人約我去談話。我原無意見他，但又不便推托，只好勉強去應付一下。孫首先問南方情形如何，「赤化」能不能成功？我推說他的消息靈通，一定比我知道得還清楚。孫進一步用請教的口氣徵求我的意見說：「你是我們的老前輩（孫是日本士官學校後期學生），大家可以暢快談談。張作霖、蔣介石兩個人都來拉攏我，你看我和哪一個人聯合比較好？」孫接著又說：「北伐軍很能打仗，不容易抵擋。」我當時心裏想，這種重大的事情，豈可以隨便答覆，只好用空洞的話來搪塞一下。不料我回到北京時，孫已和張作霖搞在一起了。我看到南北政局將發生重大的變化，就和王克敏、張嘉璈兩人商量，由王和我留在北方，應付北洋軍閥，張嘉璈因母病很重，正好趕到上海，就地與國民黨聯絡，相機應付。這種局面，一直維持到一九二八年總處搬到上海時為止。

張作霖、蔣介石向中行強迫借款

我在北方多年，熟人很多，維持中行局面，本不致有什麼問題。不料有一天，駐在保定的奉軍第三、四方面軍團部，忽然派一參謀到中行總處來找我說，他們有一筆進口押匯的軍火，約值三十萬元，在未交貨付款前，洋行方面要求銀行擔保，張學良要我以中行名義簽字擔保。我因茲事關係重大，推說須經董事會通過，而當時各董事散居各地，無從召集，難於照辦。對方堅持不允，最後說要派一副官帶領憲兵四人護送我到保定去見張學良，當面商量。我想此事不妙，遂找陸軍次長楊毓珣設法。楊說：「千萬不可同去，否則便沒有辦法。」即由楊親自找張作霖說明原委，一場虛驚，才算平安渡過。

張嘉璈在上海應付國民黨政府的需求，也不是很順利的。他和黃郛、陳其采、錢新之等人，原來都是很熟的朋友。當北伐軍到上海時，國民黨就指派陳、錢等人組織江蘇兼上海財政委員會，中行由吳震修代表參加。有一次這個委員會議決，先湊二五庫券墊款一百萬元，送到南京去，要中、交兩行各擔任五十萬元。先是錢新之與宋漢章商量，宋不允墊借，後由吳向宋勸說，宋仍堅決不答應，並且說：「孫傳芳軍隊，已經過江來了。」吳看到這事無從下台，就賭氣不管，一個人溜出邊門跑去看電影。因為這筆墊款發生波折，財政委員相繼辭職，蔣介石大為不滿，第三天就打電報給宋漢章，非要借一千萬元不可，措辭異常強硬，雖經再三疏通，最後還是分期照借了。二五庫券第一次發行總額就有三千萬元，滬行擔任的數目也不少。宋漢章因為不善於應付，堅決要求辭職，遂由總處決定把宋提升為滬區行總經理，後由董事會推為常務董事，所遺滬行經理職務，由貝淞孫接任。

國民黨政府攫奪中國銀行

一九二八年中行被迫改組，增加官股，是國民黨攫奪中行的開始。這年中行總處從北京搬到上海，我也下決心把北京的房子賣掉，移家南下。同年十一月十七日中行在上海銀行公會開股東常會，由我主持。原來議程中列有改選第四屆監察人和第三屆董事兩案，卻因為國民黨政府已於十月二十六日公佈中國銀行條例，不得不臨時撤銷，故於常會後接開股東臨時會，同意接受國民黨政府的改組方案。張嘉璈實際上是參與方案的擬訂的。

根據這一方案，中行改組為「特許的」國際匯兌銀行，把國家銀行的職能拱手讓給中央銀行。中行的官股除原有五萬元外，增加四百九十五萬元，以公債撥充，合為五百萬元，計佔股份總數五分之一，由財政部加派官股董事三人、監事一人。原任商股董事監事，雖未滿期，全部改選。王克敏因幫助北洋政府借款，已於是年四月間被通緝。董監事人選中與北洋政府關係較深者，均掉換為與國民黨接近的上海工商界人士和華僑富商。總處組織也由總裁、副總裁制改為董事長、總經理制，由李馥蓀任董事長，張嘉璈任總經理。我本不願意擔任總裁，就此擺脫這一職務，專任常務董事，不再到行辦事。這是中行歷史上一個重大的變遷，中行在北洋政府時期成為經理國庫的國家銀行地位和局面也就宣告結束。

回憶中行活期、定期存款總數，一九一七年底為一億四千餘萬元，一九二八年底為三億八千餘萬元。鈔票發行額，一九一七年底為七千餘萬元，一九二八年底為一億七千餘萬元。一九二八年底，全國銀行發行總數為二億九千餘萬元，中行發行總數約佔半數；全國各銀行活期、定期存款總數為九億八千餘萬元，中行存款總數約佔四成。中行自從一九一六年停兌以後，信用破產，創深痛鉅。在這一時期中，軍閥混戰，財政困難，對於金融事業的發展，影響尤大。我們經過十一年的努力經營，獲有上述成就，雖很渺小，總算為中行打下初步基礎。國民黨政府上台後攫取中行，所以採用緩進辦法，也是因為中行這時在金融界已有相當力量，可以暫時利用的緣故。

四大家族勢力的滲透

張嘉璈在改組之初，對於國民黨還存有幻想，一心要模仿日本橫濱正金銀行的辦法，將中行辦成為有國際地位的匯兌銀行。他於一九三〇年從歐美各國考察歸來，添派英美留學生多人來行，銳意經營業務：一方面增設倫敦等國外經理處，推廣國際匯兌；另一方面將各分行遷至通商口岸，利用原有的鈔票發行，積極與工商企業聯絡。雖然一九三一年長江流域大水災，「九一八」東北事變和「一二八」淞滬抗戰，對社會經濟尤其是金融業是嚴重的打擊，但中行業務仍有進展。到一九三四年底，全行活期、定期存款總數達五億餘元，各項放款為四億餘元，均較中央銀行多一倍許；發行總數為二億餘元，較中央銀行多兩倍半。上海等地中行的聲勢，都遠遠超過中央銀行。國民黨政府為了控制金融事業，乃以「鞏固金融，救濟工商業」為名，於一九三五年三月再度改組中行，指定宋子文為董事長，調張嘉璈為中央銀行副總裁，改任宋漢章為總經理。股本總額增為四千萬元，官股原為五百萬元，再增加一千五百萬元，以國民黨政府新發行的金融公債抵充，共為二千萬元，在總股額中所佔比例自五分之一增加到二分之一。官股董事、監察人和常務董事的人數都有增加，政府的力量更深地滲透到中行來，四大家族就此直接支配了中國銀行。

國民黨政府以迅雷不及掩耳的快速度攫取中行，聽說王克敏和胡筆江都是宋子文的幕後策劃人，但張嘉璈卻事前毫無所聞，完全處於被動地位。據吳震修說，當改組消息發表時，張嘉璈曾以長途電話把他從南京分行叫到上海來商量。他當時情緒很激動，說不出話來，過一會兒才對張說：「我與你在中國銀行共事多年，從前稱呼你副總裁，現在稱呼你總經理，不願意再在別處稱呼你副總裁。」吳震修的意思是勸張嘉璈不要就任中央銀行新職務，但是最後張還是去了。這樣，國民黨政府通過兩次改組的命令，只用幾張公債預約券，便把歷史悠久的的中行奪去為四大家族所私有，從此中行變為國民黨官僚資本的大銀行。

宋子文在中行新董事會成立時，曾設宴招待董監事及高級人員。我想這是他們這幫人的慶功宴，與我無干。恰在這時，梅蘭芳到蘇聯去演出，不在上海，他的幾個孩子搬到我家裏養病，我就借此托詞不去參加了。

解放以後，中行才成為公私合營的中國外匯專業銀行。

宋子文當權後的二三事

我在中行常董會時，曾有一次因為一筆外匯放款事，與宋子文發生齟齬。宋這時已在廣東銀行有大量投資，並由宋子安任董事長，想要中行放一筆美金給該行，為數約美金二十萬元，以該款買進的美國證券作抵押。我當時認為美金押款未嘗不可以做，但抵押品作價須照市價打折扣，不能十足抵用；如市價低落時，還要隨時補足差額。宋當時很不滿意，但也不便反對。這筆押款，就此沒有做成。後來聽說宋通過中行紐約經理處還是用存放同業方式，把這筆錢借去。

抗戰發生，中行總處移設香港，我和吳震修也先後去港。中行常董會雖沒有召開，我卻又為了上海中行大樓事得罪了宋子文。就在抗戰第二年，宋在美國忽然要把上海外灘中山東一路二十三號中行大廈（即現在中國人民銀行上海分行的辦公處）全部房地產過戶給美國一家保險公司，一切條件，都已大致商妥，但須經過行常務董事們同意簽字，才能成議。宋漢章要我表示意見，我說：「現在抗戰期間，我行總處不得已搬到香港，但在上海各地還發行有大量鈔票，收存有很多存款。如果把上海分行營業用的房屋，轉移給外國人，那就要失盡人心，自壞信用了。宋子文要這樣辦，盡可以用他自己董事長名義去做，這事我作常務董事的不能簽字。」宋漢章見我的態度非常堅決，也不敢簽字。這項中行大樓易主問題，就此擱起來了。孰知宋竟因此對我大為不滿。因此抗戰勝利後，中行董事名單中就沒有我的名字了。張羣認為我在中行這麼多年，為什麼不能保持一個商股董事席位，曾經問過孔祥熙。孔說：「子文不贊成。」孔擬改任我為官股董事，我未同意，遂改聘我為高等顧問。

宋漢章在解放前夕，誤聽人言，跑到香港去。他在香港發給中行高級職員退休金時，托人通知我，如我到香港去，所有住港費用，可由總處預為籌措。我不願意長期流亡到海外去，只好辜負他的「好意」了。

我在舊中國銀行供職三十幾年，解放後，我又重新擔任了中行的私股董事。

*附註：馮耿光（一八八二——一九六六）字幼偉，廣東省中山縣人，日本士官學校第二期畢業，曾任清政府軍諮府第二廳廳長，北洋政府總統府顧問，中國銀行總裁，新華銀行董事長。解放後，任中國銀行和公私合營銀行董事。這稿為馮口述，由林漢甫記錄整理。

北洋軍閥時期的交通銀行

韓宏泰

編案：本文專誌了舊交通銀行在北洋軍閥時期的幾次重大事件。在這期間，袁世凱的親信梁士詒始終主持行務，他首先將這家官商合營的銀行，憑藉袁的勢力，搖身變成既發鈔票又發公債的國家銀行，並以此作為袁世凱復辟帝制的財源。及後，為了維持北洋政府的龐大開支，不惜將東北的鐵路、金礦、森林等重要資源抵押給日本以換取借貨，這就是歷史上有名的西原借款……

創行緣起

交通銀行（以下簡稱交行）是清末創建的一家官商合辦銀行。它是清廷郵傳部為了籌款贖回帝國主義控制的京漢鐵路而發起興辦的。該行籌建於一九〇七年（光緒三十三年）十二月，翌年二月即在北京正式開業。資本額定為庫平銀五百萬兩，其中官股四成，商股六成。那時，中國的銀行業還處在發軔階段。除了一九〇四年清政府創立的戶部銀行外，僅有中國通商、四川浚川源和浙江鐵路、興業等幾家銀行。但是，早在十九世紀四十年代，資本主義列強已經伴隨著他們的商品輸出，紛紛把銀行開設到中國土地上來了。這對於中國新興的銀行業，不能不是一個嚴重的威脅。

交行成立前後，中國正處在社會大動盪的歷史關頭。清政權昏庸腐朽，搖搖欲墜；帝國主義虎視眈眈，競相搶奪中國這塊肥肉。交行為了籌款贖路，郵傳部允將過去分存帝國主義銀行的輪、路、郵、電四政存款往來，均劃歸交行經理，以期「振興實業，挽回利權」①。這對初創的交行，實是一個重大的支持。

一九一一年，辛亥革命爆發，清王朝覆滅。袁世凱在帝國主義支持下，篡奪了辛亥革命的果實，當上了臨時大總統。從此開始了北洋軍閥統治的黑暗時期。袁世凱親信、原交行幫辦梁士詒，以總統府秘書長身份，於一九一二年五月兼任了交行總理。自此以後，梁士詒憑恃其政治地位，積極為交行出謀劃策，不斷擴充交行的權力與業務，力圖把交行辦成為維護北洋軍閥統治、掠取人民財富的經濟工具，幾乎把交行拖到了瀕臨崩潰的邊緣。

① 引自郵轉部創辦交行奏文。

取得國家銀行特權

交行經過辛亥革命的動盪，加以經營不善，放款大量虧蝕達二百八十萬兩以上，致資金枯竭，「行務停滯，幾有不能支持之勢」。梁士詒掌權以後，即千方百計籌集資金，復興業務。在袁世凱的同意下，首先從多方面擴大交行權力，使其與中國銀行（前身即戶部銀行）取得同等的國家銀行地位。

（一）為了應付資金短缺情況，增加資金來源。交行通過交通部向袁世凱上一簽呈，提出了「緩提官存，新舊賬分開」的辦法。簽呈指出：交行當初為輪、路、郵、電四政而設，今後四政存款均應繼續存入交行，概歸舊帳往來，隨時聽候提撥。辛亥革命前郵傳部及四政存款，應作為舊賬，仿照中國銀行辦法，一律轉為緩提，一俟清理就緒，議妥辦法，再行呈候核諮。簽呈經袁寫了一個「閱」字，交行即作為依據。當時郵傳部被凍結的存款達二百萬兩，存在天津交行。這樣，公款大量提取的難關暫時得以應付過去。一九一二年九月間，北洋政府向比利時借的隴秦豫海鐵路借款二億五千萬法郎，其第一批交款二千五百萬法郎，經部指定中國、交通兩行各半經收，增加了營運資金。經過這些努力，交行資金呆滯的情況逐步好轉。

（二）力爭擴大發行權，期與中國銀行取得同等地位。交行於一九〇九年開始發行兌換券，計有銀兩券、銀元券、小銀元券三種。辛亥革命前夕共發行二百五十餘萬元。但這種發行與一般商業銀行並無差別，營運範圍受到很大限制。通過梁士詒的活動，袁世凱於一九一三年一月下達命令：「交通銀行迭經整理，信用昭著。在紙幣則例未經詳定以前，所有交通銀行發行之兌換券，應按中國銀行兌換券章程一律辦理。」交行即據此通過財政部、交通部通令各省，凡完糧、納稅、發餉及一切官商交易，交行兌換券一律通用。該行並在輪、路、郵、電各機關分設兌換機構，特別在全國鐵路各大車站均設立兌換處，擴大收付業務。交行發行額遂逐年增加。一九一三年較一九一二年發行額增加四倍以上，達到四百五十萬兩。一九一四年又增至五百九十六萬兩。一九一四年二月，北洋政府公佈「國幣條例」三月，財政部正式印發國幣兌換券，並開始在天津造幣廠鑄造銀元國幣，通過中交兩行逐步推行。交行的發行信用於是日益鞏固。

（三）擴大代理國庫業務。交行原以經募京漢贖路公債起家，國家金庫向由中國銀行代理。但梁士詒依恃袁世凱的勢力，於一九一三年爭取到「分理金庫」的特權。財政部委托交行代理金庫，暫行章程第三條規定：「以國債收支一部分為主，但租稅系統內之出納亦得酌量各該地情形委托交通銀行代收。」這就與中國銀行代理金庫業務發生矛盾，引起中國銀行反對。後經財政部規定兩行代理比例為中七、交三而暫時解決。至於交通四政收入之國庫金，在「交通銀行則例」中已規定為該行特許業務之一，採用特別會計，國務總理與財政部均不得過問，實際上已成為袁世凱的內庫，梁士詒就是袁掌庫之人。「凡袁世凱豢養政客，收買同盟會會員，組織自己指揮之特務，暗殺宋教仁之費用，一切款項，皆取之於交通部之收入。」②

一九一四年三月，交行為了鞏固它已取得的地位，經呈准交通部修改章程，比照「中國銀行則例」，頒佈了「交通銀行則例」。「則例」共二十三條，主要內容除經理交通四政存款外，並得受政府委托分理國家金庫、辦理國外款項，掌管特別會計之國庫金、發行兌換券、經辦國內外匯兌及一般銀行業務，使它事實上已具有國家銀行之性質。一九一五年十月卅一日，袁世凱又正式申令：「中國、交通銀行具有國家銀行性質，信用夙著，歷年經理公庫，流通鈔幣，成效昭彰。著責成該南銀行按照前此辦法，切實推行，以為幣制公債進行之輔助。該兩銀行應共負責，協力圖功，以副國家維護金融、更新財政之至意。」交行的國家銀行地位，於是確立。

一九一五年五月，交行第三屆股東會在北京召開，成立了第一屆董事會，選出董事七人。公推臭名昭著的大軍閥張勛為第一屆董事會主席。梁士詒在這屆會議上，正式被選為總理；任振采被選為協理，葉恭綽由交通部派為幫理。代表大官僚、大買辦、大資產階級利益的交通系勢力，在交行深深紮下了根子。

② 劉厚生：《張謇傳記》。

停兌風潮

袁世凱竊據了正式大總統並不心滿意足，蓄意等待時機，復辟帝制。梁士詒就是袁世凱蓄謀稱帝的忠實謀士和財政管家。在袁世凱的授意下，梁不僅組織所謂「全國請願聯合會」，帶頭鼓吹帝制，而且積極為袁稱帝籌款，大肆搜刮。梁士詒控制下的交行，便成為從財力上支持北洋政府的重要工具。

袁世凱上台以後，全部承認了清政府對外簽訂的一切喪權辱國條約，自然得到各帝國主義的支持。那時的北洋政府，財政一空如洗，「幾乎無一用款，不仰給於借貸」。從一九一二年到一九一三年六月，各帝國主義給北洋政府先後貸款三十二次，貸款總額近四億元。翌年，第一次世界大戰爆發，續借外債發生困難，而財政狀況，由於軍閥割据，「各省每以自顧不贍，將向歸中央收入之款項，任意截留，自為風氣。」③致使財政狀況更加惡化，不得不轉而乞靈於內債。

北洋政府於一九一四年八月成立了「內國公債局」，由梁士詒任總理。短短二年多時間，即先後發行三次內國公債，總額共二千萬元。梁士詒控制下的交行，每次經募債款均居各銀行之首。前兩次交行共募得九百四十六萬元，佔實募總額近百分之二十。第三次公債發行時，由於袁世凱復辟帝制陰

③ 周自齊：〈為挽救財政困難呈大總統文〉。

謀已徹底失敗，全國各地的反袁鬥爭迅速展開，僅募得原定債額的三分之一，根本不能彌補北洋政府龐大的開支漏洞。據統計，僅袁世凱為籌備帝制而設立的「大典籌備處」，即耗費二千萬元以上。掌握財政實權的梁士詒，看到借內外債暫時已無辦法，增稅又難以濟急。只有繼續通過他控制的中國、交通兩銀行借墊。從交行看，到一九一五年止即先後為財政部墊款三千一百一十五萬餘元。如此龐大的墊款要佔到該行全部存款的百分之八十以上。致造成庫存空虛，發行基金枯竭，不得不大量濫發兌換券，終至不可收拾，發生該行歷史上第一次停兌風潮。

一九一六年三月，袁世凱被迫取消帝制，段祺瑞出任內閣總理，政局更形紊亂，西南各省相繼宣佈獨立。段祺瑞還想用武力壓服各省，軍費不斷增加。中、交兩行墊款也與日俱增，社會信用開始不穩，廣東、浙江等省首先發生擠兌現銀的現象，接著濟南、京津等地亦相繼發生擠兌。安徽督軍倪嗣沖、官僚及資本家段芝貴即分別向中交兩行提取現銀達一百三十萬元以上。交行梁士詒即與中國銀行密商應付之策。梁力主發行不兌現紙幣，借圖取得喘息機會。剛上任不久的段祺瑞，忽忽忙忙接受了這一意見，由國務院於五月十二日直接下令停止兌現。停兌令中說：「……查各國當金融緊迫之時，國家銀行紙幣有暫時停止兌現及禁止銀行提取現銀之法，以資維持，俾現款可以保存，各業咸資周轉，法良利溥，亟宜仿照辦理，應由財政、交通兩部轉飭中國、交通兩銀行，自奉令之日起，所有該兩行已發行之紙幣及應付款項，暫時一律不准兌現付現，一俟大局定後，即行頒佈院令定期兌付，所存之準備現款應責成兩行一律封存。」

停兌令公佈時，「中交兩行共流行市面之鈔票計有七千餘萬元，而庫存現金只約二千萬元。」④其中交行發行額為三千六百八十二萬元。停兌令的宣佈與實施，無異宣告政府財政金融之破產，資金籌劃更感困難，造成市場一片混亂，人心動盪，物價上騰，現銀逃匿，洋厘飛漲。投機家們及帝國主義冒險家們更借機混水摸魚，殺價收買中交鈔票，投機謀利，致造成鈔價不斷下跌，為廣大人民生活帶來嚴重的災難。

帝國主義者為了維護在華企業利益，紛紛向北洋政府施加壓力。五國銀行團並申明：「鹽務收入既為外債的抵押品，則收款當用可以流通的貨幣。至鐵路之抵於外債者，倘政府銀行能擔保凡收入之紙幣能每日易成現銀，便可不加干涉。關稅定章，則每日收入應入現金項下，其責任由各地銀行負之。」⑤北洋政府被迫於五月十七日宣佈部分改變停兌辦法：凡海關、鹽務、鐵路等所收中交鈔票均可照常兌換現銀。為了鞏固地方治安，軍警兩餉，亦准搭付現銀兩成。交通部亦令各路局於二十七日起，收入搭現款三成，其餘只准收取沿路各大站所在地交行鈔票。這樣，停兌令下達沒有幾天，就首先為國務院自己所部分破壞。從交行本身看，一方面要繼續增發紙幣，墊支財政需要；另一方面，現銀仍須繼續流出，使僅有的庫存更趨枯竭。

④《三水梁燕孫先生年譜》上冊，三三八頁。
⑤《字林西報》一九一六年五月十五日北京電。

停兌令下達後，由於西北各省政治上四分通裂，對待態度和執行情況極不一致。南方軍閥認為：「北京政府宣佈此舉，係欲使中交紙幣跌價，造成獨立各省經濟上的恐慌，北京則可席捲現金，以發軍餉。」⑥因此，反段空氣益烈，紛紛電京要求變通辦理。

中交兩行步調亦互不一致。從總的看，由於交行財政墊款過多，金融實力也比不上中行，因而停兌行處多於中行停兌行處。交行本身除京津兩行停兌外，有的行處如漢口、九江、安徽、湖南等地一度停兌，不久即先後恢復兌現。山西、張家口兩地交行開始時照常兌現，後以不能支持又復停兌。東北三省處在日、俄勢力控制之下，照常維持兌現，但規定現銀禁止出境。金融中心的上海，中國銀行在帝國主義和江浙財團支持下，宣佈不接受停兌命令，由上海滙豐、麥加利、華俄道勝等十家外商銀行給予透支二百萬元的支持，同時浙江興業、浙江實業等銀行也表示支持，使中行得以照常維持兌現付現。但上海交行由於實力不足，只能遵令停兌。上海總商會怕影響上海市場，派員到交行調查賬目。該行在上海發行額共一百四十八萬餘元，除庫存現銀及其他財產外，尚須調撥七十萬元，即可應付兌現。雖經總商會電請北京國務院及交通部、外交部、財政部等呼籲並轉商麥加利銀行等借款支持，未能獲得同意。十九日外交部覆電：「已飭英使轉飭麥加利銀行照辦，但據外國銀行宣稱，須政府有切實辦法，始有信用之可言，若僅以上海交通銀行名義向彼借款，則非所樂聞。」⑦

⑥《上海時報》五月十五日。
⑦引自上海市通志期刊一九三四年第二卷。

為什麼中交兩行同為國家銀行，而帝國主義者卻採取截然相反的態度呢？帝國主義者早已看到，中國銀行的實力大於交通銀行，保住了中行，不僅是維持上海金融、貿易市場的需要，而且是維護帝國主義華企業利益的需要。交通銀行作為袁世凱稱帝籌款的工具，已隨著袁世凱的垮台而處於不利地位。帝國主義者不支持交行恢復兌現，實際上反映了對袁世凱政權已失去信任。因此，上海總商會雖一再呼籲，當然不會有什麼結果了。

袁世凱倒台以後，梁士詒作為鼓吹帝制的禍首，於七月十四日被繼任總統黎元洪下令通緝。梁已聞風逃亡海外。交行由於財政墊款過多因此發生停兌風潮而幾乎拖到了絕境。

恢復兌現與西原借款

自中交鈔票停兌以後，北洋軍閥各派系由於混戰加劇，政府財政狀況更趨惡化，軍政開支有增無減，不足時主要依靠中交兩行增發鈔票以維持，致使兩行鈔券更加充斥市場，幣值日益低落，投機之風盛行，人民怨聲載道，迫切要求早日恢復兌現。經過財政部的努力，京津兩地的中國銀行，於一九一六年十一月先行恢復兌現，更增加了交行應付的困難。交行董事會遂於一九一七年一月公推原外交次長曹汝霖為總理，力圖利用曹的勢力，挽回交行頹勢。因為曹不僅是梁士詒交通系的重要人物，清末擔任過交行稽核；而且是袁世凱統治時期親日賣國的重要助手，帝制失敗後，只是由於日本公使的庇護，才免於遭到通緝。在日本帝國主義控制下的段祺瑞政權，由曹汝霖出任交行總理，自然是股東會矚目的人物。

曹上台後，積極籌劃恢復兌現基金。這時適值日本內閣改組，新任內閣首相寺內，鑒於前任侵華政策過分露骨，決定改變手法，由「霸道主義」改為「王道主義」，打出「中日親善」的旗號，加強政治欺騙，採用經濟滲透。寺內於十二月下旬派其私人代表西原龜三來華進行秘密活動。西原到北京後，通過總統府顧問板西介紹與剛到任的曹汝霖見面，他利用交行停兌危機與資金拮据的困難，向曹表示：「貴國目前最困難者莫為財政，因受四國銀行團之限制，我國不能單獨行動。此次以私人資格請見，如有所需，敝國願盡微力。」⑧曹汝霖正為停兌問題籌措，見日方主動願意幫助，即很快達成協議。第一筆貸款五百萬日元於一九一七年一月二十日在北京正式簽約，期限三年。同年九月間，又以同樣名義借得第二筆借款二千萬日元。為了避免四國銀行團的干涉，上述借款均由日本興業、台灣、朝鮮三銀行出面與交行簽約，實際上借款均由日本政府大藏省撥出。借款用途名義上是為交行「整理業務，恢復開兌」，但除第一筆借款、五百萬日元由交行用於恢復兌現基金外，第二筆借款多數均用於彌補政府開支，充當內戰經費。據曹汝霖回憶說：「其時財政困難已達極點，各省應解之款都為督軍扣留。發行國內公債，則舊債尚未整理，續募為難。借外債則有四國銀行團之約束，緩不濟

⑧ 曹汝霖《民初外交回憶錄》抄本。

急。」⑨這就是歷史上通稱的西原借款的一部分。

西原借款從交行借款開始，先後借與段祺瑞政府的貸款共八筆，借款總額共為一億四千五百萬日元。日本寺內內閣通過西原與段祺瑞政府相勾結，大肆拍賣中國主權。段祺瑞政府在向日借款擔保品名義下，不惜把東北鐵路、金礦、森林等重要資源抵押給日本，這種手法比之袁世凱簽訂「二十一條」並無遜色。正如寺內內閣倒台後自供說：「大隈閣向中國要求廿一條，惹中國人全體之怨恨，而日本卻無實在利益。本人在任期間，借與中國之款，三倍於從前之數，其實際上扶植日本對於中國之權利，何止十倍於廿一條。」⑩

「中日提攜」為名，並吞交行為實

一九一六年期間，日本財界曾竭力主張中日合辦交通銀行，進而圖謀並吞交行。日方曾指派專人來華，與交行股東會長陸宗輿等密談陸等對合辦之議均表贊同。後來因為怕直接這樣做會引起四國銀行團的反對，於是決定先由中日合資創辦一新的銀行，然後再俟機並吞交行。這一陰謀亦完全得到曹汝霖的同意。據西原十二月二十四日致函日本財相勝田主計說：「據曹陸二氏所談，徐（世昌）段

---

⑨ 曹汝霖《民初外交回憶錄》抄本。

⑩ 引自胡繩：《帝國主義與中國政治》第一六五頁。

（祺瑞）二氏均熱望中日合辦銀行之成立。大要約為：（一）以中央有力者及地方督軍省長為股東，中日各半出資，資本總額約一千萬元；（二）合辦銀行以金為資本，並發行金紙幣；（三）在督軍省長所在地設立分行；（四）將來交通銀行可合併於合辦銀行。」⑪以上各點的根本目的，是在中日提攜的幌子下，糾合各地督軍省長，以圖鞏固北洋軍閥團結一致的鏈鎖。

西原函中所稱合辦銀行，後來即命名「中華匯業銀行」，於一九一八年八月創立，即由親日派官僚陸宗輿任總理。發行金紙幣問題未能實現。西原借款中的「有綫電報借款」和「吉黑二省金礦及森林借款」共五千萬日元，即由中華匯業銀行代表日本興業等三銀行與中國簽約，實質上已成為日本財閥在中國的代理人。後來交行雖未能併入中華匯業，但早在第二筆借款二千萬日元簽約時，合同已經規定，由日本三銀行派遣前朝鮮總督府財務官鶿原正文為駐交行顧問，監督交行的業務活動。這樣，交行後來雖未實現中日合辦，但實質上已置於日本壟斷財團控制之下。

交行得到西原借款五百萬日元後，鑒於京津地區發行額仍在不斷增加，不能解決恢復兌現的矛盾，乃轉而運到上海，先用於解決滬、蘇、浙三地區的兌現問題。因為停兌前上海地區的發行額不過一百四十餘萬元，停兌後並未增發新鈔，這筆貸款已足可應付了。

⑪ 引自日本檔案抄件：《興業、朝鮮、台灣銀行對支借款關係雜件》大正五年。

解決京津地區停兌問題的關鍵在於財政。由於中交兩行的財政墊款仍在有增無減，一九一七年底兩行京鈔流通量已達八千萬元以上，約為停兌時的三倍，交行鈔票市價已跌至六折左右。鈔價的跌漲不定，自然成為投機家們追逐謀利的目標。當時的北京官僚、政客、買辦、商人以及銀行錢莊經營京鈔投機曾經猖獗一時，致使金融物價更加紊亂動盪，廣大人民生活陷於水深火熱之中。

由於交行墊款支持段祺瑞討伐張勳成功，梁士詒即於一九一八年一月被撤銷通緝，於三月回到北京，五月被交行董事會選為董事會會長。梁為了解決京津地區停兌問題，一面大造輿論，撰寫「國民須知」十萬份，鼓吹：「夫中國、交通兩銀行，為中華民國四萬萬人民之金融機關，非大總統個人之金融機關，亦非獨立各省都督個人之金融機關，我四萬萬人斷不能聽此兩銀行受兩方政治上之影響而犧牲。」要求各地軍政機關「一致信賴與愛護中交兩行，以鞏固本國金融機關。」⑫另一方面與曹汝霖共同相量，利用曹當時兼任財政總長的機會，要求政府發行短期公債解決京鈔停兌問題。國務總理段祺瑞很快同意以延期撥還的庚子賠款為基金發行「民國七年短期公債」四千八百萬元，用以抵還政府墊款，收回兩行京鈔。但以「當時政府積欠兩行之數，已達九千餘萬，而市面流通之京鈔數亦稱是，僅有四千八百萬元之債額，尚不足以悉數收回京鈔。」⑬因又增發長期公債四千五百萬元。兩行各按五成，平均收回停兌京鈔。

---

⑫ 均引自《三水梁燕蓀先生年譜》上冊四一六頁。

⑬《內國公債史》第六六頁。

上述兩債開募後，由於政府債信低落，內戰連綿不斷，政府墊款未能杜絕，造成一手收回京鈔，一手又發出京鈔。長短期公債的發行，雖是北洋政府建立以來最大的內債，但是發行的結果，非但沒有將流通中京鈔全部收回，而且連穩定鈔價的目的也未達到。整理京鈔的癥結在於停止中交兩行對政府的墊款。在社會輿論強烈要求下，財政部才於同年九月正式通知中交兩行：「自民國七年十月十二日起，不再令兩行墊付京鈔。兩行除付京鈔存款外，亦不得以京鈔作為營業資金。」經過長達一年的努力，到一九一九年四季度，市場流通京鈔雖已減少，但未收回數仍達三千萬元左右。

一九二〇年三月，梁士詒再任內國公債局總理。不久直皖戰爭暴發，京鈔市價竟跌至四折左右。財政部與梁士詒最後商定，再發行「整理金融短期公債」六千萬元，由總統下令：「以三千六百萬元發交內國公債局出售，按照票面收回前項京鈔，盡數銷毀。」並決定發行公債期滿後「所有前項停兌之京鈔，無論公共機關或商業機關，不得再有接受，並不准再有行市。其有不願購換債票者，得向北京中國、交通兩銀行分別換取定期存單。」這樣到公債發行結束的一九二一年一月止，京鈔已基本全部收回，拖延五年之久的停兌風潮始告結束。梁士詒與財長周自齊會同上書國務院說：「……數載困難，一時洗滌，自齊、士詒庶可稍輕罪戾，徐圖整理公債之方。」實際上他們把京鈔停兌的爛賬，通過公債的手法，又轉嫁到廣大人民頭上去了。

第二次停兌風潮

第一次停兌風潮解決不到一年，一九二一年十一月又發生了中交兩行第二次停兌風潮。

一次大戰爆發到結束後幾年，西歐帝國主義忙於戰爭和戰後休整，無暇東顧，致使中國的民族工業主要是輕紡工業有了較快發展。由於工業發展和資本積累的增加，反映在一般銀行的存放款業務上，都有顯著的甚至成倍的增長。但交行經過一九一六年的停兌風潮，實力銳減，信用低落，業務恢復緩慢。一直到一九一八年底，存款較停兌前一年僅增加百分之十，一九二〇年比一九一八年又增加百分之二十。但對政府的墊款並未制止，這時交行對財政部的放款又已高達二千萬元以上，投資中的政府債券也達一千萬元以上。說明梁士詒重新掌權以後，雖在口頭上大聲疾呼：「請中央政府與獨立及非獨立各省，凡軍事及行政費用，不得以勢力迫兩銀行總分行負擔。」⑭但實際上仍然是充當了政府財政的工具。

一次大戰結束後，帝國主義爭奪中國的矛盾重新激化。一九二〇年直皖戰爭以後，皖系軍閥失勢，日本帝國主義又扶植奉系軍閥以與英美帝國主義為後台的直系軍閥相對抗。致戰禍頻仍，連綿不

⑭《三水梁燕孫先生年譜》上冊四二〇頁。

斷。一九二一年，南北統一的幻想已經破滅，新四國銀行團的借款仍未實現。奉直兩系共同控制的北洋政府的財政狀況瀕於絕境。政府機關各部門欠薪已達二十個月以上。代理財長潘復向北京銀行界商借秋季借款四百八十萬元，其中交行獨家承擔三百萬元。銀行同業中曾譏笑交行：「你們闊，一家擔。」中交兩行還為財政部向其他商業銀行借款開出保證性的存單多張，其中交行即達五百三十九萬元。存單陸續到期，財政部除撥還一百多萬元外，其餘大部分均無力歸還，兩行被迫兌現，以致頭寸愈緊，現銀日枯。這時交行全部發行額為四千零六十九萬元，僅有現金準備五百一十五萬元。北京、天津兩行發行額合共一千零五十三萬元，而現金準備剩四十萬元。中國銀行庫存也很緊張。致使櫃面應付捉襟見肘，現銀越兌越少。十一月初已發生擠兌現象。十一月十五日，北京銀根緊迫，謠言紛起。兩行門前人潮洶湧，擠兌加劇。北京交行開始採用限制兌現辦法，前後門軍警把守，限制兌現人數，空氣更加緊張。到了十六日，擠兌人數更多，交行已無力應付，只得宣佈停兌。消息傳出後，天津中交兩行亦相繼宣告停兌。

產生這次停兌的一個重要原因，是英美帝國主義的從中破壞。一九二一年十一月，帝國主義列強正在召開華盛頓會議，討論中國門戶開放，策劃國際共管，監督中國財政金融等問題。為了製造共管口實，策應上述陰謀，帝國主義者一面有意散佈中交庫存空虛的消息，蠱惑人心；一面指使帝國主義控制的海關、郵電事業拒收中交鈔票，外國洋行並向兩行擠提存款。當北洋政府要求總稅務司英人安格聯撥出關餘存款六百萬兩應付擠兌時，竟遭到無理拒絕。⑮進一步加劇了擠兌的危機。

擠兌發生時，梁士詒不在北京，總理曹汝霖正在家中為父唱戲祝壽。協理任振采來到曹家告急。曹當場說：「我行有一千萬日金預備金，索性敞開兌現，風潮自會平息。」任即答以這一千萬日金早給財政部借去了。曹即厲聲叱道：「我再三囑你這一千萬日元不好動用，怎麼你一聲不響就借給財政部了，你眼裏還有我嗎？」⑯實際上曹汝霖是西原借款的主角之一，借款來龍去脈，曹了如指掌，現在他這樣說不過是裝腔做勢，推卸責任。之後，曹即與中國銀行總裁王克敏向國務總理靳雲鵬求援。靳雲鵬內閣系在奉直兩系妥協下暫時上台的。他面對財政金融恐慌，深感束手無策。而新任財長高凌霨，因向帝國主義乞求關餘無著，早已避不見面。在內外因素夾擊的複雜形勢下，終於釀成第二次停兌風潮的發生，影響迅速波及到上海、漢口、濟南、太原等各大城市。

上海英文《字林西報》竟然公開造謠，於十一月十五日印發號外，報道：「北京中交兩行停閉」。因此，上海中交兩行一時更增加了擠兌的壓力。交行由於及時向同業押借到現銀三十萬元，方將擠兌危機應付過去。漢口、濟南等地由於發行數字不多，經當地同業、商會等共同出面維持，短期內亦告平息。

⑮ 北京《銀行月刊》一九二一年第一卷十二號《金融風潮之經過》。
⑯ 曹汝霖：《我的一生》抄本。

停兌風潮發生後半個月，中國銀行即於十二月一日在京津恢復無限制兌現。交行由於現銀籌措無著，一時尚無辦法，而梁士詒卻遠避香港未返。這時靳雲鵬內閣已無法維持下去，各部欠薪越積越多，一切政務均陷停滯。大總統徐世昌派人與直系軍閥曹錕與奉系軍閥張作霖商量維持對策。為了解決緊迫的財政金融危機，協議支持梁士詒出面組閣，梁士詒遂於十一月底回到北京。在梁的授意下，交行董事會決議派原交行協理、交通系骨幹葉恭綽赴奉與張作霖商洽借款，以解決交行停兌危機。「張謂借款無問題，惟欲挽救交行，必須請梁組閣，必得政治上之維護而後交行可保也。」⑰徐世昌原反對奉天借款，但又苦無其他辦法，只好同意。張作霖即於十二月十四日入京，靳雲鵬於是下台，由梁士詒於十二月二十四日接任內閣總理。交行向奉天官銀號及興業銀行借銀四百萬元，於一九二二年一月七日恢復兌現，第二次停兌風潮幸得短期解決。曹汝霖因停兌問題遭到各方責難，遂借任期屆滿機會，辭去交行總理職務。

梁士詒是在奉系軍閥支持下組閣的。但梁組閣僅一個月，即被直系軍閥吳佩孚攻擊下台。奉直二系共同掌握北京政權，局面自難維持。同年四月，直奉戰爭爆發，張作霖戰敗退出關外。梁士詒以戰爭禍首罪名再遭通緝。交行向奉系東三省官銀號借款四百萬元，原訂借期十個月，因政局變動，交行業務亦難有起色，結果拖了五年方始還清，僅積欠利息即達一百四十餘萬元。

---

⑰《葉遐庵先生年譜》一八四頁。

中交兩行合併之爭

梁士詒、曹汝霖下台後，交行於一九二二年二月召開臨時股東總會，改選原交行董事、現任兩浙鹽運使蔣邦彥為總理。同時根據財政部批准，改訂該行股本額為二千萬元。分為二十萬股，先收半數，原以銀兩為單位的股本改按一、五比例折成銀元。但以停兌風潮才過，股東多存觀望，增資未能實現。總理選出後，蔣不願出任危局，迄未到任。京津交行面對百孔千瘡的困境，一籌莫展，弄得總處連薪水都發不出，只得依賴變賣呆滯放款的押品，勉強撐持局面。中國銀行當局在直系軍閥支持下，頗想利用交行的困境和交通系的失勢，圖謀並吞交行。

中交兩行合併問題，由來已久。袁世凱統治時期，內閣中即有保留中行、停辦交行的動議，終因梁士詒等的反對，未能實現。袁死後，交通系失勢，發生第一次停兌風潮，中交合併的呼聲又甚囂塵上。同年六月，原任財政總長周自齊發表了《整理金融條陳》十大點，重新提出了中交合併、統一國庫、統一發行的建議。條陳第五點具體指出：「將交通銀行併入中國銀行，原有商股換給中國銀行股票，官股亦改商股，與中行一律。所有鈔票由中行擔任兌收，所有債權債務，由中行承擔清理。」參眾兩院的部分議員亦有提出維持中行清理交行的議案。消息在《申報》披露後，交行在天津的商股股東即聯名致電政府反對。七月八日又在津成立商股股東聯合會，選出交通系主將陸宗輿為會長，出面力爭。該會作出決議三項：（一）交行商股佔十分之六，政府應尊重商股權益，有關交行一切處分須先徵得商股同意；（二）政府應速籌款，歸還交行墊款，以便恢復業務；（三）政府對於交行不應歧視，應力予維持，與中國銀行一律待遇。決議分電大總統及有關各部院。繼任財長陳錦濤權衡得失，決定把它提交國務會議討論，未能獲得通過。兩行合併問題，只好暫時作罷。

一九一八年，由於中交兩行恢復兌現的步調不一，更加劇了市場混亂。社會輿論要求統一國家銀行的呼聲又趨高漲，但也沒有實現。經過一九二一年第二次停兌風潮，交行實力地位更加削弱。「中行夙為某系主持，其首腦王某，以梁（士詒）為交行元老，思窘梁以倒交行，遂進言於徐（世昌），謂梁在港醞釀倒徐。徐大懼。王遂說徐召梁北歸，徐因力勸梁入京，出挽危局。意實欲其離港而已。」⑱後來梁士詒來京組閣失敗後，中行當權者認為時機更其有利，遂策動交行部分股東，動議召開股東會議，討論中交合併問題。並電邀交行上海分行經理錢新之北上洽商。這時上海交行的業務已有一定基礎，錢與交行在江浙的股東均反對合併。經過共同協商，決定在滬成立交行股東聯合會，並推出原進步黨首腦張謇出面，抵制合併的主張。

張謇在袁世凱當權時期，曾任過實業總長和農商總長等職。這次出任交行股東會會長後，即於一九二二年五月致電大總統和直系軍閥曹錕、吳佩孚，反對中交合併。電文指出：「金融機關本應獨

⑱《葉遐庵先生年譜》一八三頁。

立政治之外，交通銀行況系組合官商而成，與中國銀行為兄弟之機關。論機關為商市之泉府，自野心家用之，而國體一厄，自黨派者用之，而民視一變。然人害機關，非機關害人也。」⑲

電文所講，交行當前的困境，係「人害機關，非機關害人」，意指梁士詒損害了交行，非交行本身所應負其咎。後來合併之議也就不了了之。

同年六月，交行在北京召開股東總會，正式推選張謇為總理，錢新之為協理。事先商得股東同意，張謇出面只是為了應付政治環境，可以不到行辦事，實際業務均由錢新之直接掌握。

錢新之主持交行後，針對政府墊款過多，業務經營腐敗的情況，亟想加以整理。他創議在十一月召開了有各地分行經理參加的首屆行務會議，著重解決清理積欠、恢復信用及發展業務等問題。經過會議多次協商，決定：（一）由實力較強的滬、津、哈、奉、漢、寧六個分行共同分擔總處及力量特別薄弱的分行的資金困難。（二）改革發行制度，實行發行獨立，準備公開，並試行分區管理制度。（三）確立新的業務方針，軍政借款一概婉卻，政府舊欠進行清理，一般放款須有相當押品。（四）緊縮機構，節約開支，將全國六十多個行處減縮為三十九個。其中僅剩下七個分行，其餘均為支行及匯兌所。香港及新加坡兩分行亦停辦清理。

⑲ 上海《銀行周報》一九二二年六卷十九號二三頁。

經過兩年整頓，業務漸有起色。一九二四年的存款較一九二二年增加了百分之三十四點八，達到七千二百五十四萬元，放款則減少了三千零四十六萬元，政府欠款已大為減少，發行額擴大了九百零八萬元。兩年來的經營狀況，已由一九二二年虧損七百二十萬元轉變為每年盈餘五十餘萬元。股東會決定按周息六厘發放了一九二三年的股息，扭轉了近幾年來連年虧損，信譽下降的局面。

梁士詒捲土重來

一九二四年第二次直奉戰爭爆發後，直系軍閥吳佩孚，於十月九日突然電邀交行錢新之及中行總理張公權來財政部勒索借款二百萬元。兩人皆以庫無現金加以拒絕。吳即下令扣留錢張二人，揚言：「兩君有款可去，無款則留，願三思之。」後來兩行被迫借款一百二十萬元。直奉交戰一月後，結果奉勝直敗。北京政權遂為奉系勢力及被改稱為國民軍的馮玉祥軍隊所控制，兩派暫時協議把日本帝國主義的老工具段祺瑞推出來當臨時執政。段祺瑞為了應付財政危機，又把尚在通緝中的梁士詒，於一九二五年三月電邀返京，任命為財政善後委員會委員長。梁士詒回到北京後，當然需要把交通銀行抓在手裏供其驅使。交行即於同年五月召開股東總會，提前改選了總協理和部分董監事。梁士詒再次當選為總理。任期尚未屆滿的張謇、錢新之被迫辭職。在張謇的辭職書中，曾寫有「不再供諸君牛馬」之憤語。

這次股東總會還討論修訂了交行則例，制訂了交行章程六十一條。章程重新確定股本總額為二千萬元，分為二十萬股，每股一百元。仍先收半數，計銀元一千萬元。交通部原有官股四萬股中，因陸續抵還各銀行舊欠，到一九二七年，已由原來股權佔百分之四十下降到佔百分之十左右，其餘百分之九十均為商股所擁有了。

一九二六年七月，歷史上有名的北伐戰爭開始了。由於北伐軍的節節勝利，梁士詒已預感到北洋政權行將覆滅，即將交行總處遷往天津，猶圖作最後觀望。一九二六年底，北伐軍國民政府進駐武漢，財政部長宋子文電邀梁士詒到武漢討財政問題，要求交行提供借款，支持北伐戰爭。梁士詒不僅沒有親去武漢，而且僅允借款五十萬元，只能在湘豫前綫使用，引起國民政府的不滿。一九二七年三月，北伐軍佔領江浙、上海以後，蔣介石已得到英美帝國主義的直接支持。梁士詒作為操縱北洋政府財政金融大權的代表，即於四月份被國民黨政府指名通緝。自此以後，交通銀行即從北洋軍閥手中轉移到蔣介石四大家族手中，成為國民黨政權壟斷全國金融、積累官僚資本的重要工具。

我與中南銀行

章叔淳

編案：本文作者為銀行界前輩，回憶前塵，不勝滄桑，甚多珍貴資料，均可於此中得之。

南京中南銀行

我在民國十一年春，到哈爾濱交通銀行任職的。十四年夏，代理長春交通銀行經理，同年六月，真除經理。二十年九月十八夜，日本關東軍南滿鐵路護路隊，襲擊駐奉天東三省軍隊，佔領瀋陽城。沒有幾天，駐長春多門師團，佔領長春，遂沿吉長鐵路，攻打吉林省城，又被佔領。由長春至大連，由瀋陽至安東，南滿鐵路全線，都被關東軍佔領，在長春從事組織地方政府，又將宣統從天津送到旅順，先稱滿洲國，宣統為執政，後改稱滿洲帝國，宣統為皇帝。當時政府官員，分三部份，一部份是吉林省政府官吏，以熙洽為首、熙是滿清宗室，任吉林督軍公署參謀長。一部份是奉天省政府官吏，以臧式毅為首，臧是當時的奉天省長。一部份所謂遺老，份子極為複雜。執政府方面，鄭孝胥為國務總理大臣，各部大臣，三方面皆有人支配，如寶熙、羅振玉等。寶熙是內務府大臣，他的兒子同王君九的兒子，都是前清財政學堂學生，與我是同班同學。那一班人到了長春無處可住，由於交通銀行房子很大，由寶、王二人介紹，有地位的人全住在交通銀行後院及客廳，交通銀行成了這一班人的宿舍。最初我每星期日請他們吃中飯，僅得一桌，到了後來愈聚愈多，竟增加到六桌，他們也覺得不好意思，改為由他們組織，每星期日聚餐一次，我反而變成客人了。

所謂遺老派，份子複雜，互相傾軋，那兩派也是如此。日本特務機關有好幾個，如松機關、梅機關、竹機關，各有擁護者，互相攻擊，決無融洽可能。宣統受關東軍司令官監督，完全是一個傀儡。日本給執政府經費，每月壹百萬滿洲幣，執政府庶務課長是陳仁先之弟農先，也是我在財政學堂同班同學，當時滿洲中央銀行尚未成立，執政府款項，就存在交通銀行，宣統每月匯中國銀元伍萬元給他的生父攝政王。

東三省被俄國及日本奪取多次，結果仍被取回。但是長春以北，吉林省一部份、黑龍江全省，屬於俄國範圍，築有中東鐵路。自滿洲里至綏芬河，又自哈爾濱至長春，名義上中俄合辦，實際上一切大權，都操在俄人之手。長春以南，奉天全省，屬日本範圍，築有南滿鐵道，自旅順大連至長春，又自奉天省至安東，名稱南滿鐵道株式會社，一切行政及技術方面，完全是日本人的勢力所及，此次日本完全強盜行為，奪取南滿，恐無再拿回來的希望，因之我想離開長春。就在那年冬天，到上海交通總行請求調職。

十九年冬，梁燕蓀總理由香港到上海，此時交通銀行董事長為盧澗泉（學溥），總經理為胡孟嘉，因梁燕老到滬，盧胡為其接風，除現任經副理為陪客外，凡與交通銀行總行有關者，都在被請之列。我於是日下午七時，到外灘交通銀行赴讌，在電梯內遇到中南銀行胡筆江總理，胡曾任北京交通銀行經理多年，我與他相識是在民國九年，先後見面，不足五次。我由美國留學回來，就到了東三省，在哈爾濱交通銀行任職，連一張拜年片，都沒有寄過，可謂荒唐。那天電梯遇見胡公，同我拉手，久久未放，對我親切之情，使我無限感激。胡即問：長春還去否？我答：此次來上海，即是向總行請求調職，胡又說：明日來我處談談，我問明日何時？胡說：下午五時。我於次日準時到三馬路中南銀行，號房問我，是否章先生？我答是，就請我到總理室，見到胡，談了三兩句話。胡就說：我南京行經理尚沒有人，希望你來幫我忙，我說承蒙栽培，甚是感謝，但不知交通方面肯放我否？如肯當然到您處來，再談談閒話，即告辭。

二十一年十月方接交通總行信，調總行稽核，十二月杪，離長春到滬，臨行時，連幾位遺老及正金朝鮮兩行經理都到車站送行，到了上海，到總行報到，就稽核職。

到上海休息數日，方到中南銀行謁見胡公，報告已調總行稽核，他重申前言，說南京行仍未有人，既調總行稽核，稽核不是有固定事可辦，可以來我處了。我向胡申謝，並說：商業銀行用人，以能賺錢為目的，服務中交兩行的人，除在商埠者，須要知道怎樣做生意，且商業銀行待遇，不能與中交兩行比，胡說：我也是交通出身，交通如何待你，我也如何待你，我再向他表示感謝，辭出，我即向交通辦職，說明就中南銀行南京行經理，當即照准。

離了交通，每日即到中南，由胡先生介紹黃協理、周副理等，並示我南京行職員名單，又說孫副理是我晚輩，如你有別人，我可以調他回來，我說：「都是為本行服務，且是舊人，請勿更動」，隨即打電話叫孫副理到滬，大家先見見面，孫副理在上海行見了面，並問我何時去南京？

我於二十二年農曆年初，乘火車到南京就職，即暫住在中央飯店，南京行在商業區，但全是舊式商店，行址是一間極舊式房屋，街道很窄，幸已在白下路興建四層樓銀行大廈，現已建至三層，遂囑監工張君，與包工張新記，商議促其從速完成，於五月間，即遷入新行址，存款日日增加。那時外交部部長是羅文幹，我去拜候他，在我名片上加寫前長春交通銀行經理，見了之後，他拿我的名片說：不寫銜頭，我也記得你的大名。他知道我與他的太太老九（當年名妓）很熟，就打電話給老九說章先生做了南京銀行經理，今天晚上請他在家裡喫便飯，我說應該我請部長夫婦，他說下次你再請。他就電話叫會計科長來，告訴科長，章先生是我老友，部裡的款子，可以撥一部份存中南銀行。羅那時兼司法行政部長，這位會計也兼司法行政部會計，羅又叫司法行政部的款項可與中南銀行往來，因此外交部、司法行政部都與中南有往來。我與鐵道部曾次長很熟，會計長張競立也很熟，所以鐵道部也與中南銀行有往來，因此頗受同業妒忌。南京不是放款碼頭，就將存款大部份調上海，交上海行運用，由上海給南京行利息。有一天外交部秘書黃朝琴來行看我，他說在三牌樓買了一塊地，想建造住宅，希望銀行借予建築費二萬元，此款不是一次用，分期支付給包工，所借之款，分二年攤還，月息八厘，以地皮執照為抵押。我以為那時國民政府財政情形甚好，各部職員不欠薪，加之黃君所提出的建築地點甚好，所以就答應了，以後要求照黃君辦法，有多起，後來別的銀行也照此辦法放款，都認為是穩妥的生意。

中南銀行組成

中南銀行為北四行之一，鹽業、金城、中南、大陸，號稱北四行，三行總行皆在北京，只中南總行在上海，北伐成功後，南京為首都，所有銀行的總行，都遷到上海。

中南銀行的大股東，是爪哇泗水華僑黃奕柱，黃是福建閩南同安縣人，家貧不能讀書，少時設法到爪哇泗水，投奔同鄉，初到時做過理髮師，後擺花生攤，又開糧食店，賣大米、麪粉、雜糧、花生、大豆等，生意甚好，頗有收穫，即將利潤及賒欠貨物之款，匯廈門及鼓浪嶼，買地建築房屋、並購買已建成之屋。爪哇是荷蘭殖民地，使用荷幣，荷幣採取金本位，每一荷幣約合中國銀大洋一元八九角，即

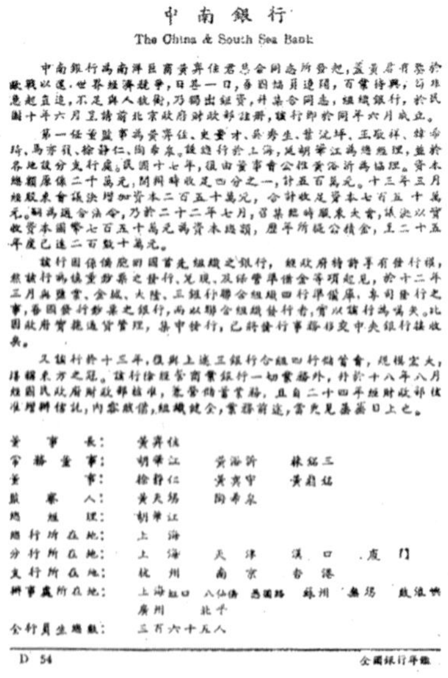

中南銀行

The China & South Sea Bank

中南銀行為南洋巨商黃奕住君邀合同志所發起，蓋黃君有鑒於歐戰以還，世界經濟競爭，日甚一日，吾國偏處遠隅，百業待興，苟非急起直追，不足與人抗衡，乃獨出鉅資，并集合同志，組織銀行，於民國十年六月呈請前北京政府財政部註冊，該行即於同年六月成立。

第一任董監事為黃奕住、史量才、吳蘊生、曾汶坪、王敬祥、韓希琦、馬寄耘、徐靜仁、陶希泉。設總行於上海，延胡筆江為總經理，並於各地設分支行處。民國十七年，復由董事會公推黃浴沂為協理。資本總額原係二千萬元，開辦時收足四分之一，計五百萬元。十三年三月經股東會議決增加資本二百五十萬元，合計收足資本七百五十萬元。嗣為適合法令，乃於二十二年七月，召集臨時股東大會，議決以實收資本國幣七百五十萬元為資本總額，歷年所提公積金，至二十五年度已達二百數十萬元。

該行因係僑胞回國首先組織之銀行，經政府特許享有發行權，然該行為慎重鈔券之發行、兌現、及保管準備金等項起見，於十一年三月與鹽業、金城、大陸、三銀行聯合組織四行準備庫，專司發行之事，吾國發行鈔券之銀行，而以聯合組織發行者，實以該行為嚆矢。比因政府實施通貨管理，集中發行，已將發行事務移交中央銀行接收矣。

又該行於十三年，復與上述三銀行合組四行儲蓄會，規模宏大，得稱東方之冠。該行除經營商業銀行一切業務外，并於十八年八月經國民政府財政部核准，兼營儲蓄業務，且自二十四年經財政部核准增辦信託，內容穩健，組織健全，業務前途，當更見蒸蒸日上也。

董事長：	黃奕住					
常務董事：	胡筆江	黃浴沂	林鉽三			
董事：	徐靜仁	黃奕守	黃君鉽			
監察人：	黃天錫	陶希泉				
總經理：	胡筆江					
總行所在地：	上海					
分行所在地：	上海	天津	漢口	廈門		
支行所在地：	杭州	南京	香港			
辦事處所在地：	上海虹口	八仙橋	愚園路	蘇州	無錫	鼓浪嶼
	廣州	北平				
全行員生總數：	三百六十五人					

D 54　全國銀行年鑑

全國銀行年鑑中的中南銀行資料

將荷幣變成銀大洋，匯往廈門，那時廈門及鼓浪嶼，房地產甚便宜，如此做法，極為合算。到了第一次大戰結束，金價大跌，銀價大漲，所有金本位國家貨幣，對銀本位國家貨幣，上下極多，爪哇市場因之大亂。從前黃奕柱所欠之貨款，貨主紛紛向黃追還欠款，黃不得已，遂回廈門變賣產業還債。由泗水到了香港，遇一荷蘭人熟朋友，與黃談到爪哇白糖的事，在爪哇每磅只賣三幾分荷幣，如能運到中國內地，要值三塊多銀元一斤，如此厚利的生意，還不趕快想法子做。黃說我也知道，但是沒有法子租到輪船。過了幾天，那個荷蘭人又來找黃，告訴他，現在有艘八九百噸破船，可以走，沒有人租，我們可以設法租下，開往爪哇運糖來香港。他們與船東商量，就將這個破船租下，船東喜出望外，且不要預付租費，船開往泗水，在要開船時，只要買燃料及船員的火食，船開到泗水，向糖商買糖，也不要預付糖價，船裝滿了糖，回到香港，被香港糖商搶購一空，都是現錢交易，大獲其利。就將破船馬上開回泗水再裝糖，如此走了三次，船主看這個破船，裝糖走了三次，一路並無危險，就不肯再租了。黃無法又無別的船出租，只得將賺的錢，先還泗水所欠的債，其餘的款全部匯回廈門。那時同時與黃做糖的，還有兩個發財的，一位黃仲涵，是顧維鈞的丈人，他的錢大部份留在爪哇，開設建源公司，現在倫敦、紐約、香港等處，都有分行，他雖死了，子孫很好，所以還是很有錢。一位郭春秧，是台灣人，他的錢一部份匯廈門，開茶莊，一部份存在香港，在北角買地，有條春秧街，即全部是他家的物業，子孫因不善運用，所以後來沒落了。

有錢佬黃奕柱

黃奕柱將做糖賺的錢匯到廈門，自己也回廈門，在鼓浪嶼蓋了三所住宅，自己住一所，是上海人姓張的包工的，相當華麗。又在海邊蓋了一所別墅，叫做觀海別墅。又開設黃日興錢莊，兼做爪哇糖。因為他信用好，存款源源而來，就利用自己資金及存款，創辦自來水公司、廈門電燈公司，以上是股份有限公司，他不過是一個大股東，並辦鼓浪嶼電話公司，這是他獨資的。

在民國七年，黃帶了七八位隨員，去到上海，他說是要爭利於市，可是他在上海並無相識的人。但是黃在泗水，以及回到廈門，每日必看《申報》；所以到了上海，就想到《申報》社長，必然了解各種情形，但是不知道《申報》館社長姓甚名誰。後來打聽社長是史量才，可是不認識，既而一想，我以華僑資格，去拜會社長，總會見我的。他們一夥人到了《申報》館，果然見到社長史量才。黃說的是閩南話，會講一點國語，可是說的太不好了，幸好帶的隨員中，有會說國語的，有會說上海話的，有會說英語的，因此史黃見面談話，尚無問題。當史見了黃，就問其來意？黃說：我是爪哇泗水華僑，現在回到祖國廈門鼓浪嶼居住，久居無聊，現想到上海創辦點事業。史問有多少資金？黃說：一兩千萬銀元，是不成問題的。史說：想辦何種事業？一時無法奉告，我意，不如先創辦一家銀行，然後利用銀行資金，興辦實業，則事半功倍，黃甚為贊成。談到主持人問題，要史介紹人，史答稱，這要考慮過，才能答復。二人分別後，史就約了徐靜仁商談這件事，徐與史是民國元年鹽政處同事，徐是總務處長，史是松江運使，二人私交極好，且史辦《申報》館時遇一件訟事，徐曾擔保巨款，（見胡憨珠先生撰〈申報與史量才〉）徐現是普益紗廠總經理，對於金融業務，也很熟習。史即將黃到報館來見事相告，有意請徐擔任新組織銀行之總經理。徐說：我現辦紗廠，事很忙，分不開身，有交通銀行北京分行經理胡筆江先生，現正在上海。如請他出來組織銀行，最為合式。徐做過交通銀行董事，是鎮江人，與胡是同鄉，故彼此極相熟。史即請徐約胡見面，胡的意見，與黃不相識，不知其底細，應設法托人到廈門調查，未便驟然答應。胡即託上海交涉員許秋颿函廈門交涉員劉君，後來劉君回信說，黃是爪哇歸僑，在廈門辦的事業很多，是有錢，確數則不知。有此回信，胡轉告史，遂由史約與黃見面晤談。他們見面時，胡即問黃，是否第一次到上海？曾否到過北京？黃答：是第一次到上海，沒有去過北京。胡說：最好現在去北京觀光一次，黃即刻應允，於是談妥動身的日期。胡與黃到了北京，那時國務總理是段祺瑞，財政總長是李思浩，交通總長是曾毓雋，皆與胡非常相熟，由胡介紹，以華僑資格，覲見段總理。因華僑回國在廈門辦了許多事業，頒給三等大綬嘉禾章，黃大喜，認為胡在北京，與當時政府各首長有相當關係，此時方談組織銀行事，取名中南銀行，聘請胡為總理。黃要求有發行鈔票權，胡知道政府對於銀行發行鈔票，除中、交兩行及已有發行權幾家銀行外，已有命令決不再核準申請者。因此胡遂與財政總長李思浩密商，黃為歸國華僑，今欲興辦銀行，要求發行鈔票權，並不為過。李說：政府已有明令，不再核準銀行申請發行鈔票權，事不易辦。胡答：為鼓勵華僑回國投資起見，應該想一個辦法。商談結果，由中南銀行呈請發行鈔票權，倒填年月，在政府明令停止發行鈔票權之前，經財政部批准，所以中南銀行之有鈔票發行權是如此獲得的。胡與黃離北京回上海，即開始籌備組織中南銀行，定資本金壹千萬元，先收半數，即行開業，總行設上海，推舉董事十一人，黃奕柱為董事長，胡筠為總經理，史量才、徐靜仁為常務董事，於民國九年八月十五日開始營業，並在三馬路四川路口，買現成四層樓大樓為行址。佔地頗廣，頗為壯觀。

總經理胡筆江

胡公名筠號筆江，江蘇鎮江人，清光緒末年，到北京，在工業銀行任職，宣統元年在交通銀行任赴外稽核，民國元年升任北京分行副理，民國五年升任北京分行經理，在當時北京銀行界有賢能之名，咸稱北胡南宋，宋即中國銀行上海分行宋漢章。民國九年由中南銀行創辦人黃奕柱聘為總理，中南銀行在上海開辦後，業務蒸蒸日上，為北四行之首位，因有鈔票發行權，認為責任重大，遂與鹽業、金城、大陸合組四行準備庫，共同負責發行鈔票的責任，同時又組四行儲蓄會，吸收各種儲蓄存款，三行推胡主其事，胡堅辭，推吳達詮為正主任，錢新之為副主任，合組四行準備庫，係有人建議仿照美國聯邦準備制度的辦法，胡能接受，並讓吳達詮為主任，風度不可及。國民政府北伐成功，定都南京，當時財政部長宋子文與胡最友善，宋對胡當面或背後，必稱之為胡四弟。宋是很少朋友的，對於舊式人物更沒有，僅胡一人而已。宋對人只談公事，都是命令式，獨對胡除談公事外，還談談私事。胡搭飛機桂林號遇難，中國政府對日戰爭勝利後，胡氏長公子惠春兄曾對我云，宋有一次對他說：若胡公健在，金融不至如此的糟！宋對胡欽佩可想。

胡筆江先生對人非常誠懇，遇有困難，必盡力相助，對友建議，必詳盡周密，與段祺瑞之智囊徐又錚極為友善。對部屬能用其所長，而規戒其所短，支助友朋困難，常以私囊出之。我雖有長處，但我的短處亦甚多，胡總是用我的長處，時時勉戒我的短處。胡對人非常之厚，對己很儉，對於飲食亦然。我在南京行，常常到滬，那時胡兼交通銀行董事長，公務甚忙，每日下午五時方到中南，我必那時往見，胡公就叫茶房到行的對面，買四個草鞋底，這是有名的長形燒餅，胡公食二只，清茶一盃，我祇食一只，清茶一盃，其儉樸如此。如胡在家請客兼打牌，見到我必問，你今晚有無應酬？如無到我家吃晚飯，在座有吳啟鼎等，都能喝酒，你可陪陪他們，你不打牌，可於七時半來，絕無命令式叫我去喝酒吃飯。

我到南京行不久，發生三件事，一、我與南京中國銀行經理吳震修相當熟，緣我離開長春交通銀行，我很想進中國銀行，就由親戚寫了一封致吳震修介紹信，並說明想進中國銀行，吳即向張公權說了，張只在長春見過一次，張就向吳說，定於某日在外灘匯中飯店見面，當時張有意叫我到東三省中國銀行，我不願意回東三省，只說容我考慮再答復。時胡已命我到南京中南銀行，我即將經過告知吳震修先生，吳說好極了，將來在南京我們可以合作。吳在南京組織銀行公會，吳是主席，我是常務理事，吳不在南京即由我代理。有一個不成理由的事，各處中交都是敵對的，我對此事，曾向梁士詒總理建議，命令交通各分行經理購買中行股票，那時交行股票是三十元，每年不能發八厘息，中行股票是六十元，每年發八厘息，如各行收得相當數目股票，即與中行當局商談，中交同為國家銀行，不應分離，應該合作。至於各地營業，各有門戶，無須競爭，燕老當時並未表示反對，只點點頭，南京交通銀行經理認為中南銀行應與交通聯系，不應倒在中國方面。二、我到南京不久，有幾家銀行經副理，要學跳舞，到上海請二位舞女來南京教跳舞，要我加入，我認為無所謂，就加入了，當時就有人說，這件事是我發動的。三、南京中央飯店董事長許秋颿，做過上海交涉使，與胡公也是熟人，我也是熟人，一日到行來看我，要想再透支五萬元，已有往來四萬元，是在我到行之前放的，我就說已有往來四萬元，現又想透支五萬元，是作何用途？許答，是想全部改裝煖氣，及增加臥房專用浴室，我問是否有計劃書？許答，有，並約晤該飯店總經理江君詳談，商談結果，我為常務董事，孫副理是普通董事，由我行派會計主任，主管一切收支賬冊，審查改裝煖氣，及增加浴室計劃書，由中央飯店與承包工程者，簽訂合約，限期動工及完工，中央飯店向中南銀行透支五萬元。以上三件事，想有人秘密打了小報告，有一晚約八時，胡忽到我家，事前無人通知我，胡說是來看我住的地方如何？然後談到那三件事，我一一詳細答覆，胡說：原來如此，點點頭，沒有說甚麼，笑笑，我猜想別人不知在他面前如何胡說八道，我又不便問，也不敢問，從此胡對我信任加深一層。有人說，胡公用人，疑而不用，用而不疑，但是不攷察至再，不輕易被他錄用的。

廈門中南銀行

我在南京時，星期六多數是乘下午二時快車赴滬，星期日乘夜車回南京。有一次，星期一回南京，九時到行，忽接上海行周副理電話，說總理叫我到上海，我就問有甚麼要緊的事？周說，可能叫你別的地方去，我說，我明天夜車來，可以不可以？周說，星期三一早到上海，是可以的，就報告總理。我是在民國二十二年四月第一個星期三早上到了上海，在國際飯店住下，等到九時去上海行，總理已先到行，見了我，就叫我到總理室。總理說：叫你到廈門去查查廈門行情形，明日有船，就動身，未說明因為甚麼。看總理樣子很生氣，又很急，我就不敢問。我退出來，拉了周副理到裡間，我問周？廈門行發生了甚麼事？總理形象很怒，周說：在幾個月前，總理接到一封匿名信，信上說，廈門行有人盜用庫裡的款子，用假抵押品向廈行借錢，因此派許建春以襄理名義到廈行，許來報告不夠詳盡，且很含糊，總理不放心，所以叫你去查。協理對我說：船票已買好，明天上午十時開。又說。廈門行經理是盧明之為總理老友，下面兩個襄理，總理囑咐他，只收存款，做做上海匯款，發廈門地名中南鈔票，千萬不要放款。聽說盧不大到行，終日念佛經。午飯後，二時總理又到行，先叫協理到總理室，協理出來，又叫我到總理室，總理說：派你做廈門行經理，拿出匿名信及許建春報告給我，給我一個密電本，叫我帶文書科職員呂君去，專辦文書上事，即叫呂君來總理室相見，並告訴他明天早十時上船，又告協理為呂君多買一張船票。

我同呂君，星期四上午十時上船，星期六早八時到了廈門，下船後，即到鼓浪嶼同仁宿舍，晤見盧經理，盧即屬會計主任，造具賬表，以便交代，我隨即到黃董事長家拜謁，一見面就說，聽說你在南京行辦的很好，來此希望你好好將廈門行整理整理，我因尚未接收，不便多談，遂辭出。到廈門四五天，表冊尚未造出，我即詢問許君，何以四五天，表冊尚未造出？許君說：庫存無法弄平，我問，不能弄平原因？回答，有多張廈門市工務局賣地的收條，放在庫房頂現金，我問總數多少？回答，約一百多萬。我說只有照數填表，此事有行員秘密報告黃董事長，黃即叫我去，黃說：以工務局賣地收條當現金，存在庫房，有此事否？我說：有，黃說應將經管人送警察局拘留，一面向法院起訴，我說：不可如此辦，此事外界雖有傳說，但不詳細，如拘留行員，則證實不是謠言，且拘留行員，於行關係甚大，提存就會發生，對於發行也有關係，豈不影響甚大，只有不動聲色，加派人管庫房，一面令經手人令其清理，黃答，既然關係甚大，只得如此辦理，表冊造好，內有一百多萬放款，也是拿工務局臨時收條，為抵押品，且十足抵押，當時只值三四折，尚無人要，等於呆賬，我將接收詳細情形，報告總行，並將以收條抵庫存，密函胡總理。

廈門中國銀行經理鄭君，年老對於行務不甚注意，當時中南銀行業務，吸收僑匯及南洋一帶華僑存款、開設新加坡分行歸廈門行管轄，而中南走下坡，所以僑匯及華僑存款，多被中國奪去，我又發現，黃日興存單託中國來收，意即轉存中國，數目雖不大，但張數甚多，中南也有存單，託中國來收而轉存中國，我認為此事非想辦法不可。我往見黃，告以此種情形，我告黃，我想看黃日興的賬，以便明瞭黃日興實在情形，黃答應；我告黃，只能說你要看收支存欠的賬，千萬不能說我要看，黃也答應，次日即將賬簿送到黃處。我一看賬，發覺黃本人是大欠戶，大部份是繳中南股款，他的家人都有欠款，以老大、老四為最多，我告黃：目前零星存款數目不算多，存戶多數是爪哇華僑，但是常常來提存，可能引响銀行，現在只有將黃日興結束，存戶請其隨時轉廈門中南銀行存單，如須要現款，亦由中南銀行照付。黃說：廈門行有力支付此項數目否？我答，只有此種辦法，解決廈行困難，廈行當然吃力，不過數目並不太多，只有勉力應付。黃問：胡總理知道此種辦法否？我說，必先得你的同意，然後我才能向胡總理密陳。黃說，是否有把握由廈行墊付黃日興存款？我說：黃日興賬上欠戶都是你及府上的人，此項欠款如能收回，支付存戶的存款當然不成問題，但是目前你無法還此項欠款，為救廈行起見，只有結束黃日興，所有黃日興存戶的存款，由廈行承擔，將實情陳報胡總理，在無辦法之中，我想胡總理會許可，結束黃日興，也是為你割去一個瘤。我就函約周軍來廈，為處理黃日興專員，又與廈門中國銀行黃經理密商，凡有黃日興存單由廈門中國銀行托收，請開中國與中南往來戶，如數目太多，即由滬行撥交上海中國，黃經理首肯，我大為安心。周君到廈，即造黃日興帳冊收欠清單，並擬好辦法，及登報廣稿，及對黃日興同仁發三個月薪水辦法送黃看，黃首肯，即請其在原稿上蓋章，我當日晚間即親到報館刊登，明早即可見報。次日有關方面見報，大為震驚，前數日並無提款者，因廈門幾無存戶，一個月後，中國銀行收到托收存單，一一轉往來戶，也有請轉廈門行存單，毫無風潮，頗為平靜。黃知道此情形，對我甚為稱讚，而心中甚為安慰，我每日將情形密告胡總理，事辦得總算順利，但黃的家人及他的親戚，對我太不諒解，因為黃日興現金一無所有，與廈門行開了一個透支戶，黃一切用費，間接取之於廈門行，他的家人及其親屬，黃每月有錢給他們，他們向黃日興支取，黃日興就開廈門行支票，現在黃日興結束，黃的個人費用向我說要在廈門透支，將來轉總行賬，我當然答應他，其他的家人及親屬就無著了，我還接了幾封匿名信恐嚇我，我並未報案，同一二位密商，他們說廈門人胆小，無多大危險，且我有一個保鏢隨時跟隨我，當我離滬到廈門時，胡總理對我說，須要帶一個保鏢兼當差，我就找一個姓陶的，他做過高級軍官隨從，能放手鎗，我就將這些情形告訴黃，黃說此事全是我主張，你不過是執行的人，不必理他們、我來對他們說好了。

黃奕柱談往事

有一天黃約我到他的住宅，他說黃日興結束，其他不愉快的事也告一段落，心中頗為輕鬆。他又說我很佩服胡總理及史量才兩位。有胆識，有魄力，最不快的是天津行吃倒賬事，不懲辦負責人，將我的股息扣抵，我說：這是胡總理最明智之舉，不如此津行危險，可能影響總行，懲辦負責人有何用，當時吃虧的雖然是你，要知道使行轉危而安了，黃無言。又說廈門行事，幸得你來，也將難關渡過。

廈門改為普通市，警察局長由市長兼，市長王固盤，是南京老警務人員，我在南京時已相識，那時政府正對瑞金用兵，東路是從漳州龍岩西進打到江西境，攻擊瑞金，設東路司令部，總部設在漳州，總司令蔣鼎文長駐在廈門，我到廈門去拜候他，一見如故。我見他包了一個旅館，很侷促，我就對黃說：可否將觀海別墅，借給蔣住？黃答應，我又要出面在家裡請蔣吃飯，黃說我不能動，我說會對蔣說明，並請蔣搬到觀海住。請客時，你下樓仍坐在輪椅上，一切招待等事我來代表好了，而請蔣，一定要我與黃出名。我告蔣，黃請蔣駐觀海，蔣客氣一番，並說算是租的，問要多少房租？我說是黃請你住的，蔣對我表示謝意，叫我對黃也表示謝意。請客那一天，蔣來了並帶幾位師長同來，其中有一位宋希濂師長，年甚輕，只三十六歲，好在吃西餐，多幾位無所謂，黃說從前盧經理是不應酬的，我又病不能出來，你來甚好，可與各方面周旋。

開辦香港分行

我到廈門將近二個月，能辦各事，已辦得差不多，不能辦的，一時不容易辦出頭緒來，因而想到，廈門行受傷甚巨，加之中國銀行競爭甚烈，並開設星加坡分行，中南銀行名曰中南，非向南洋一帶發展不可，故首先應開辦香港分行，然後在爪哇設辦事處，爪哇是黃發祥地，菲列濱已有中興銀行，黃是大股東，毋須設行，應加緊聯系。我將此意告黃，黃說：當初開辦廈門行，我即主張同時開辦香港行，胡公只同意辦廈門行，不同意辦香港行，今你有此意，我絕端贊成，胡公是否應許？我說今昔時局不同，上海地位，受日本壓迫，非向香港打主意不可，因為香港是英國殖民地，我又說擬回滬述職，由香港轉滬，我即函胡總理，疑赴滬面陳一切，並由香港轉滬，總理來電照准，此二十三年六月間事。

由廈門乘爪哇公司輪船經汕頭到香港，香港中國銀行經理鄭鐵如是熟人，香港鹽業銀行是廈門行代理，我要去香港曾函該行經理倪士欽，我到香港他到船上來接我，倪是上海鹽業銀行經理倪遠甫的姪兒，年齡約五十開外，與我有點親，下了船，倪介紹住新亞旅館，我一看是一個舊式旅館，設備太差，我不大願意，但人生地不熟，毫無辦法可想。倪約我到淺水灣酒店飲下午茶並看跳茶舞，倪無汽車，就約了一位高良和先生，是和豐銀行經理、和豐輪船公司經理，因營業不佳，為他人買去，高因之失業。高有汽車，遂同車到淺水灣酒店，高知道香港一切狀況，我們談的很多，我得益不少，我借倪去小便之時，問高香港何家旅館最好？他說：香港大酒店嫌舊式點，告羅士打酒店是最新式的，每間房有浴室，有直通電話，每日連飯只十元，若經高介紹，說我來開銀行，可打一八折，每日只收八元，我因已住在新亞，不好意思當天搬出，遂向倪說：在香港不能多躭擱，想今晚即去廣州，為節省時間，倪說今晚船不好是小船，我說無妨，請打一電話問有無房？倪打了電話回來說：有蜜月房，已代訂下，我當晚即去廣州，船很舒適，夜十二時開船，次早六時即到廣州。廣州鹽業銀行陳經理來接，因倪有電話通知，在廣州也住新亞，此與香港新亞大不同，設備甚好，陳介紹我見廣州廣東銀行經理梁定冀，梁燕老長子，即約我扶輪社午飯，我是廈門扶輪社社員，他們要我演講廈門扶輪社情形，我毫無預備，頗窘，只好隨便談談說說。在廣州住了三天，乘火車回香港，到了香港見到告羅士打接客，因此即住告羅士打，倪已知道我回香港，但不知我住何處，我打電話給高，請他吃午飯，香港一切情形，由高處得到很多，也就不再向倪打聽了。

交通銀行有意在港復行，交通銀行在梁燕老當總理時即沒有分行，其弟季典為經理，張嗇菴錢新之當總協理，那時交通情形不好，大為收縮，香港行新加坡行都裁撤，胡公當董事長，各處廣設分支行，所以香港交通亦想復行，我在香港見到交通銀行派來李道南，表面上是來調查，實際上就是未來經理，李與我也是熟人，我在香港只躭擱五日與李同赴滬，見胡公報告處理廈行經過，及結束黃日興等事，並報告香港情形。中國同業只中國銀行及鹽業銀行兩家，如我在香港設行，應為第三家，我陳述我行有在香港設行必要，為推廣到南洋一帶地步，並聲援廈門行，胡公說應物色人選，但目前當無適當的人。我說，可否由我先到香港籌備，您一面物色人選，胡公首肯。我即約了總行同事數位，南下香港協同籌備，我即往廈門，報告黃，胡公允設香港分行經過，黃大喜，要我帶其第四子友琴，在港行辦事，我在廈留數日，即去香港。當時香港中區空屋極少，勉強在德輔道中郵政總局對面租到一所舊樓，加以修理，二十三年十一月十五日開業，當時以廈門行為分行，港行為支行，歸廈行管轄，同時成立廣州支行，歸港行管轄。

國民政府二十六年，準備對日作戰，發行鈔票，統歸中央、中國、交通、農民四家銀行，其餘有發行鈔票權的銀行，一概自行收回，其準備金不足，則由政府以借款方式資助之，四家銀行所發鈔票，概不兌現，改名法幣，亦無地區之限制，全國通用，除四行外其他有發行權銀行，只四行準備庫，所發鈔票，鈔票上是中南銀行字樣及浙江興業銀行鈔票，此兩家所發鈔票，是符合政府規章，廈門行藉此機會，將廈門市政府工務局所發地產收據為抵押品，作為廈門四行分庫，所發鈔票之四成，為證券準備，因此廈門行將此項無價值之收條，變成有價，收回此等呆賬，使廈門行無形中，未受損失。當時有幾位欠戶，想以現款贖回此項收條，廈門行不准所請，且我接廈門行經理時，即將此項收條，向法院登記過戶，手續非常完備，欠戶無法可施，或問，何以要將此項收條登記過戶，我答，登記過戶，即屬廈門行資產，政府發行鈔票，改名法幣，是無準備金，且發行無限制，總是趨向通貨澎漲，收條當時雖無價值，仍然有一塊沿海地皮，鈔票一天一天的跌價，反而這塊地皮是會漲價的。

胡筆江到香港

八一三，中日正式交戰，上海租界，日軍雖未侵入，但日軍成立偽組織，租界上亂抓人，暗殺人，因之人人自危，隸屬中央重要人員，均撤退香港，胡公於廿三年當選交通銀行董事長，即隨部份要員撤退香港，仍兼中南銀行總理，中南總行並未撤退，胡即在香港交通銀行遷港總管理處辦公，財政部孔財長電召四行首腦赴渝開四銀行會議，胡公於二十七年八月廿四日，乘中航機桂林號飛渝，應孔財長之召。往時胡公出門，例不通知我等，因不喜歡人接送，此次在動身前一日，忽告我明早八時乘飛機赴渝開會，並未帶人，飛機票難買，是日一早，我與惠春兄到機場相送，八時起飛，我即回家，然後赴行。甫坐定，陳君來行相告，桂林號恐生事故，我不敢相信，因那日還有歐亞飛機飛漢口，孫科坐那架機飛漢口，我即刻打電話問中央銀行廣州分行鍾經理，問桂林號消息？鍾答桂林號啟德機場飛出，約卅分鐘，在中山縣唐家灣上空，被日機追擊，跌落唐家灣海中，胡公因之罹難。相隔卅分鐘竟成久別，使我永失指導之人，悲痛萬分，喪失我的前途，因之心灰意懶。胡公後事，全由宋子文主持，多少事是他命我去辦，出殯時，宋也隨靈柩走了一段路，開追悼會時他做了主席，可見與胡公交情深厚。

胡公已矣，總理一席，有人主張徐靜仁，有人反對，如徐當了總理，必帶嚴惠宇進行，因此反徐，那時黃董事長仍在香港，黃浴沂由上海來港，請黃董事長派黃浴沂以協理資格升總理，在這個時候，有人向我獻計，叫我做張松，將行獻予宋，我未敢苟同，一、胡公剛去世，我不能將胡公心血所辦之行送予外人，二、那時宋公力量，已不能遠到上海，就是派人到上海，亦恐不易接收。

有一天秦穎老來看我，同我密談，說宋公要我到廣東銀行當協理，我請穎老轉陳宋公，謝其栽培盛意，但我不就廣東銀行協理，一胡公去世不久，我不忍離行，二廣東銀行總經理是鄧勉仁，我同鄧是好友，處朋友是極好，若與共事，恐不易得善果，穎老深以我意為然。

民國三十年十二月八日，日軍用飛機大炸珍珠港，同時亦炸啟德機場，因之英美對日宣戰，日軍佔領上海租界，二十五日香港政府即向日軍投降，所有的銀行，由日軍部派日本銀行職員管理，我即向日軍部申請中南銀行停業，經軍部核准，我即回滬，而總行不以撤退行待我，我遂脫離中南銀行了。

金城銀行發跡史

許家駿

編案：一九四九年以前，在中國大陸芸芸民族資本銀行之中，金城銀行竟可以在政局動盪、戰事頻仍的年代裡，無論是金融、投資，或是經營工業、交通業、煤業等等，都稱雄一時，究其內幕與手法，是鮮為外人所知的。

本文作者曾於一九三四至一九四四年在該行業務發展至最巔峯時，任信託部營運課主任等職，離職以後，亦與該行的機要秘書時多往來，因而本文透露的內情，頗值一讀。

創業有術　改革多謀

金城銀行創立於一九一七年五月，是舊中國北四行之一，在它同時的民族資本金融業中佔有一定的地位。當時處於半封建半殖民地的舊中國，現代銀行建立以前，早已存在帝國主義銀行和封建錢莊兩大金融勢力。金城銀行之所以能在此時逐步發展起來，有以下幾個主客觀的原因。首先是世界大戰爆發以後，西方帝國主義國家忙於交戰，對中國的壓迫暫時有所放鬆，同時在華的帝國主義銀行的勢力，也相應地有所削弱，中國的銀行業乃乘機而起。其次，國內各大軍閥割地稱霸，連年內戰頻繁，當時的封建軍閥政府，為了支撐局面，在財政上需要銀行資金的支援。第三，軍閥官僚為了把他們搜刮得來的民脂民膏，尋求穩妥而有利的出路，銀行是比較適合他們需要的目標。最後，更由於金城銀行創辦人之一，久任總經理的周作民，巧於結交軍閥官僚，依靠有力靠山以運籌資金；善於掌握政治方向，及時搖身多變以應付政局。

周作民是江蘇淮安人，早年留學日本，在帝國大學專攻經濟。辛亥革命後歸國，在北洋政府的財政部擔任過庫藏司司長，又在代理國庫的交通銀行總行擔任稽核課主任。那時各地軍閥大都派有軍需人員駐京，向財政部和交通銀行接洽領支軍餉。周作民利用他的兩個職務，結交了不少軍需人員和政客，進而與若干軍閥官僚搭上關係，為創辦銀行，籌措資金開闢了渠道。金城銀行在創辦時，實收資本五十萬元，其中軍閥官僚的投資佔百分之九十，而最大的兩家股東就是安徽督軍倪嗣冲和安福系掌握財政的核心人物、安武軍後路局督辦王至隆，他們兩家的投資共佔實收資本的百分之五十六。後來到一九二七年增資時，在實收資本七百萬元中，北洋軍閥官僚的投資比重仍佔半數以上。可見金城銀行最初是靠北洋軍閥和官僚的投資和存款而起家的。它的資本積累逐步增加，業務發展也非常迅速，存款一度在全國商業銀行中居於首位。它在華北一帶，曾和中國、交通、鹽業三大銀行並駕齊驅。

周作民對於銀行裡人事制度的改革，特別是中層工作人員的培植，頗為重視。金城銀行隨著業務的迅速開展，工作人員不斷增加。在我入行的前一年，職工人數已由開業時的三十九人，增到五百多人。人員來自各方，各有特性：有的來自股東，尤其是軍閥官僚大股東的推薦，為了利用權勢，不便拒絕；有的來自各級主管人親友同鄉的介紹，礙於情面，不能不用；還有從交通、中南、鹽業等有關係的銀行轉過來的。由於這些封建關係，不少人結幫成派，拉拉扯扯，如鎮揚幫、蘇昆幫、天津幫、川漢幫，還有由金融資歷上區分的銀行幫和錢莊幫等等。他們往往墨守成規，不思改革，或者積習未改，暮氣沉沉。以董事長兼任總經理的周作民有鑒於此，銳意革新，接受金城銀行顧問何廉的建議，決定打破前此以推薦為主的慣例，開始吸收大學畢業生為職員。何廉在美國留學時，和煤油大王洛克菲勒的女兒有同學關係，洛捐款創辦南開大學經濟研究所，何廉擔任該所所長，同時又兼任經濟學院和商學院的院長，在經濟學界有相當名氣。他和國民黨大政客張羣、吳鼎昌等關係密切，後來還做過國民政府的經濟部次長。周作民遇到重大問題，時常與何廉商議，很願採納他的意見。我曾听金城銀行顧問仝紹文談起，原來周作民錄用大學畢業生的目的有二：第一，為了吸收新生力量。他認為大學生較為年青，富有朝氣，並且比較單純，不會有幫派習氣，如能由他直接培植出一批青年骨幹，擔任中層工作，對於逐步革新行務，定有裨益。第二，為了增加宣傳效果。銀行招考大學畢業生為職員，在當時是一件頗為引人注意的舉動。那時軍閥混戰，時局多變，學生畢業後，求職不易，即使謀得職業，也往往朝不保夕。而銀行工作，一般說來，還是一個比較穩定而工資又較高的職業，當時社會上羨慕銀行工作，有所謂「金飯碗」之稱。金城銀行通過這一措施，可使人對該行產生好感和重視，從而增強信任，擴展業務。

金城銀行自一九三三年至一九三五年前後三次採取考試方法，錄用大學畢業生，其具體辦法各有不同。一九三三年第一期，只由北京、上海、天津三市的幾個大學介紹畢業生共七人，錄取之後，集中在天津南開大學校內，分別在商學院或經濟院隨班聽課，結束時，分別派在各地金城銀行，如其中來自上海復旦大學的邵崗，被派在總經理處，擔任周作民的秘書。一九三四年第二期；為了增強效果，進一步擴大招考範圍，在全國各著名大學內，通過口試，錄取畢業生十六人。其中來自北京清華大學的有王蔚華、李嘉賓和我，共三人；來自北京大學的二人，為邵德厚和籍孝存；來自天津南開大學的四人，為孫有斌、顧新華、閻永昌、杜義田；來自東北大學的二人，為高國卿、蕭明禮；來自上海滬江大學的為凌雲鶴；還有來自上海商學院、北京燕京大學、武漢大學的四人。錄取人員集中在北京，舉辦銀行訓練班，由何廉主持。學習的課程主要為銀行會計、商法、數學及公文程式。教師大都自南開大學聘請臨時兼任，如銀行會計即由在南開大學商學院任教的楊學坤講授。銀行訓練班的地點選在香山雙清別墅。「雙清」是北洋政府國務總理熊希齡的別墅，而熊希齡又是金城銀行創辦時投資五萬元的股東。周作民和熊的關係很好，時常往還，當周談到要辦訓練班難找適宜場所時，熊即慨允借用。其地遠離鬧市，環境清幽，優美園亭掩映於一片蒼松翠柏之間。銀行訓練班於一九三四年七月十日開學時，何廉親臨講話，主要說明金融業的重要性，並為周作民吹噓一番。訓練班在期中舉行一次小考，期末又舉行大考，評定成績，分為四個等級，於九月初結業。我和孫有斌被派在北京總經理處，我後來升為信託部營運課主任，孫後來轉到中央銀行。邵德厚派在漢口分行，後升為桂林分行副經理。籍考存派在北京分行，後去德國留學。李嘉賓派在北京分行西城辦事處，王蔚華、蕭明禮派在東城辦事處。凌雲鶴、顧新華、閻永昌派在金城銀行的附屬企業通成公司，其他則分別派在各地分支機構。第三期的辦法趨於簡略，錄取後，未經訓練或學習，直接派定工作，如南開大學畢業生朱德君，即逕派在信託部工作。這種招考大學畢業生的辦法，後來由於金城銀行保守勢力的阻撓，未能繼續實行。我還記得，當我進入金城的第一天，周作民找我談話。在他了解我是東北籍時，突然問我，你認識張學良嗎？我答以九一八事變前，我曾在瀋陽東北大學讀書，張學良是我們的校長。他又問在東北軍政界和金融界的要人中，你同哪些人熟悉？我說，一向在校讀書，沒有熟悉的。他聽到我的回答，顯然有些失望，就沒有興致再談下去了，這種情景，給我印象很深。

隱藏真相　設立暗賬

金城銀行除總行先設天津後移上海外，在北平、南京、漢口、青島、大連、哈爾濱等地設有分行，在蘇州、常熟、長沙、武昌、鄭州、開封、石家莊等地設立辦事處。到一九三四年時，連同東南、西北地區的其他分支機構，共計五十餘所，在國外還有代理處，已建成一個龐大的金融網。但當時上海總行的業務實權，操在以吳蘊齋經理為首的鎮揚幫手裡，周作民為了便於自己直接控制，又於一九三八年，在上海總行的對面，增設信託部，直屬業已遷滬的總經理處管轄，資金另撥，會計獨立，辦理代客買賣房地產及經租、代理買賣或保管有價證券及其他信託業務。最奧妙的就是同時也吸收存款，辦理放款，儼然同上海總行唱對台戲。信託部的第一任經理是曾在英國留學的著名大律師林行規（字斐成）。他資財豐富，交遊甚廣，在北京西郊一個風景區鷲峯之上，築有精舍三間，並於室旁石壁上刻文留念。我前年曾登是峯，但見室雖毀而字猶存。林斐成雖受到周作民的特別禮遇，但他對信託部的經營方針有不同看法，不久就辭職他去。第二任經理是楊天受，原為河北省銀行負責人，受聘於金城後，不多時也辭職回天津。第三任經理是翁文灝的女婿張悅聯，曾在美國留學，精明強幹；傳說他現在美國某大公司當經理。副經理謝咸耀是由上海銀行轉來的，具有金融業經驗。他們在職的時間較長。信託部設營運課、會計課、出納課。成立之後，金城銀行的附屬企業或有投資關係的工礦，先後開戶往來，得到特殊照顧。凡屬特別的巨額放款，都直接按照周作民的意旨辦理。為了隱藏真相，逃避檢查，還設立暗賬。一切不便由公開賬面上收支的款項，均在暗頃中記載。有一次，我向副經理謝咸耀探問，金城既已有上海總行經營商業銀行的業務，何必又設立一個與總行平行的信托部，豈不是多此一舉？謝微笑反問我說：「難道你未注意自設信託部後，總經理用款較前更為方便了嗎？畢竟是他直接控制的部門好啊！」從信託部和上海總行的管理人員來看，有明顯的不同。上海總行各級負責人絕大部分是由國內銀錢業科班出身，經營方法偏於守舊。而信託部各級負責人多為國外留學生或國內大學畢業生，經營方法偏於革新，因而開設時間不久，業務卻迅速發展，周作民時常引以為快。

周作民很注意從多方面結交和延攬人才。如原在燕京大學執教與基督教會關係較深的全紹文，經周聘為金城的顧問兼北京市東城辦事處主任。他特地在市內最繁華的王府井大街，建築了一座當時僅次於北京飯店的高樓，金城的東城辦事處設在樓下，引人注目，招來不少外商存款。清華大學畢業留學美國的陳圖南，經周邀請為稽核室主任，對發展行務，多所擘畫。曾在美國留學的徐國懋和徐芳田均被周羅致到金城。前者在抗戰時擔任西南區管轄行經理，抗戰後調任上海總行經理。後者先擔任桂林分行經理，後調東南區行副經理。周作民還物色了一批精通日文、德文、法文的人才，畀以名義，予以高薪，平時無固定工作，專備一旦與外人接觸，由他們擔任聯系或翻譯。此外又聘請著名會計師兼律師李文傑為常年顧問，辦理有關會計及法律事務。

長袖善舞　雄心勃勃

我到金城銀行工作以後，經過長期觀察，發現周作民的野心很大，手腕靈活，其志並不只限於金融業，而是要以金城銀行為基礎，把龐大資金逐步滲入到一些有關國計民生的產業中去，俾能高踞於金融寡頭的王座之上，操縱一切；甚至再以此為政治資本，向當時的執政者謀取高位，一手掌財，一手干政，以圖名利雙收。由於帝國主義和官僚資本的統治和壓迫，他要想成為中國屈指可數的大財閥的幻想，終歸不能實現。盡管如此，金城銀行的觸角畢竟很長，由它獨自投資或聯合投資的範圍非常廣泛，曾經稱雄一時。我們從下述各例，可窺概要。

在農棉方面：金城銀行企圖控制華北棉花的產運銷，經何廉的贊助，與南開大學合組成華北農產研究改進社，社址即附設在金城的總經理處內，由全紹文、盧廣綿等兼主其事，我也一度在該社工作。為了改良棉種，擴大棉田種植面積，在河北省定縣、南宮、束鹿、蠡縣、無極、趙縣、深澤等地分設辦事處，就近辦理大量的棉花貸款，攫取原棉。由金城銀行獨資創辦的通成公司專門辦理棉花的購銷業務。再由金城投資的太平保險公司辦理在產銷過程中投保的水火險。從而使這個地區的農棉從產到銷，整個受到金城銀行的控制。

在工業方面：金城鑒於中國的紡織工業在三十年代由於歐戰關係，暫從喘息中得到發展，不免心存覬覦，乃聯合中南銀行，先後收購了天津北洋紗廠、上海溥益紗廠，代管天津恒原紗廠。所用手段，都是通過以餌誘魚的辦法，先放手給與大量貸款，待其積欠過多，無力償還時，再以最大債權人身份，按最低價收購股票，從中獲得厚利。金城銀行特與中南銀行聯合組織誠孚信託公司，專門管理這些收購或代管的紗廠；又在誠孚信託公司下設立誠孚鐵工廠，專司製造紗廠零件。大成化學公司主要生產酒精，在抗戰期間，由金城獨資收購，由於資力雄厚，可以大量囤積原料，再以之換成外匯，僅四年時間，即獲利五十餘萬美元。

久大精鹽公司和永利化學工業公司的創辦人范旭東是周作民留日時的同學，兩人相處甚好。周對這兩家企業，除有投資關係外，還不斷貸與巨額放款。在一九三七年，金城對永利、久大共貸款三百四十三萬元，佔全部化學工業放款的百分之八十五。周作民一直擔任永利化學工業公司的董事長。此外與金城有投資關係的，還有渝鑫鋼鐵廠、麵粉廠等等。

在交通運輸方面：金城銀行建立投資關係的有中華造船廠和太平洋輪船公司等，其中以中華造船廠與金城信託部的往來尤為密切。

在附屬企業方面：首推通成公司規模最為龐大，總公司設在金城銀行大樓內，在全國有分支機構三十餘處。經營棉、煤、糧以及食糖、麵粉、桐油等主要生活必需品的採購和運銷。一九三六年，金城對通成的放款高達六百八十七萬元。太平保險公司原由金城獨資創辦，一九三三年擴大由五家銀行合辦。總公司設在金城銀行大樓內，它的總經理、協理辦公室四面都是大玻璃窗，晶明軒敞，內外一目了然，別具風格；全國建立業務代理網九百餘處，還在香港及東南亞各國設立分支機構。它是國內堪居首位的保險公司，業務實權掌握在兼任總經理的周作民手裡。四行儲蓄會是由金城、鹽業、中南、大陸聯合在一九二三年創立於上海的，並在全國重要城市設立分會，主要辦理儲蓄存款、放款，並投資建造國際飯店二十二層大樓，其地正處鬧市，車水馬龍，行人如織，而該樓煇煌聳立，不僅為四行儲蓄會也為金城銀行做了有力的廣告。四行儲蓄會由於經營得法，獲得人利潤，自創辦到一九二七年，五年時間純利潤竟達八十五萬餘元，比一九二三年增長十二倍以上。

金鈔買路　左右逢源

金城銀行自創立之日到新中國成立，經歷了三個不同時期的政府，並多次遇到各式各樣的風險。但它不僅能化險為夷，而且不斷獲得利潤，增加資產，這是什麼緣故呢？在我離開金城轉到中國實業銀行以後，曾就此向多年跟隨周作民的機要秘書，進行探詢。原來周作民經常使用的主要手法，就是不惜利用金錢，拉攏關係；運用賄賂，買通關節。早在北洋軍閥統治時期，他分別向安福系的核心人物徐樹錚、交通系的頭子梁士詒等，請客送禮。並結交大軍閥倪嗣冲和他的兒子倪幼丹，經常在一起吃喝玩樂。這都為金城的建行資金和吸收存款創造了有利條件。在直皖戰爭中，皖系戰敗，徐樹錚等被通緝。當時傳說要徹查安福系禍首在銀行裡的股份和存款，金城銀行遭遇了難關。但周作民通過門路，運動內閣總理靳雲鵬和財政總長周自齊，終於化險為夷。在北伐成功以後，周搖身一變，很快地投靠國民黨，時常親自出馬，陪同蔣介石的左右親信，通宵賭博，投其所好。對政學系的頭子和骨幹張羣、吳鼎昌等也是曲意奉承，深相結納，因而後來得到蔣介石的賞識。他先後兼任國民黨政府的財政委員會委員、北平政務委員會委員、金融顧問委員會委員等職。這就使金城在國民黨政權包庇下投機經營，取得了極大便利，特別在國民黨濫發公債中，金城銀行作為承購銀行，從中攫取了巨額利潤。為了撈取利潤，他一向是不惜代價的。我曾聽到周作民對謝咸耀副經理講過：「小錢不去，大錢不來」，並說特殊的交際費用可在暗賬中支付。在抗日戰爭時期，周作民憑恃他與日蔣雙方的特殊關係，玩弄「腳踏兩條船」的把戲。在淪陷區，他不惜重金，買通大漢奸周佛海，取得中央儲備銀行透支抵押相當於二千二百兩黃金的巨款二千萬元，用以套購外匯，囤積物資，這是其他商業銀行難以辦到的。與此同時，在蔣管區，他倚靠有力的靠山四川省主席張羣和國民黨政府文官長吳鼎昌，套購外匯，投機倒把，大發國難財。在抗戰勝利以後，國民黨政府派遣財政金融特派員到滬，檢查私營金融業在淪陷期內的業務活動，發現金城銀行勾結敵偽囤積投機的情況，幾乎吊銷執照，勒令停業，只是通過張羣的疏通，才得保全。張羣為什麼如此為金城賣力呢？原來他的大量個人存款，一向由周作民經手存放。在敵偽時期，他在上海的一幢花園洋房，也由周代為照料，並負責一切開支。後來張羣飛美治病時，周作民特送給他美金萬元以上。

一九四八年秋季，蔣政權瀕臨崩潰，通貨惡性膨脹，私營金融業難逃厄運，急劇衰落；兼以特務橫行，敲詐無厭，周作民挖肉補瘡，疲於應付，一九四八年秋季，上海市實行經濟管制以後，周作民更被威脅勒索，處於四面楚歌，惶惶不可終日的境地，終於不得不秘密離滬赴港。

鹽業銀行與我家

張伯駒（遺作）

鹽業銀行是我父親張鎮芳創辦的。他在與張勳圖謀復辟失敗後，由於「背叛民國」的政治問題，鹽業銀行大權轉入吳鼎昌手中。鹽業銀行創立後幾十年中過程相當複雜。茲就我個人親身經歷，如實寫出，以供史學家，銀行家作為參考。

一

張鎮芳，字馨菴，河南項城人。生於一八六三年（同治二年癸亥）、卒於一九三三年（民國二十二年）。他二十九歲時（光緒十八年）中壬辰進士。初任前清戶部主事。因我的姑母是袁世凱大哥袁世昌（字裕五）之妻，故與袁有姻婭關係。袁世凱任直隸省總督時，咨部調

本文作者的父親張鎮芳

用張鎮芳以直隸省候補名義，總辦永七鹽務，後署理長蘆鹽運使，為了充實餉源，並兼任糧餉局總辦。幾個月後轉升為天津道，實授為鹽運使。兩年後，擢升為湖南省按察使，仍被留任鹽運使。迄至辛亥革命，袁世凱東山再起，出任內閣總理大臣，調張鎮芳入京任三品京堂，辦理後路糧台。直隸省總督陳夔龍去任，張鎮芳以三品京堂護理總督。辛亥革命後，調任河南省都督，於一九一三年交卸。迨至一九一七年他與張勳發動復辟，任復辟時期度支部尚書，失敗後，任鹽業銀行董事長，他的政治生活至此結束。

一九〇八年（光緒三十四年）十月，光緒皇帝和慈禧太后相繼逝世，攝政王監國。袁世凱失掉了太后靠山，奉旨開缺回籍「養疴」。袁聞訊極為恐懼，不知以後的吉凶如何，因此由北京乘火車潛來天津，下車後寓於英租界利順德飯店。時袁黨親信楊士驤任直隸省總督，不敢親自迎接周旋，僅派其子到飯店與袁晤面，囑袁千萬不要在津逗留。我父張鎮芳這時亦曾偷偷地去利順德飯店探視，並餽送袁一筆巨款，同時對袁表示：以後袁的家屬生活由他負責照料，要袁放心，勸其即時返京，免遭物議。袁返京後，隨即回到河南彰德府洹上村。

一九一二年張鎮芳任河南省都督，不久發生白朗造反事件。我父是文人，不諳軍事，袁世凱當時派陸軍總長段祺瑞赴河南協助，旋即辭職居京，由趙倜接任。由於英、德兩個帝國政府，為了抵制日本獨霸中國的野心，慫恿袁世凱將共和改為帝制，袁曾與張商量此事，張是清末的君主立憲派，對袁欲作皇帝，沒有表示積極支持，故袁後來對張再未作封疆大吏的安排。

張鎮芳鑒於北方沒有商業銀行，乃於一九一五年初向袁世凱建議，擬辦一個官商合股銀行，由於他久任長蘆鹽運使，對鹽務熟悉，擬將政府所收鹽稅，納入這個銀行裏，因而取名為「鹽業」。經袁批准，交由財政部執行。這時第二次任財政總長的周學熙及其後任周自齊，均認為當時中央政府的收入，一向依靠關、鹽兩稅；而海關以賠款的關係，稅收控制在外國人手裏，尚須仰人鼻息，方能得到一些款項，假若鹽業銀行成立，由張鎮芳主持，財政總長就指揮不靈了。但這兩位總長又不便違反總統意旨，在立案後，僅由鹽務署先行撥交十萬元，大部份官股遲遲不肯交出。這時歐戰已經發生，日本帝國主義看到英、德火併，無暇顧及中國，為了控制袁世凱，更積極支持袁稱帝，逼使其承認「二十一條」。不久袁死，鹽業銀行官股也就無人提起了。

一九一五年三月鹽業銀行正式成立，原來擬議中的總股款五百萬元，計官股二百萬元，私股三百萬元。但官股實收，只是以鹽務署名義投資十萬元，私股有張鎮芳四十萬元（實交三十萬元），張勳十萬元，倪嗣沖十萬元，其他如那桐、王占元、袁乃寬、張懷芝、劉炳炎等人認股，多則八萬元，少則二、三萬元。股款尚未繳交，就先行成立北京行。北京行由岳榮堃（字乾齋）、朱邦獻（字虞生）組織；天津行由張松泉、王仁治（字郅卿）組織；上海行由倪遠甫組織。資金均由總管理處撥給。總理張鎮芳，協理張勳、袁乃寬，總稽核黃承恩。由於各行均係當地金融界有號召力量的人主持其事，佔用資金不多，也能應付裕如。當時總管理處因資金少，開幕時只有六十四萬元，所以很不健全，各地分行各行其是。適逢那時各省督軍跋扈，不聽中央命令，故一般人諷刺說鹽業銀行是督軍制，意味著各分行各自為政，不聽北京總處領導。

一九一七年，安徽督軍張勳在徐州召集會議，蘊釀復辟，與張鎮芳函電磋商甚密，督軍團及各方代表簽署決定復辟時，張鎮芳亦應邀赴徐州。同年四月二十七日（陰曆）張勳到天津，隨後偕同張鎮芳、雷震春等赴京，我隨侍先父在側。在車站候車室，報販子兜售那時出版的《紅樓夢索隱》，雷震春和一行人打趣說：「不要看索隱了，我們到北京去索隱吧！」看當時情況，好像他們很有把握。

張勳復辟失敗後，段芝貴以討逆軍東路總司令兼任京幾衛戍總司令，吳鼎昌這時任天津造幣廠廠長，他同段芝貴、段永彬、王郅隆都是賭友，由王建議，段派吳鼎昌接收了鹽業銀行。段芝貴採取這個手段，是有打擊和報復我父之意的。

當袁世凱任直隸總督時，張鎮芳與段芝貴以北洋系同僚關係，結拜為把兄弟。段芝責任天津南段巡警局總辦（包括南市「三不管」），這時慶親王奕動當國用事，他的兒子載振常來天津治游，袁派段擔任招待。段藉機極力巴結小慶王，得其歡心，光緒三十二年，載振與其父奕劻保薦段芝貴署理黑龍江省巡撫，以一個巡警分局總辦，一躍而為封疆大員。御史趙啟霖探得實情，參劾內閣總理大臣慶親王父子貪贓枉法，任用小人，庇護其子接納妓女，穢亂朝政，一時輿論大譁。載振急把妓女楊翠喜轉贈與天津鹽商王益孫，時王以捐官候補刑部郎中，正喪父，有人就攻擊他不應在服中納妾，更渲染了這個案件帝國主義。後以「事出有因，查無實據」，不了了之，段芝貴則借他事革職，永不敘用。由於這件事，張鎮芳對段芝貴極為鄙視，段歸津後，張不甚假以顏色。

一九一五年，段芝貴被任命為鎮安上將軍，兼任奉天將軍，管理東三省軍政事宜，儼然是前清的東三省總督。時張作霖任陸軍第二師師長，常派他的高級參謀、後任張作霖大元帥府的承啟處長趙錫嘏（字嘏齋），代表他聯繫張鎮芳。張作霖的信中提到段芝貴，說段在東三省行為惡劣，大失人心，不知總統為什麼要用這樣的人。張鎮芳覆信大意說：段的人品本來不好，如果你看著不合適，你可以把他攆走。第二次張作霖又派趙錫嘏來見，信中說段芝貴是總統的近人，我不敢動他，如果攆了，總統怪罪，將如之何？張又覆信說：你儘管做，由我負責與總統說話。於是張作霖把段芝貴趕走了。事後張鎮芳向袁力保張作霖為奉天將軍，從那時起，奠定了張作霖在東北稱王稱霸的局面。張作霖對此甚為感激，又派趙錫嘏來，擬遞門生帖子，張鎮芳謙辭不受，改為蘭譜結拜，成為把兄弟。這事後為段芝貴獲悉，因而對張鎮芳恨之入骨。

張勳復辟失敗，主要原因是日本帝國主義從中播弄。日本原為支持，後來變卦，也就是日本政府參謀本部以田中義一為首的一派支持之；外務省包括駐華公使林權助一派反對之。段祺瑞掌握了雙方情況，勾結日本帝國主義，乘機以再造共和的美名，攫得政權。那些督軍團成員，本是見風使舵，根本沒有一定政治主張，因而張勳孤立無援，很快的就失敗了帝國主義。張勳逃入荷蘭使館，張鎮芳同雷震春乘車回天津，行至豐台，即被段芝貴下令把他們逮捕，解至鐵獅子胡同陸軍部關押。數月後，因為我父是文人，交大理院審訊辦理，雷震春和馮德麟則交軍法會審。在押期間，我曾去探視，並看見雷、馮兩人，他們住在三間不相通的房屋裏。當時三個人表現出三種不同的態度：我父表現出「世受君恩，忠於故主」，認為恢復清朝是他的職責，這樣做是對的；雷震春談話時，則氣憤填膺，謾罵那些簽署贊成復辟的人，反面把他們逮捕，罵那些人不是東西；馮麟閣則戰慄惶恐，表現出貪生怕死的樣子。

張鎮芳移交大理院審理後，鹽業銀行北京行經理岳乾齋未經張本人及其家屬同意，擅自代請汪有齡（字子健）為辯護律師。大理院長是皖系姚震（字次之），檢察長張孝簃（字滌生，華北淪陷後任華北臨時政府最高法院院長）。張和汪有齡與吳鼎昌、岳乾齋均係酒友，他們串通一氣，判張死刑，又經汪辯護，改為無期徒刑。值得注意的是開庭時，旁聽席上出現了當時司法總長林長民和參議院議長王家襄及議員胡石青等。事後律師出庭費十萬元，但不要現款，而要鹽業銀行股票。

這年秋間，大理院對張鎮芳刑決，送交監獄執行，但兩天後，他們又以病為由，把張保外就醫，移住首善醫院。這個醫院是徐樹錚軍醫處長方石珊辦的，徐曾去探視他，並說了一些安慰的話。到年終又奉到指令發往「軍前效力」，他同雷震春起程前往湖北報到。到了漢口，督軍王占元在督軍署設宴招待，住了三天，然後回北京，轉來天津，寓居在英租界馬場道自己家裏。

在被押期間，他的同年老友王祖同（張任河南都督時他任省民政廳長）為他奔走。這年秋直隸省發生大水災，熊希齡任近畿賑災督辦，熊訪王商營救事，希望我父拿出一部份捐款。王商之我們家屬，就以我的名義，替我父捐了四十萬元（包括交通銀行鈔票十萬元——當時有折扣，公債二十萬元，現款十萬元）。這筆款子後來就成為熊希齡創辦收容災區孤兒的香山慈幼院的基金。隨後直皖戰爭爆發，皖系垮台，在黎元洪第二次任總統時，才由熊希齡呈請將捐款案結束，同時發表我（用張家騏名）以簡任職存記任用，授予二等大綬嘉禾章，並在香山慈幼院建築了一個「鎮芳樓」作為紀念。

二

吳鼎昌到鹽業銀行後，自封為總經理。因有一部份股款尚未交齊，即決定採取措施：第一，舊股東已認股本的，一律限這年年終交齊，否則由新股東加入；第二、增加股本，從現在起，每年增資百分之二十五，如果舊股東放棄已認股款不交，即讓與新股東加入。吳這樣做，就是為了削弱我父在舊股中的影響和權力，同時增加新股東的力量，以便於他的壟斷。這時我父尚有舊股十萬元未交，而且正因復辟案尚關在獄中，自然無力交款，這樣新股東就可以乘虛而入。到了年終我父出獄後，仍然設法交齊了股款。

一九一八年初，鹽業銀行成立董事會。第一任董事有張鎮芳、王郅隆、紹曾（代表那桐）、任鳳苞、劉紹雲、黃承恩、袁乃寬、吳鼎昌，稍晚一些時候，又增加張夢潮（代表張勳），監事張伯駒、瑞豐（並非股東，是岳乾齋的朋友）。總經理吳鼎昌，原任協理張勳因案撤銷，只留協理袁乃寬，但不久袁乃寬世辭職，從此不復設協理。多年以後錢永銘（字新之）建議以張伯駒和岳乾齋任協理，吳鼎昌不同意，協理未能恢復。大約在第一次董事會不久，吳鼎昌建議董事會每年提出三萬元，作為「經濟研究」的費用，由總經理運用。這項專款積累，就是後來由吳作為辦《大公報》的原始經費。

張鎮芳到天津不久，就返回河南周家口老家住了兩年多。一九二〇皖系失敗後，秋九月從河南來天津，我隨侍他到奉天去看張作霖，住在張的巡閱使署後花廳，大約盤桓了三四天。張作霖對他甚為親切，每天都有宴會，飯後打麻雀，參加者除張作霖外，尚有鮑貴卿、張作相、許蘭洲、汲金純、孟恩遠等輪流作陪。臨別前一天晚上、飯後有一段對時局的談話，張作相、許蘭洲先走，談話只有張作霖、張鎮芳、鮑貴鄉、孟恩遠，他們在鴉片煙盤旁邊談了一夜。這時張作霖正在躊躇滿志，表示說：「我今天不就是遼東王嗎？不需要爭什麼。」但他忽然問我父：「關裡什麼地方好？」張鎮芳回答說：「陝西省地居關中，既可雄視中原，又可控制西北，是個天府之國，那個地方如能掌握，就可以左右時局。」孟恩遠接著說：「兄弟！你要關裡那個地方，哥哥替你去打下來。」這時正是孟恩遠在吉林失敗不久，故意說這樣的諂媚話。根據這次談話，堅定了張作霖進關搶地盤的決心，原因之一是盤踞在陝西的劉鎮華嵩軍與張鎮芳關係密切。臨辭別時，張作霖委任我為奉軍總司令部總稽查（未受薪，無實職，只是名義而已）。我父張鎮芳回天津後，住了一些時，又回周家口老家去過年，以後就經常來來往往。

吳鼎昌在復辟事件失敗後，成為皖系的紅人，第二任財政部次長，兼天津造幣廠廠長，並任鹽業銀行總經理。皖系失敗，直系強迫當時的中央政府通緝皖系要人，吳鼎昌在內。吳居住天津日本租界，與日本人有些勾結。他把造幣廠節餘現款四十萬元，賄賂直隸省長曹銳，免了罪名。

一九二一年四月間，我又去奉天見張作霖，因上次未談鹽業銀行事，這時我單獨和他談到鹽業銀行怎樣被吳鼎昌攘奪，及怎樣接收改組情況。張聽後大為震怒說：「我可以出來說話。」我回答說：「你不是股東，怎樣說話呢？」張說：「我可以入股。」於是我把我父親的股權讓渡給張作霖五萬元，他就成了股東。然後他打電報給吳鼎昌，質問他鹽業銀行是張某人創辦的，你非原來的發起股東，如何能當總經理，這是不合法的，我以股東資格，請你說明道理。吳接到張的電報後，托岳乾齋出來了事。岳找張勳，請他出來打圓場，在天津張勳家裡談話，參加者有岳乾齋和北京行副理朱虞生、張勳和我，談判結果，推舉張鎮芳為鹽業銀行董事長董事長的好處，每年除股金紅利外，另有一筆紅利，可分到三萬多元；監事人每年可分紅利四、五千元；董事每月車馬費五十元，每年紅利可分四、五千元；但是總經理吳鼎昌，和北京行經理岳乾齋每年除股東紅利外，還可分盈餘紅利，都在四、五萬元左右，分紅多少，當然要看年終結算盈餘為定。這次談判勝利，不但爭回了被吳攘奪鹽業的面子，出了這口氣，而且又多得了紅利，吳鼎昌從此對我們也比較客氣了。這事我父並不知道，我回到河南報告他，他說我辦的很好，從那時起，直到一九三三年我父張鎮芳去世，都是以他的名義擔任該行董事長。

一九一八年徐世昌任總統後，與他同謀復辟的張勳，得到特赦，並給他一個全國屯墾督辦的虛名。這當然不能滿足他的慾望。當院系垮台後，奉直兩系的矛盾，已經上升到第一位，關內外瑤言都在說將來直奉兩系難免要發生衝突，但張作霖認為曹錕是他的兒女親家、直系不會打他，到了一九二二年，形勢已經緊張，勢在必戰。在第一次直奉戰爭前夕，張勳認為他的機會已到，想出來抓他在安徽的軍隊（他的軍隊在他部下張文生手裡），需要中央給他一個軍事上的名義，要求張鎮芳寫信給張作霖為他幫忙。張鎮芳鑒於張作霖與曹錕有交情，故信中沒有偏袒奉直任何一方，只是請張作霖向中央保駕張勳，命我持函往見張作霖。見張後，我有個說帖給他，說馮玉祥不是曹錕貼心羽翼；趙倜乃曹、吳心腹之患。請張勳到徐州掌握他的軍隊，與趙倜聯合一起，奉軍從長辛店往京漢路壓迫，張和趙從隴海路進攻，可收夾擊之效。張作霖說現在正在講和，不要打仗，正由趙次帥（爾巽）商談中，你明天趕快回去，請速轉告令尊大人，也出來參加調停，大家不要打仗。第二天我去見他辭行，張又對我說：「不行了，我不打他們，他們要打我了。」

我說：「既然如此，那就請打電報給中央，要張勳出來好了。」張說：「現在我已不承認中央，不能與他們打電報，要出來他自己出來好了。」並給我一

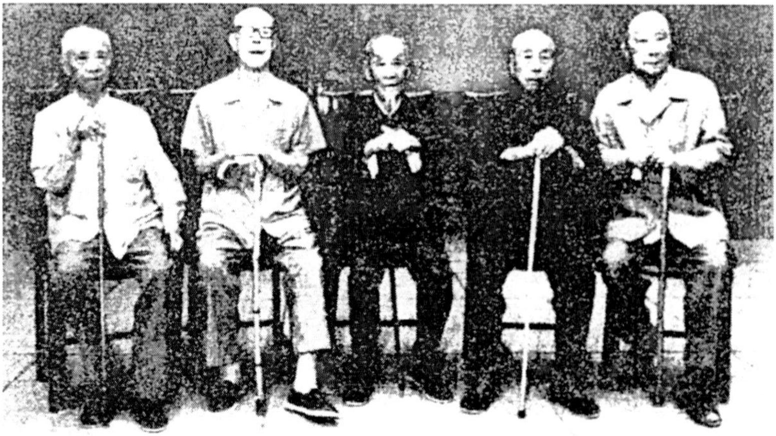

俞振飛（右）在舊京會見京劇界前輩及名輩張伯駒（左二）、侯喜瑞（中）、李洪春（右二）及南鐵生（左）等合影

張他的名片，叫我去找當時的國務總理周自齊，替張勳說話。我到北京，張勳又派商衍瀛、劉佐常（張勳任安徽督軍時的兩淮鹽運使）再去奉天和張作霖談，結果和我所談的一樣，不得要領，當我與周自齊打電話約定下午三點鐘會面，不料到時他避不見面，原因是奉系察哈爾都統張景惠正在北京被直系包圍，首鼠兩端，周去問張景惠，他說不能發表張勳的命令，徐世昌也不主張為張勳再發表明令。這特戰事已起，張景惠發出主和通電，完全倒向直系，不與奉軍配合。張作霖進關後，總部設在軍糧城，我和商衍瀛、劉佐常去見他。張著便衣，床上放著一支手槍，他說：「大家都不出來，就是我一個人打；如果奉軍敗了，我還有幾十萬人，全數調進關來再打。」言下非常氣憤。我和商、劉退下來，到張的秘書廳，秘書長談國桓和秘書廳的人都說，現在就是搖旗吶喊也是好的。於是秘書廳代張勳以北路軍總司令名義從軍糧城發出通電，為張作霖助威。張勳這個總司令，根本未出英租借，就與張作霖一齊垮台了。

一九二四年，第二次奉直戰爭後，段祺瑞出任臨時執政，維持了兩年。一九二七年張作霖到北京，自任為大元帥，派財政部次長董士恩到天津邀我父親張鎮芳晤面，商談請他組織內閣事。我父到京住西城胡同一號。這時張作霖擬用老一輩的人出來組閣，為他的大元帥支撐門面。我對我父親說：「你的政治生命，在復辟一役中已經決定了一生毀譽，而且現在南方革命軍是一種新生力量，揆諸大勢，勝敗難言，以不出來為是。」我父頗以為然，故到中南海周旋了兩天，打了兩次麻將，婉辭回津。其後張找梁士詒，梁也不幹；後來由張宗昌推薦，一向以智囊自命的潘復鑽營組成內閣。

三

茲將鹽業銀行內部幾個比較重要人物怎樣利用銀行達到發財致富的一些情況，分述如後：

總經理吳鼎昌

吳鼎昌，字達銓，原籍浙江紹興，寄籍四川華陰。一八九七年（光緒二十三年）日本東京高等商業學校舉業，歸國後，恩賜為洋翰林。清末錫良任東三省總督，經其伯父山西藩台吳匡潘介紹，在錫良總督署度支和交涉兩司供職，後任中日合辦本溪湖礦務局總辦。錫良調陸軍部尚書，他轉任度支部銀行（後改名為大清銀行）總監督葉景葵的會計主任，旋任江西大清銀行分行監督。辛亥革命，他以同盟會會員的資格，任南京臨時政府軍用票發行局總辦。後南北議和，隨著機稱轉移北京。大清銀行改為中國銀行，他任第一任中國銀行總裁，由梁士詒推薦，袁世凱見了他；袁說他有聲無音，兩頤外張，儀容陰險，不可重用，故未得久任商去職。第二次湖口革命中，他住天津，經梁士詒保舉為天津造幣廠廠長，他以鑄造袁頭銀幣和袁僭稱洪憲皇帝金幣，得到袁世凱對他的好感，袁死前幾個月，曾一度發表他為農商部次長。但他觀察局勢，將不利於袁，未敢就任，仍當他的造幣廠廠長。

張勳復辟失敗後的這年七月間，鹽業銀行在京、津、滬三地報紙刊登緊要通告，假借股東臨時大會名義，推薦吳鼎昌為總理。吳改任總理後，首先從交通通行協理任鳳苞、金城銀行總經理周作民、中南銀行總經理胡筆江三人那裡拉來三十萬元作為股本，並規定帳面要露出四分之一的股款一百二十五萬元的數字來。但是這時連同裝股東已交股款計算，仍然不足，於是又填出空額股票二十萬元，湊足賬款數字。所填空額股票，就在京行抵押，成為收足股款五百萬元的四分之一的股款象徵。這時他為鹽業請的法律顧問就是汪有齡（汪後來因吳的關係而任南北議和的一員北方代表），一方面代張鎮芳辯護免於死刑；一方面為吳鼎昌攫取鹽業大權，作權利保障。

一九一七年中交兩行鈔票，由於籌備恢復兌現工作未臻完善，兌換鈔票的現銀元只夠應付門市部兌現，對提取定活兩期存款，則一時周轉不靈，因而在開兌不久，又宣告第二次停兌。這樣中交兩行的信譽大受影響。這時正值鹽業銀行業務蒸蒸日上，北洋政府各機關領到軍政費，無論是搭付銀元或不兌現的鈔票，都願存於商業銀行。雖然當時鹽業號稱官商合辦，但一般人認為色彩不濃，把款存鄄鹽業比較放心。吳鼎昌看到這樣形勢，決定其餘四分之三的未收股款，抓緊時機分三年收足，做到資本五百萬元十足收齊。一九二一年又決議再加五百萬元為一千萬元股款，加額分十年收足，每年收五十萬元。至於鹽務署名義的十萬元股票，因該署歷屆均無力增股，始終保持十萬元額度；現因鹽業又要擴大到一千萬元，當然更談不到增股，於是鹽務署主管人員，就把投資鹽業的十萬元拋出，大部份為鹽務署在職人員購去，這樣鹽業資金全部變為商股了。

吳鼎昌在直皖戰爭以前，只是以鹽業銀行作政治資本的立足點，仍去從事他的政治活動。迨至皖系失敗，他的政治背景消失，雖然減了威風，但他同張鎮芳的矛盾得到了解決，在張的容忍下，他的總經理職位仍然保住了。張鎮芳認為吳鼎昌在政治上和經濟上以及金融界，有可利用之處，為了發揮他的長處，一切放手由他去做，故終我父張鎮芳之世，他們相處甚安。

一九二三年吳鼎昌鑒於中交兩行代理國庫所發行的鈔票，緊因北方政局發生變化，時而發生擠兌，於是與金城、大陸、中南聯合，組織四行準備庫，由中南代表這四個銀行發行鈔票，擺脫政治關係，以私人銀行壟斷金融。這四個行，在調動款項上互相支持，擴大了「北四行」的影響，顯然與南方的江浙財閥銀行相對抗，因而提高了鹽業銀行在北方的信譽和他本人的聲望。其後又在這個基礎上，成立了四行儲蓄會，他又被推為負責人。儘管周作民和他爭奪，他始終不放棄四行儲蓄會的領導權。他既有四行準備的鈔票發行權，又有四行儲蓄會現款收入，這樣他就「多財善賈，長袖善舞」了；再加上他手裡的言論嫌機關《大公報》，他在政治上和金融界儼然執了北方經濟實業的牛耳。

吳鼎昌不僅在政治上善於利用時機，就是在個人生活及銀行經營上，也是一個能手。例如一九二六年國民軍在廣東誓師北伐，宣布中國關稅自主，吳鼎昌深恐廣東方面不承認北洋歷屆政府和帝國主義各國政府簽訂的不平等條約，影響他買賣外國股票債券的投機生意。這時北洋政府歷次發行的各種公債，已無行市，只有一九一三年袁世凱的善後大借款公債，是外國銀行所承購，以關鹽兩稅為擔保，按期由滙豐銀行發放利息，所以這種公債，獨呈挺秀。吳鼎昌為了探明政府的意向，特派

《大公報》記者徐鑄成，以探訪新聞為名前往廣州，探聽政府的外交政策，特別注意廣東方面對北洋政府發行的各種公債持何種態度，如果廣州方面決定維持舊公債，即以「母病愈即出院」為暗語電吳。徐去後，得悉廣東政府繼續承認舊公債有效，對於海關擔保的「善後借款公債」則更無問題，吳即根據徐的暗語電報，大量購進善後債券。後來這種債券一直上漲，鹽業銀行發了橫財。又如在一九三一年至一九三三年的三年中，吳鼎昌叫天津四行儲蓄會經理劉鷺瞻出頭，代表他向天津英國商人戴維斯所開設的瑞隆洋行，買進各種美金或英鎊債券，每月大約總在三、四千股以上，其中包括善後借款公債的英鎊公債、中法五厘美金公債、中比六厘美金公債、滬寧鐵路英鎊公債、克利甫斯以鹽稅擔保的英鎊公債等等，吳鼎昌在這些時候，是天津購買國內外公債、債券、股票的有名大戶。

一九三五年底，國民政府延攬黨外人士參加政府，一些政黨系人士紛紛登場，吳鼎昌任實業部長，《大公報》又以名流內閣大為捧場。吳任部長後，除辭去《大公報》社長外，對鹽業銀行也略有安排。我父在兩年前已經去世，董事長一席虛懸，因而召開了一次董事會議，由吳提議以董事任鳳苞代理董事長，其他已擔任的各行經副理仍舊不變，並添升了幾個副襄理。但事實上總管理處早已移至上海，而他的心腹王紹賢，又是上海行經理，他居官南京，等于以總經理實行董事長職權，任鳳苞只是在北方遙領名義而已。

我出席了這次召開的董事會議，在會後閒談中，聽到了吳鼎昌自鳴得意地說他在皖系失敗後，多年來的事業成功，主要得力於在經濟上利用鹽業銀行，政治上利用《大公報》，在金融界，他把「北四行」提高到與南方財團的勢力相等地位。

大約在「七七」事變前，吳鼎昌來到北平，岳乾齋請他吃飯，我也在座。這次談話中，他說他自己為政府辦了幾件大事。一是他親自回四川，以同鄉關係，拉攏了四川大小軍閥，要他們服從中央；二是勸說感動了段祺瑞離開天津南下；三是把曲阜衍聖公孔德成接到南京。所遺憾的是未能早把溥儀控制到手，而被日本人弄走了。至於吳佩孚在華北的地位，現在相當重要，尚有待于辦這件事，他回南京後，把吳佩孚的事交由王紹賢繼續設法辦理。這次宴會，他非常興奮，喝了大量的紹興酒，顯得十分得意。

一九三七年蘆溝橋事變後，吳鼎昌將隨國民政府轉移到重慶，他認為全面抗戰開始，不知何日才能回來，便把他的總經理職務交由代理董事長任鳳苞兼代，原因是任的胞侄任援道是一個與日本軍部勾結很深的軍人，他這樣布置是有相當用意的。後來任援道在南京淪陷後果然作了日本軍部扶持的維新政府的綏靖部長，以及汪偽政權的海軍部長、集團軍總司令。任鳳苞有這個侄兒的關係，使淪陷區的鹽業銀行多少得到些庇護，但是總管理處仍然在上海，並未移到北方，還是由上海行經理王紹賢看管，有重要事，王直接向吳報告。這樣在八年抗戰中的長時間裡，就發生王紹賢把鹽業銀行多年積存投機賠光的情事。在天津的鳳苞和陳亦候，形成了反對王紹賢一派，也就是反對吳鼎昌在抗戰中對鹽業銀行的處置不當。

北京行經理岳乾齋

岳乾齋，北京市大郊亭人。當他十五歲時，經他的長輩張怡齋介紹，在北東四牌樓元成錢舖學徒，拜經理邢古香為師。清末辦理洋務著名的張翼（字燕謀）在天津錫店街開設慶善金店，邢古香就任經理，把滿師的岳乾齋帶到金店充任外動二掌櫃。由於他的活動專門奔走於各衙門，因而結識了許多權貴，邢常在東家張翼面前稱贊岳乾齋能幹，得到張的垂青。一九〇〇年八國聯軍入侵天津，在炮火驚嚇和洋兵殘暴之下，邢古香驚悸而死，岳繼任為金店經理。一九〇五年倪遠甫任天津大清銀行監督，岳乾齋因倪的關係而任提調（等於副理）；一九一一年，復經倪的吹噓，任大清銀行理事。辛亥革命後，大清銀行改組為中國銀行，一度參加清理工作，旋即賦閒。

當鹽業銀行於一九二四年冬籌備時，張鎮芳向劉紹雲要人，組織京津兩行。劉在清末曾任天津志成銀行（天津宮北大街大獅子胡同，民國元年正月十四日兵變後歇業）總辦，介紹該行經理張松泉為天津鹽業銀行經理。劉是清末的候補道，與慶善金店有交誼，早就與岳乾齋相識，岳向劉表示他對天津地面熟悉，願到天津鹽業銀行，由於天津已決定任用張松泉，故岳擔任了北京行經理。岳再邀財政部庫藏司課員朱虞生為副理，以便與財政部打通關係，並約請天津中國銀行營業員李雋祥為營業主任，遇事可借助中國銀行的力量，其他就以慶善金店老班底，分別派定各職。至於對外，則借重那桐和曾任大清銀行監督的瑞豐、傅夢岩等旗籍老友，為之拉攏旗籍舊官僚的存款。同時他又推薦倪遠甫為上海行經理。

北京行開幕後，營業頗為鼎盛，岳乾齋欲由北京行出資金，開設漢口行；天津行見岳已控制了上海行，反對他再控制行帝國主義。經過洽商，漢口行資金由京津兩行共同擔負，另由津行推荊李瑞生為經理。本來鹽業銀行總管理處，各行各自為政，形成獨立局面，吳鼎昌接收鹽業後，才把各行集中起來管理，各種章程粗具規模。

北京行主要放款，以北京電燈公司為對象，數目是逐漸擴大，從開始放款，陸續十二年之久，共計總數達到四百萬元。由於北京電燈公司是官僚組織機構，總辦馮恕（字公度）、史康侯，會辦蔣世悍；其後總辦為朱深（字伯淵）。這些人都不善於經營企業，一切由經理人渠祝華經手，代表公司與岳乾齋接洽，以電燈公司股票為押品，向鹽業借款，仰親鹽業度日。借款月息為一分二厘，像這樣長期

張伯駒晚年所書對聯「元日孟春天子社：龍蟠虎踞帝王州」（李元龍先生藏）

借款，利息是相當高的。岳既放款與電燈公司，就派他的私人王琴軒為電燈公司的經濟監督，每天坐地管理收費，岳乾齋個人在電燈公司股票落價時，大量購進，然後與渠祝華相勾結，由他私填股票，到鹽業押款，並故意把電燈公司股息提高到一分（原為三厘），但公司無力發息，又向鹽業借款，作為發息之用。岳手中握有大量股票，就可以得到更多的股息。一九二六年渠祝華死後，他作為押款的私填股票，均被鹽業取走，大約二百多萬元。「七七」事變後，日本決定把北京電燈公司改為日偽官辦，作價收回電燈公司股票，票面一百元的，作價一百五十元，渠祝華的這些私填股票，就成為鹽業帳外紅利股，由大家瓜分，計岳乾齋得五十萬元，副理王紹賢得三十萬元，吳鼎昌得十萬元，襄理韓誦裳分得三萬元，餘者分送給當時華北偽政權頭子王克敏和電燈公司總辦朱深等人。

北京鹽業銀行和岳乾齋個人發財的另一筆押款，是關於清室抵押的一批古物。大約在一九一九年以前，這些古物初由英商滙豐銀行押款，後轉到鹽業和大陸銀行；岳乾齋對這些古物極思染指，經由清室內務府郎中金紹安奔走，把押與大睦銀行的也轉入鹽業。這批借款為四十萬元，到溥儀結婚時，又押了一批，計二十萬元，先後計六十萬元。除古物外，內務府還賣給鹽業大批明清兩朝大小銀錠元費。這六十萬元的借款，因清室無力贖回，連本帶利累計達一百數十萬元。道批古物的詳細賬目，岳乾齋一直不向吳鼎昌公開，兩人因而發生了很大矛盾。後來吳要求我以監察人身份向董事會提出，經過這一質問，岳才把帳簿詳細項目交出，得知押款已連轉幾期，這時又已到期，經研究決定，到期如再不歸還借款，就將押品處理。為此事清室太傅陳寶琛會來找我，陳說這批押款物品是歷史文物，不能以一般物品對待，應該妥為保存，不能以不還款為理由即行處理。陳的話雖然說得冠冕堂皇，但其企圖仍然是希望鹽業再給十幾萬元了事。我把陳的話轉達給岳乾齋，岳與吳商量，均不同意，終於沒收了押品。

押品古物沒收後的處理方法，先由岳乾齋與吳鼎昌把其中最精品的玉器、瓷器，作價收購，但價格極抵，他們兩人首先瓜分了一部份。例如有一次，岳乾齋本人要買一部份精品瓷器，只拿出三萬元，倉庫保管主任邢浦農（即邢古香之侄）向副理王紹賢說：「岳經理已經看好那些瓷器。」意思是要王點頭，就可運往岳家。王說：「那麼便宜，三萬元我還要賠呢！」這話傳入岳的耳朵，岳把一個行員叫來問：「王副理賬上還欠多少錢？」行員說：「現欠五萬元。」岳就下條子，由行發付王賬上三萬元，減少王的透支。這樣王與岳會心一笑，這批古瓷就落到岳的手裡。

玉器的件數不詳，但都是乾隆時期的成品，我曾經看見過，如玉碗、玉盤、玉盞、玉杯等類物品，質地極細極薄，刻工極為精緻，每件價值都在幾千元以上。在處理這些貴重東西時，都賣與洋人了。瓷器約計二千二百多件，其中包括了康熙、乾隆、嘉慶三朝物品，金器中有金塔一對，每個重五百兩，大約有小半人高，金塔共計七層，每個塔角和門上都嵌珠寶鑽石，燦爛奪目。金塔後來熔化。另外有金印五顆，以顏治的母親吉特氏的一顆為最大，次為慈禧、隆裕兩顆；還有兩顆金印，是咸豐皇帶生前托孤顧命大臣載垣、端華的，肅順（端華的胞弟）於咸豐死後被慈禧賜死，繳回大內，因為載垣、端華是世进親王，他們的印信，清例賜死後都應繳還。

屬於金器的有金冊封二十二頁。這些金冊封包括慈禧冊封為貴妃時的金冊封四頁；因生了皇太子載淳（同治），又冊對為皇太后，金冊封增加到十二頁；隆裕皇后因無所出，故金冊封只有六頁。道三種金冊封，均是金絲編織嵌字的，大約長一尺五寸，寬七、八寸，由岳乾齋命鹽業銀行北京行營業員張耀亭賣與廊頭條幾家金店拆散熔化。

處理變資古物所得的款項，把清室押款的本利全部還清，尚殘存大批玉瓷器。其中精品逐漸抽出，不知去向，惟獨金鐘尚存。這種金鐘就是編織，是仿照中國古代音樂的黃鐘大呂，黃鐘有十二個音律，大呂音律又增加四倍，為了調節音韻，各個鐘內都含有不同程度的銅質，可以變音。黃鐘十二個，每個計重八百多兩，大呂四個，每個計重六百多兩，合計毛重一萬二千多兩，折合純金大約四千多兩。這種金鐘和金塔，都是一七九〇年（乾隆五十五年）清高宗乾隆八十歲壽辰時，由各省總督巡撫集資鑄造的萬壽節的貢獻禮品。這些古物和玉器瓷器殘品，就成為鹽業銀行的賬外財產。

一九二七年岳乾齋派總管理處副科長李肅然出國鍍金，順便賣一批古物。一道出國的有金城銀行總處稽核吳延青，和曾任交通部司長的劉景山。携帶的古物計有康熙官．出品江豆紅瓶八個，東青瓶兩個，藍色筆洗四個，共計十四件。未出國前，據北京古董行專家估價，只東青瓶一對，當時國內即估值二十萬元，江豆紅瓶每個價格在一萬元以上，如果運到美國，一萬元的東西，可實三萬元美金，那麼總算起來，這批古物的價值是相當大的。李肅然到紐約後，因美國古董商故意抑價，一時未能脫手；便用「興記公司」名義（是在國內擬好的戶頭）寄存在美國花旗銀行保險箱裡，每年由北京行出保險費美金七百元，但是寄存的保險憑證，始終沒有寄交北京行。兩年後李肅然回國，欺騙岳乾齋不懂洋文，把保險收據，作為寄存憑證，長期矇住了岳乾齋。到一九三二年日本軍侵客上海，發生「一・二八」大轟炸，吳延青被炸死，李就推說存單收據在吳手裡，這樣瞞天過海，就死無對證了。

北京行和上海行經理王紹賢

王紹賢，寧河縣蘆台人。原在中國銀行任職，一九二五年進鹽業銀行。王任職後，除薪水外，每年給以紅利股三萬元，作為交際活動費用的包乾制副理。這時馮玉祥把溥儀趕出故宮不久，當時擺在鹽業銀行的頭等重要的事，就是清室古物押款問題，怎樣彌縫，使其不發生事故。吳鼎昌、岳乾齋、朱虞生都躲在後面，由王紹賢出馬奔走。王紹賢通過他的好友段子均從中介紹，由段而結識李煜瀛（字石曾），再由李又結識了南京政府的王寵惠、鄭毓秀等人。及至北伐前後，為了掩飾清室古物押款事，由王紹賢與載濤說好，由載出一證明，說已贖回，以應付當時局勢下的詢問。當李石曾任故宮博物院院長後，王紹賢為了接近李，就極力打進李的集團，成為李的近人，例如李石曾開辦農工銀行，王即代李出謀劃策，四出奔走。

一九二六年，北京行副理朱虞生調任上海行經理，王紹賢成為北京行重要角色，其後張作霖盤踞北京時代，王紹賢利用我和奉系的關係，同奉系軍閥來往，拉攏存款。迨至張學良再度進關，王紹賢時常用我出名，請奉系軍人政客在妓院吃花酒。在妓院佈置請客，多由當時名畫家陳半丁往來洽辦，至於王紹賢在事後搞些什麼名堂，我就不清楚了。據我所知，王紹賢為了拉攏三、四方面軍團部副官長高紀毅，曾介紹渾號「蓋北平」的交際花嫁給他。像這樣的事，都是王紹賢作為一個銀行家，進行聯絡的具體活動事例。這時他曾與原交通部路政司司長、後任中東路局中國局長劉景山組織合辦東北貿易公司，由王以副理地位，曾透支給這個公司四十多萬元作大豆投機生意，這筆借款一直沒有收回，成為呆帳，以後不了了之。

一九三三年，上海行經理陳介離開鹽業，王紹賢調升上海行經理，仍兼北平行副理。這時王紹賢已成為吳鼎昌的心腹，鹽業銀行總管理處從北方也遷至上海。一九三五年，財政部長宋子文採用英國經濟學家李滋羅斯計劃，公佈改革幣制，實行白銀國有，禁止使用銀元。吳鼎昌為了逃避這一禁令，指示北平行大量購買外匯美金。原來王紹賢過去曾在北京德華銀行華賬房任職，對於外匯業務比較內行，便以鹽業的外匯美金從事各種營利活動。在一九三九年第二次歐戰初起時，他認為機會來了，可以大賺一筆錢，大量購進美國債券股票和法郎，並購進大量橡膠、小麥，不到一個星期，就在這年九月，英國首相張伯倫的綏靖政策失敗，向德國宣戰，所有購進的東西行市慘落下跌，他急忙拋出，但是行市一瀉千里，無法收拾，他就把鹽業銀行多年來積累的美金現貨三百幾十萬元，一股腦兒的賠光。除此之外，尚欠四行儲蓄會墊付的美金三十萬元，幾乎搖動了鹽業銀行的根本生存。原來鹽業銀行的股票，年給一分股息（即票面一百元，年給十元股息），股票市價超出票面，每股加三十元（即百元票面需一百三十元才能買到一股），經過王紹賢這次投機失敗，鹽業股票也就不值錢了。王紹賢因此病倒，經我和岳乾齋商量，把他接回北平，上海行以蕭彥和任經理，維持殘局。迨至日本投降後，這筆爛帳才由吳鼎昌設法由四行儲蓄會提出美金一百萬元，分撥給鹽業、金城、大陸、中南各行二十五萬元，再由鹽業以這份二十五萬元美金，歸墊四行儲蓄會，馬虎了帳。

上海行經理倪遠甫、陳介

倪遠甫，鎮江人，他和岳乾齋、朱虞生都是大清銀行的舊人。大約民國十二、三年，上海綁票風氣極盛，倪遭到綁架，因為他是上海鹽業創辦人，在上海投機市場頗有名氣，故為綁匪所覬覦，為此鹽業銀行曾出現金四萬元，把他贖出來。後以經營崇明島沙田投機失敗，虧欠行款甚多，於是便想退出鹽業，為了替他自己打算，索性在行裡大撈一把，透支行款達四十餘萬元。吳鼎昌到上海和倪遠甫交涉，倪把他在天津的榮業房地產公司三份之一的股權交出與吳，吳從四行儲蓄會接款，填補了他在透支的虧空。榮業公司股本共計一百五十萬元，他交出的股權相當於五十萬元。一九二五年倪離開鹽業，上海行經理由北京行副理朱虞生繼任。

當時天津榮業公司是由榮鍾泉、倪遠甫及岳乾齋三人合伙經營的，各佔股本五十萬元。吳鼎昌取得了三分之一股權後，便與岳乾齋商議，完全控制榮業公司。岳乾齋出面與榮鍾泉談妥，以鹽業股票掉換榮業股票，因那時鹽業股票的股息高於榮業，故榮鍾泉同意交出榮業股票，這樣鹽業銀行就整個掌握了榮業公司。鹽業銀行之經營房地產，都是通過榮業公司的。

一九二九年末，天津行經理王郅卿病故，朱虞生調天津行任經理，吳鼎昌邀原大陸銀行上海行經理陳介任鹽業上海行經理。陳介，湖南湘鄉人，日本第一高等學業畢業，與吳是日本同學。他的父親是前清縣衙門的書吏，一九〇九年冬他以清朝政府每月三十六元的官費，轉往德國柏林念書。到德國後，正在補習德文，尚未考入大學時，辛亥革命爆發，留學生官費來源斷絕，即束裝回國。在歸途中，認識一個中國人，這人既不會說德語，也不會說英語，每天兀坐在輪船甲板上，狀甚寂寞，因船中只有他倆是中國人，陳介以略通英、德語，就沿途照料這個不會外國語的人，原來此人即是陳其美。到上海後不久，陳其美就擔任上海革命軍的都督，後加入孫中山先生組織的南京臨時政府，任工商部部長，因此陳介被這個同船邂逅的陳其美拉進工商部任司長。南北和議告成，陳介隨同轉入北洋政府工商部任參事，並在北京大學任教授，其後曾任北洋政府的湖北省交涉司兼江漢關監督。

大約一九三三年前後，外交部次長唐有壬在上海被刺身死，陳介即賡緣續任外交次長。因為其時中日關係緊張，他既是日、德兩國留學生，故被任命。其後外放為拉丁美洲某國大使，他本想仍然保留他在鹽業的地位，吳鼎昌不同意，遂離開了鹽業銀行。

天津行經理陳亦侯

天津行自成立後，經理張松泉已經七十多歲，但他在天津市面金融界頗有潛在勢力。又聘任志成銀行跑外助手王郅卿為副理，因為志成舊股東都是天津的老財主，如「八大家」的楊家、黃家、楊柳青的石家、隆昌海貨棧的卞家等。這些老東家都捧張松泉，實際張松泉很少出門，津行一切經營存放業務，均是王郅卿主持。當天津行開幕時，所有天津銀錢業，為天津鹽業銀行「堆花」，在津行裝倉的存款，達到兩千萬元，一時天津行的營業發達，超過了北京行，為此張松泉、王郅卿在鹽業的人力股，都是六、七厘。幾年後，張松泉雖不到鹽業辦公，王為張積存了四十萬元，送到張家裡。王這樣尊重張，他是在報答張對他多年來的提携。由於天津行業務日趨忙碌，故又拉張松泉在宮北開設的同義錢鋪的副理石松岩為津行襄理。後來張松泉去世，經理由王郅卿繼任，石松岩也就升為副理。

張伯駒晚年與丁至雲合攝「探母坐宮」劇照

一九二九年秋由吳鼎昌主持，鹽業銀行在法租界花費一百二十萬元建築了一所富麗堂皇的銀行辦公大廈。銀行全部結構頂柱，均係由意大利特別運來的花崗石，鋪地用的是大理石片，故一進門，即光耀照人，這是為了表現鹽業銀行的基礎鞏固，借以招攬更多的存款。

一九二九年年底王郅卿死後，吳鼎昌調上海行經理朱虞生任津行經理。到一九三三年朱死於北平東城真武潮齊協民家，吳鼎昌派北平行副理陳亦侯接津行經理。

一九二七年吳鼎昌曾任用當時易通信託公司經理陳亦侯為鹽業銀行總管理處的公債專員，隨後升任北京行襄理、副理。易通信託公司是專做代客買賣公債的投機生意。陳亦侯擔任公債專員後，利用職權，將易通信託公司所存的「整理公債」十一萬元賣與鹽業京行，京行送交通銀行代為鑒定，認為有偽造之可疑，故北京行拒收。事隔數年之後，又作為上海行收購，最後證明該公債確係偽造，但已成事實，也就無人過問了。

一九三三年五月，日寇進攻華北。「塘沽協定」簽訂的前夕，吳鼎昌時在北平，由於他得到消息較早，日軍將暫時停止前進，就通知津行經理陳亦侯，要他立即打電報給上海行經理陳介說公債看漲，要陳介於明早開盤時，購進大批公債。於是在開盤時，陳介和陳亦侯以個人名義先購進了一批，稍漲後，再由鹽業銀行購進。這樣二陳先私後公，都賺了一筆錢。究竟銀行和他們私人賺了多少，則不得其詳。

天津的紡紗廠在一九三六年前後，均受日本棉紗傾銷影響，難以競爭，資本早已涸竭，多向各大銀行借款，維持生產。恒源紗廠由於借鹽業、金城的款，管理權由兩行控制。其後恒源經濟好轉，欲還欠款解除監督，兩行主管人竟不同意，經董事長邊守靖以收回各股東的廉價股票（其中以前山東督軍田中玉之妻為最多）分送兩行，作為撤銷監督條件。送與金城的由高級行員分享，送與鹽業的，陳亦侯沒有分給行員，因而陳獵取了恒源董事的身份，後來成為董事長。

陳亦侯出任經理後，天津行副理石松岩情緒非常低沉。鹽業銀行存有存戶抵押之啟新股票，石便持此股票代表鹽業出席啟新公司股東會，居然被選為董事，並與袁心武相勾結，捧袁為啟新總經理，石還經手把我父的四姨太太孫善卿的私蓄四十多萬元存入鹽業銀行，但不久就用欺騙手法轉存於石松岩所開設的和豐及永濟銀行，後因該兩行虧蝕而化為烏有。

總稽核黃承恩

黃承恩，字鳳池，湖北人。清末我父張鎮芳總辦直隸省永七鹽務時，經人介紹辦理文書事宜，頗得我父信任，後我父轉任長蘆鹽運使，擢他為提調。經我父歷次保舉，到光緒末年，已成為直隸省候補知府。他的為人，小有才幹，卻是攬權怙勢，諂上驕下，大家對他均不滿意，多向我父面前攻擊他，因而我父不復重用他。鹽業銀行創辦後，他又擠進來成為一個小股東，我父念在故人，就派他為銀行總稽核。他的妹夫許建橋是張勳江西同鄉，由許介紹入張勳幕，復拜張勳之妻為義母。復辟時，我父的官銜是議政大臣兼度支部尚書，黃鑽營了個度支部侍郎頭銜。復辟失敗後，他仍在鹽業銀行供職，但不甘寂寞，又想發財致富，大辦井陘寶昌煤礦，以致虧累過巨，越陷越深，曾透支鹽業銀行十幾萬元行款，無法歸還，降為稽核。後張錫元任察哈爾都統，張錫元原為河南第一師師長，是我父舊部，他便去謁見張錫元，說張鎮芳要他到察哈爾聽都統差遣。張這時正缺少辦銀行的人，遂委他為察哈爾省銀行行長。他利用職權挪用行款，彌補寶昌煤礦虧空，達數十萬元，張錫元卸任，張之江繼任都統，追索他的欠款，曾下令通緝，他逃到大連居住，與前清恭親王溥偉厮混，對鹽業欠款始終未還，也就無人追問了。

監事張伯駒

上邊說的是鹽業銀行內部幾個重要人物，這裡應該談到我自己。在吳鼎昌攫得鹽業銀行後，第一次董事會會議，我被選為監事，其後被選為董事，又被任為總稽核。我以監察人和總稽核身份，曾於一九三三年到北平、天津、上海、漢口各行視察業務和考核帳目。在我發現放款中的呆帳以及各行當權者的大批透支，曾建議吳鼎昌加以釐清，他雖表示接受，但終不肯實行。從此我對查帳只是當成例行公事，應應景算了。我每次到上海、漢口等地去查帳時，只是受到招待，出席宴會，蓋了圖章，就算完成任務。

一九三三年我父親張鎮芳去世，還有鹽業股票五十萬元，但那時股票已不如以前值錢，我以三十萬元歸天津家用，自己拿去二十萬元作為北平家用。我以這些錢購進了我喜愛的宋元字畫，以後陸續向鹽業透支到四十萬元收購字畫（在日本投降後，幣制貶值，我輕快地還了鹽業的欠款）。其後物價上漲，生活日緊，我仍須支持家用，因而我在一九三五年出任南京鹽業銀行經理，兩年後，我回到北平休養。日本軍侵佔上海，南京行遷往重慶，名義上雖然還是我任經理，但我未隨行遷移，經理由方振民代理，內部仍是南京的一班人馬。

一九三九年春，我經香港乘飛機到河內，轉到重慶，去貴陽訪吳鼎昌。他這時任貴州省主席兼滇黔綏靖主任，我見到他時，他穿著陸軍上將的軍服。多年來我在鹽業銀行裡見著他都是長袍馬褂，腳穿雙樑鞋，今天他這樣打扮，使我忍俊不已。他問了一些華北淪陷後的情況，隨後談到鹽業銀行今後的作法，他說現在原則上應該守，不要多做生意，保住已有基礎；並要我回去後把這意思告訴任鳳苞、王紹賢、岳乾齋等人。我住了兩天，向他告辭。後來我到峨嵋、青城遊山玩水，旅行了一些時侯，到成都才轉回上海。回到上海後，方悉王紹賢把鹽業銀行的老家當已通通賠光，吳鼎昌要我轉達的話已沒有用處。我趕到北平與岳乾齋商量，決定把王紹賢接回北平。又到天津，把王紹賢在上海發生的事告知任鳳苞，他以代理董事長身份寫了一封信交給我，猜我以董事名義照料總管理處的業務，於是我到上海定居下來。

一九四一年，我家居上海法租界亞爾培路，被匪徒綁架。組織這次綁架的是駐紮上海的偽軍第十三師長丁錫三（屬汪偽政權的偽軍劉培緒第三軍）。被綁後，土匪把我估價過高，遷延了八個月。在此期間，任鳳苞曾主張把我所存字畫賣與大漢奸任援道、梁鴻志，可以得到現款；因過去我曾告訴我妻潘素，我所存的字畫是不能動的，所以她不肯這樣做。後來這件事鬧得汪精衛都知道了，他們也調查出我沒有錢，急欲結束這事，要潘索拿出四十萬元中儲券，我家拿不出來，潘素只好求救於鹽業銀行。上海行打電報求援於平津兩行，北平行表示沒有錢，天津行有錢不肯拿，藉口銳日本人限制申請匯款，無法可想。在這種情況下，土匪就要撕票，幸由友人上海市復興銀行總經理孫曜東借給中儲券二十萬元，鹽業上海行經理蕭彥和拿出十萬元，再由河南同鄉商人牛敬亭資助十萬元，才把我贖出來。天津方面不肯援手，甚至撕票也在所不顧。在淪陷區看來已無法生活，因而於一九四二年，由王紹賢借給我三千元，再度挈眷轉入後方，先避居蜀隴間，後定居於西安。日寇投降後，才回到北平。

四

鹽業銀行在抗戰期間，經王紹賢把老底家當出脫光了以後，調回北平，以北平行副理名義休息了一些時候。後來又恢後活動，因為他同當時偽組織華北政務委員會財務署督辦兼華北聯合準備銀行總裁漢奸汪時璟，都是原中國銀行的舊同事，私交頗厚，汪時璟企圖通過王紹賢拉攏在後方的吳鼎昌的關係，因此支持王紹賢在鹽業的地位。這樣，鹽業一切事務，又復以王紹賢為中心，使岳乾齋失去作用，並與在大津的任鳳苞、陳亦侯，形成兩派。

岳乾齋原在前門外廊房二條，開設有成善金珠店，經理張德甫。這個金店，除做一般金店珠寶業務外，專門替偽聯合準備銀行搜羅民間黃金。迨至一九四五年八月十五日日本宣布投降時，日本人在華北經營的一切企業陷於癱瘓狀態，物價大落，因為日本正金銀行長期無限制使用偽聯合準備銀行發行的聯銀券，這時須要結算，偽聯合準備銀行便借機大量收購黃金。汪時璟與王紹賢勾結，利用偽聯合準備銀行大量透支，購進黃金。那時金價折合法幣三元三角一兩，後來我才知道，他們搶進的黃金達三萬兩之多。王紹賢、岳乾齋以及北平行中部份職員，當然也分潤了若干。這年冬季，岳乾齋病死，由王紹賢任經理。至於剩下的黃金，究竟怎樣與偽聯合準備銀行清算的，我就不清楚了。

日本投降後，吳鼎昌回到上海。吳是四行儲蓄會的主任執行委員，錢永銘是副主任，金城的周作民，大陸的許漢卿，中南的王孟鐘，均是執行委員。他們召開了一次會議，由吳鼎昌提議，把四行儲蓄會積存的一筆美金（詳數不悉），幾個人予以瓜分。吳鼎昌沒有把任鳳苞打算在內，彼此鬧得很不愉快，後吳在他本人應分項下，撥給任鳳苞美金一萬二千元。

一九四六年，國民政府還都南京，吳鼎昌在南京為鹽業銀行召開了一次董事會議，出席的有任鳳苞、張伯駒、王紹賢、陳亦侯。吳提議，擬以王紹賢為總經理，陳亦侯為協理；關於董事長問題，吳意以任鳳苞年老，可以退休，讓與張伯駒，但任猶復亂棧，不願意讓，故董事長仍由他繼續擔任，另外增設兩個常務董事，由張伯駒、劉紫銘擔任，當即通過。劉是天津德興鹽務公司董事長劉壬三之弟，這時握有鹽業銀行大量股票，是個大股東，新近加入董事會。吳鼎昌這時任國民政府文官長，他對鹽業銀行這樣安排，實際仍是他在控制一切。

發行金元券時期，全國銀行錢莊都要增資。鹽業銀行毫無辦法，王紹賢商之劉紫銘拿出黃金二十條，勉強增資。欠劉的這筆黃金，只好把鹽業銀行所存的天津榮業公司股票轉交給劉，作為抵償，並把陳亦侯的協理撤銷，改由劉紫銘擔任。一九五〇年後，任鳳苞去世，陳亦侯的天津行經理職務改由顏載卿（總處科長）接替。

以後吳鼎昌即避往香港。一九五一年，吳鼎昌忽然從香港致電「北四行」董事和監察人，說他現在很好，就是因患癌症，將入醫院，是否能治，現在不能肯定，如果不起，即以此電與諸公長別矣！後來即因割治癌瘤死于香港。他生於光緒二年丙子，到一九五二年死時，年七十五歲。

鹽業銀行與張伯駒

李肅然

讀《大成》第一〇一期，載有張伯駒遺作〈鹽業銀行與我家〉一文，所寫者乃一個商業銀行之內幕，而其字裡行間頗似以一時感情之衝動，而盡量將該行內部複雜情形加以批判，猶如他自己寫了一篇「坦白書」一樣。從該行董事長他的父親張鎮芳及總經理吳鼎昌說起，到各分行大員，批評至體無完膚；殊不知張伯駒本人亦屬該行當時之一名重要人物，因其父關係，先任該行監察人，後為董事兼總稽核，其間又曾任南京分行經理，其職權亦頗能舉足輕重，如行中竟發現如其所說之黑暗情事，正屬其管轄範圍，焉能坐視不理，置身事外，豈不有負股東之重託，祗知享受其優厚待遇，垂數十年之久，至其所謂該行黑暗之處，乃指鹽業銀行之分行經、副理中，有多人假公濟私，動用公款，以透支為名，提出公款作為私用，既有如此非法情事，何以張伯駒竟放棄職責而不加過問，究查原因，不外其自身亦在行中動用公款達四十萬元之鉅，（見其文中自述）為購買所愛好之字畫，此大筆欠款，於日本投降後，幣值貶至不值錢時，始行歸還，因此行中蒙受極大損失，有其這樣巧取利用公款，則無怪乎其他行員上行下效，以致無法剷除行中弊端，乃是一個自然的現象。筆者在該行服務達十四年之久，對於行中情形深有所知，茲以不偏不倚的見解，作出公道評論，既不袒護任何方面，也不褒貶無故善良行員，以事論事，均有根據可考，簡略述之，以供讀者得知鹽業銀行與張伯駒之全面實情。

在平津設立的鹽業銀行自其董事長張鎮芳參加政治活動失敗後，被迫離開該行，於是一時羣龍無首，陷於癱瘓狀態，幸得吳鼎昌盡力挽救，得以化險為夷。該行自吳鼎昌主持以來，除內部革新外，業務發達，蒸蒸日上，獲利甚豐，每年所發股息，向未少過一分，是以鹽業銀行之聲譽大振，成為華北四大商業銀行之一，且居首位。因當時國內經濟仍未能步入正規，無價值的紙幣充斥市面，吳鼎昌有鑑於此，遂由其號召成立鹽業、金城、中南、大陸四行準備庫與四行儲蓄會，以備一面安定幣制，一面提倡人民節約，成績斐然，不但其中合作之四行均獲厚利，且於全國經濟建設作出許多的貢獻。吳鼎昌又為協助政府整理國家舊債，後與美國通運公司（General Motors）合組中美投資信託公司，在美國註冊，而於北京設立分公司，乃能將歷年我國交通部所有之內欠與外債得以全部償清，這些史實均有案可稽，因此吳鼎昌對於國內金融之安定與經濟之發展，可謂有功之臣；同時為鹽業銀行也創造了光輝的歷史。惜乎在鹽業銀行內缺少專門人才，蓋該行職員中，不是董事長之以前幕僚，就是總經理之近親舊友，對於銀行管理與經營，均缺乏相當知識，雖吳鼎昌主政時期，亦難引用新人。直至北伐成功，南北統一，國民政府深知當時之銀行界種種積弊，首先命令各銀行改良會計制度，由單式記帳法，一律改為複式簿記，並限期於六個月內完成。因事關政府命令，各銀行不得不速覓專家協助，因吳鼎昌知筆者曾任北京大學經濟學教授與國立稅專教務長兼經濟學教授，因此邀諸筆者以會計專員名義，進入鹽業銀行，草創該行會計制度，及採用複式薄記。筆者自加入該行後，在三個月之內，將委派各事妥善完成，在第六個月，吳鼎昌即派筆者前往美國代表該行辦理兩件重要行務。第一：協同鹽業等因銀行特約之交通部路政司司長劉景山，在美與通運公司合組中美投資信託公司。第二：負責監管一批該行沒收之中國文物抵押品，運存美國花旗銀行保險庫中。又請金城銀行總稽核吳延清幫同辦理，由一九二九年起至一九七九年止，共五十年之久，始終由筆者負監管之責，其中所經艱難困苦，不可勝計，最後幸將全部文物交還物主——香港鹽業銀行。至此筆者完成任務，不負所托，對於此事，決不是如張伯駒所謂之「不負責任」。因張伯駒一向封於銀行事務，既不明白，亦不研究，只以其一知半解的態度，貿然筆之于書，茲將此案前後經過概述於後，足以證明關於此事張伯駒所述，均非事實。

最可惜的是該批文物，保管之嚴密，雖筆者身負監管責任，亦未能留下一鱗半爪的照相記錄，否則在現時代之瓷器價格在一切古物之上，即將此類照片出示，亦可以增加一般專家對於上品瓷器之深刻認識，這是十分遺憾的一件事！

在一九二七年，國內情形非常混亂，軍人當道，於其糧餉缺乏時，即向各銀行予取予求，貪得無厭，所以強索銀行錢銀之事，時有所聞，鹽業銀行亦屬驚弓之鳥，遂將行中所存沒收清宮文物最重要之一部份，決定運送美國保存，並派筆者及兩名隨員押運，復請金城銀行重要職員吳延清同往辦理；因為金城銀行在此押款中，亦有一小部份放款，所以邀吳君同往，當時因恐連累銀行有私運國資出國之嫌，要求筆者與吳延清暫時擔任物主名義，以便辦理出境及美國之手續，至於同去之兩名雜員，不幸竟在途中濟南車站，被軍閥張宗昌處決，當時筆者與吳延清均未在此車中，倖免於難。筆者與吳於抵達紐約後，即接獲吳鼎昌總經理來函指示，囑令在文物中提出一件出售變賣，得價高於北京市價有三倍之多，其餘者一概保存在美國花旗銀行保險箱內，無論將來市價如何，一概不能出售。在先不明其意，銅後始識其苦心孤詣，蓋其深意是不願分行經理在京將這批珍貴文物以低價出售，由此則行內之財產，即此一批文物得以保全。筆者在美另一任務，即會同交通部司長劉景山與美國通運公司合組中美投資信托公司，其目的是要收回舊債，再放新款，於註冊後筆者即被選為該公司董事及北京分公司經理，成立不久又接獲鹽業銀行總管理處函電委派筆者為該行總處文書副科長，兼辦全行會計及稽核一切事務，歸國後即將花旗銀行保管箱租金收據、鑰匙及保險公司保險單，一齊面交總經理吳鼎昌親收，當時由其交與北京分行保管存案，由此北京分行始能按年繳納保險費，否則豈能換取新收據與保單，更不能延續辦理達數十年之久，如此普通常識，張伯駒竟然不知，可見其對於此事之報導並非事實矣。

一九四一年，筆者因受國內大中銀行之聘，擔任其總行協理，兼任津、滬、青分行經理，遂不得不辭去鹽業銀行一切職務及兼任中美投資信託公司董事、經理各職，初時未得吳鼎昌允許，後以仍願負責該行鹽管在美之文物為條件至國內情形安定時為止，蓋當時正值中日戰爭，國內情形複雜，因之不得不勉為其難，筆者不願住在淪陷區內，遂携眷到後方四川重慶，甫經到達，即被邀主持四川華康銀行，擔任總經理之職，後又被選為和通銀行董事、總經理，於一九四五年中日戰爭即將結束時，大同銀行宣佈破產，行將倒閉，該行董事長蕭振瀛因憂慮過度，一病不起，當局為恐影響整個後方經濟，遂令當地金融界中領袖，促請筆者設法挽救，因其情難卻，遂又接任大同銀行董事長兼總經理之職，主持行務，到任後不過十日，將該行各分行整理妥當，即行復業，一場金融風潮，得以安然度過。在此期間，由川康、川鹽兩銀行號召，合組川康、川鹽、華康、和通、四行信託公司，由筆者擔任董事總經理，業務相當發達，為社會作出許多事業與福利，對於安定後方金融，亦有甚多貢獻。

一九四六年抗戰勝利，當筆者返滬時，又請鹽業銀行准予辭去監管該行文物職責，並要求將筆者所擔任的物主名義，轉為鹽業銀行，並提議在上海就地辦理過戶手續，由美國花旗銀行在海分行主持人連同美國駐滬領事證明，豈非一輕而易舉之事，然此項建議又被該行拒絕，幾經交涉，始允筆者將轉移物主名義手續辦清，只作存案，並不公開發表，惟仍堅持筆者在美仍需負鹽管文物之責，筆者當時以為既將轉移手續辦清，就是繼續在美仍負監管責任，亦可勉為其難；蓋其時國共戰爭非常激烈，全國金融情形複雜，故不能堅辭所託，由此筆者久居美國三十五年之久，不意在中間亦發生諸多困擾，因由一九五〇年中美斷交後，所有中國在美財產均須充公凍結，對於鹽業銀行在美文物，尤所覬覦，然始終未能得逞，緣物主仍是筆者，且本人也在美國以公民身份居住，當受法律保護，因此筆者始知該行當時一再堅持筆者負責到底，也是吳鼎昌的一番深謀遠慮。於一九七九年，美國財政部訓令，准許筆者向花旗銀行隨時提取文物，歸還物主，當即與香港鹽業銀行辦理接收手續，由香港花旗銀行協理格蘭特監交，雙方律師作證，將一切在美所存文物全部交付原主，由此筆者者始得結束五十年來監管該行這批珍貴文物的重任。

凡論斷一件事或批評一個人，勢必首先將全部事實調查真正清楚，以不偏不倚的分析，再加上心平氣和的態度，以事論事，才能得到正確的答案，否則便有失實之虞，張伯駒遺作內載：鹽業銀行各分行經、副理假公濟私、侵吞公款，何以不在他們生前追問，以盡其監察人與總稽核之責，反而坐視損失銀行權益，是有失職之處，在鹽行黑暗之一面，分行主持人利用職權假借透支動用公款，實屬違法，何以張伯駒本人也有如此作法，其數目且達四十萬元之鉅，豈非知法犯法？在其文中任意披露醜行，忘卻親恩，有失孝道，吳鼎昌為鹽行發生變故時，由其挽救，得以安然無事，對於張伯駒本人種種關照與提携，不但不思圖報，且以惡言批判，豈不有失仁義？對於忠心職守行員，不但不加以獎勵，反用隨意毀謗，豈是君子之所為？最後吳鼎昌加派其為南京分行經理，亦有十數年之久，向未到差，故未為該行作出任何有益之事，然其經理一切待遇，照支不誤，根據事實查看，一切經過，可謂張伯駒有負鹽業銀行矣！

張伯駒文中在談吳鼎昌最後一節，涉及了筆者，文中說：

一九二七年，岳乾齋派總管理處副科長李肅然出國鍍金，順便賣一批古物。一道出國的有金城銀行總稽核吳延青，和曾任交通部司長的劉景山。携帶的古物計有康熙官．出品江豆紅瓶八個，東青瓶兩個，藍色筆洗四個，共計十四件。未出國前，據北京古董行專家估價，只東青瓶一對，當時國內即估值二十萬元，江豆紅瓶每個格在一萬元以上，如果運到美國，一萬元的東西，可賣三萬元美金，那麼總算起來，這批古物的價值是相當大的。李肅然到紐約後，因美國古董商故意抑價，一時未能脫手；便用『興記公司』名義（是在國內擬好的戶頭）寄存在美國花旗銀行保險箱裡，每年由北京行出保險費美金七百元，但是寄存的保險憑證，始終沒有寄交北京行。兩年後李肅然回國，欺騙岳乾齋不懂洋文，把保險收據，作為寄存憑證，長期矇住了岳乾齋。到一九三二年日本軍侵略上海，發生『一．二八』大轟炸，吳延青被炸死，李就推說存單收據在吳手裡，這樣瞞天過海，就死無對證了。

這批文物，前文已經談過，已於一九七九年全部交還給香港鹽業銀行，我個人可謂卸下五十年的重責，足證張伯駒不明真相，妄下斷語，這也就是我不得不撰寫本文加以鄭重聲明的理由。

舊中國金融業的畸形異象——成都商業銀行興衰誌

米慶雲

編案：成都商業銀行是原創辦於四川成都的一家規模不大的私人銀行，從一九三八年七月開辦到一九四九年時結束，經營時間短，在當時金融界的名氣也不高，不過，這家小銀行在人事變革和經營手法上，卻具有不少特點，表現了那個年代銀錢業的怪象。比如說，銀行的組織成員竟是黑社會人物與軍閥政要；三更窮五更富的投機商是如何利用銀行的功能去營運；搞證券買賣的利用銀行金融擴大投機實行買空賣空等等。本文作者米慶雲以其親身經歷作此翔實的紀錄，足資欲了解真相人士參考。

一、龍蛇混雜的組織

該行歷史分為前後兩個階段，在一九四七年七月以前，主要股東和負責人基本上全是四川人的軍閥官僚和哥老頭子，而在那時以後，則主要是上海的證券投機商人。

一九三八年七月，該行由成都市市長陳炳光和他的大足縣同鄉、曾任師長的黃慶雲兩人集資創辦，參加謀劃的是經濟學博士楊伯謙。陳、黃兩人創辦這個銀行，主要是為了顯示個人聲光，提高社會地位，作為政治上進一步爬高的助力。但他二人雖然想學其他大軍閥大官僚那樣要一個銀行，而自身資力卻不太雄厚，又不願傾竭全力，就四處去拉人入股。除成都市各業商人在市商會主席王斐然的號召組織下，湊集了一部分小股以送禮的性質為現任市長捧場外，陳、黃相熟的軍政人員也或多或少地拿出錢來湊合這兩位朋友。該行開辦的資本總額三十萬元，實收二十二萬八千元，其中軍閥官僚和哥老頭子的股份佔百分之九十以上。以後歷次增資，入股的也多是軍閥官僚。這些人的姓名身份和與該行的關係摘記如下：

陳炳光　兩次任成都市市長及樂山眉山兩區專員　第一屆董事長
黃慶雲　師長、樂山師管區司令　第一任總經理
陳錫珊　師長陳靜珊的兄弟和秘書　副經理
黃康侯　黃慶雲的軍需處長　成都行經理
陳谷生　師長陳靜珊的參謀長　第二任董事長
張宥羣　崇慶縣財務委員長、大地主　第三任董事長
黃夢元　曾任統捐局長劉樹成二十一軍師長　第二任總經理
趙元勛　師長劉樹成的軍需處長　第四任董事長

劉伯華　廣元、資陽縣長　第五任董事長
米慶雲　靖化、理番縣長　第四任總經理及第六任董事長
嚴光熙　十六區專員　第五任總經理
黃瑾懷　路司令、旅長、川康綏靖主任公署副官處長　常務董事
林竹邨　成都市棉紗業同業公會主席　成都行經理
李注東　司令、旅長、哥老頭子　監事
冷開太　川康綏靖公署情報處長、哥老頭子　董事
劉兆藜　師長、四川省保安處長　股東
向傳義　四川省參議會正議長　股東
唐昭明　四川省參議會副議長　股東
周曉嵐　二十一軍師長　股東林維幹　劍閣區專員　股東
楊長濟　羅江縣長　股東
甘　燾　縣長、田糧處長　監察、董事
唐慧明　倉庫主任監察
許寶康　成都市政府秘書長　董事
蕭端重　縣長　董事

王斐然　成都市商會主席　監察
鍾雲鶴　成都市商會主席　股東藍堯衢　二十四軍交通處長　董事
梁禹九　縣長、省參議員　股東
曾克初　樂山縣財務委員會委員、樂山縣銀行經理　樂山分行經理
祝　震　上海市地政局處長　上海分行副經理

除上述三十餘人外，入股較小未過問行務的軍政人員還有一些，不及詳錄。一家很小的銀行，聚集了這樣多的達官顯宦，而且歷屆銀行負責人基本上全是軍政人員，這是該行獨具的一個特點。

二、成都商業銀行前期（川股主持時期）經營情況

這一時期，可以分為三個階段：

第一階段：正正當當地經營，年年月月地蝕本，主因是法幣貶值。

該行開辦之初，在成都市中心街租賃房屋營業，所有資本，除付購置生財用具等開辦費七千餘元外，全以法幣形式存行，夥同吸收的存款轉放生息。第二年董事長陳炳光調任樂山專區專員，總經理黃慶雲出任樂山師管區司令，他二人為了直接控制銀行，才在樂山設立分行，並把總管理處設在樂山，在

樂山購置了一萬六千七百三十元的房地產作分行行址，其餘資金，仍以法幣存行放息。但以法幣一天天地貶值，利息收入跟不上貶值的速度，資本的實值逐步虧損。開辦時的資本，每元與硬幣一元的價值約略相等，二十二萬餘元約值黃金二千兩左右。但到一九四三年底該行增資為五百萬元時，原資本已僅值黃金二十兩左右，即僅剩原價值的百分一了。至於銀行存款，在物價長期保持上漲趨勢的情況下，有錢的人多以購囤貨物為主，存款生息的，不過是用途尚未確定的部分游資，數量很少，存放的時間也短。據該行一九三八年十二月卅一日的資產負債表所載，該日該行資負總額不過六十萬八千二百九十五元，其中除自有資本外，所有定期活期各項存款不過十五萬八千二百九十七元，連同同業存款及透支同業十二萬一千一百五十一元共計不過二十七萬七千四百四十八元，超過資本總額不多。一九三九年六月卅日即該行已開辦一年之後，該日資負總額仍僅七十四萬零六百二十七元，較六個月前的資負總額並未大增。以後各年，以法幣幣值愈低，法幣籌碼增大，銀行賬面數字雖增，但存款實值反在減少。例如該行一九四三年十二月卅日的資負表載，該日各類存款總額不過五百三十七萬八千一百六十一元，連同同業存款二百六十萬三千八百九十四元共僅七百九十八萬二千零五十五元，與一九三八年十二月卅日的存款比較，在這五年半當中，物價已經上漲約一百倍，而存款數額僅增大了二十八倍。

但銀行的繳用開支，則從一九三八年下半年的一萬二千一百一十一元（每月平均約二千元）到一九四三年下半年已增為一百三十五萬二千一百二十一元，即平均每月約二十二萬餘元，較五年以前增長了一百一十倍。該行一九四三年下半年全部利息收入僅為一百二十六萬三千七百二十二元，尚不足抵付行繳，而應付出的利息一百五十九萬六千四百五十六元，及壞賬等項則全須賠貼（付出利息總額大於收入利息也是該行特點）。截至一九四三年十二月卅日，該行的全部資本不但已全部蝕光，反倒負純損約四百萬元。按照蔣政權公司法的規定，公司資本損失達三分之一，即須增資，損失達二分之一，即要停止營業，該行資本實際上從一九四一年起已全部虧蝕，但仍繼續經營，空中懸傘，拖渡歲月，這是金融業裏少有的現象，但卻是那個年代工商業裏常有的騙局。

總經理黃慶雲看見銀行形勢不好，急於抽身，除套借行款一百萬元兌回大足購買田產，到期不還，等於抽走了他的全部股金而外，又堅決辭去總經理；董事長陳炳光也借口做官事忙，無暇照料行務，把董事長職務請陳谷生代理。為了解救銀行危機，只有增資改組。曾任統捐局長的畫家黃夢元願入股二百萬元，來任總經理，陳谷生為要當正式董事長，加入了一百萬元的股金，又把樂山分行的房地產按時價升值作為開辦時舊股股權升值的資金，賬面上勉強湊成五百萬元的資本，填平虧折。

第二階段：不務本業，囤集貨物，經營煤炭運輸，再招損折。

黃夢元搞油畫雖自稱內行，對銀行業務卻是「老外」。他是為「總經理」這個光采的頭銜來入股的，既想借銀行來做私生意，撈回股本，又想借「總經理」名義來結交權貴，爬上政治舞台。他盡量巴結國民黨四川省黨部主任委員曾擴情和其他一些黨棍、官僚，用銀行的錢給這些人上會送禮。幫助這些人的政治活動。但他雖把不少的錢塞進了黑洞，而官職並未獵取到手。他又從事棉紗布匹的囤集買賣，想從銀行的本業以外來賺大錢；又通過樂山行經理曾克初的關係，初而買賣煤炭，繼而直接投資到樂山縣牛華溪經營煤礦；此外又買了兩部舊汽車來經營成樂間的運輸。遺憾的是，他雖然八方亂撞，而結果是四處失利。當時的貨價上漲，並非一道直綫，而是螺旋上升。他每每在貨價已漲時跟在別人後面搶購，轉瞬跌價，他為了要填補借來的頭寸，又把貨物蝕本售出。一九四四年夏秋間久雨成災，大水淹垮了他的煤礦，不能恢復出煤，他所售預貨，到期交不出來，只好照上漲的行市折價賠償或買煤替交，所受損失不小，尤其是預售空軍第三路司令部的煤，貪圖多用貨價，預售的數字大、價低，賠償的損失更巨。在大水中成樂公路的橋樑沖毀，路基塌陷，政府並未積極搶修，汽車運輸也經常停滯不通，黃夢元、曾克初經營的汽車運輸，也大走霉運。……集此種種因素，到一九四四年底該行結算時又堆存了一大筆損失，為數達五千萬元左右，超過資本十倍。這筆虧損的資金，須長期拉借頭寸來填前蓋後，於是這個名譽不好的小銀行，天天都處在風雨飄搖之中。黃夢元為了緩和陳炳光、陳谷生的指責，穩住自己的「總經理」職位，把銀行的創傷補起，就多方勸說他的干親家崇慶縣著名大地主張宥羣入股，許他以董事長的高位，想進一步把陳谷生趕走。陳自己有一個華慶豐銀行在手，兼挑了成都商業銀行這副重擔，本已力不從心，樂於卸甲；而張宥羣在崇慶縣有錢無勢，也正想巴結一批軍政人員，加入成都商業銀行，既可與本區直屬的大長官陳炳光專員親近，又可與顯耀的國民黨中央委員為黃夢元所暱稱的「擴大哥」曾擴情等人靠攏，陪襯自己的富而不貴的場面，於是出售好壩田數百畝，以一千萬元入股，二千萬元長期存入銀行，坐上董事長的交椅。

但由於張宥羣賣田躭延了一些時間，錢到銀行時，該行新舊虧損數字的本息已滾大到八千萬元左右，彌補不平，仍然天天差頭寸。而黃夢元本人挪用的行款，又無力歸還。陳炳光和劉伯華、林竹邨諸人密商多次之後，決定再度增資，把當時駐樂山的師長劉樹成請來合作。劉的資本多，又有兵力，當時四川省的主席張羣很賣他的賬，他的聲光遠勝於土老肥張宥羣，陳炳光認為劉來銀行，不但可使這塊濫銀行的招牌擦亮，而且在政治上對他私人也很有幫助。張宥羣在榮任董事長幾個月後，發現銀行天天缺頭寸，自己在工商軍政各界交游不廣，拉不動錢，受逼受氣，已覺得反不如坐在家裡享清福安穩；而陳劉兩人是管轄他本區的軍政大員，他也不敢阻抗不走。於是在一九四五年春間，張宥羣在陳炳光的壓力和頭寸逼迫下出面與劉樹成簽訂合辦條約，由劉樹成接任董事長，劉的經理處長趙元勛接任總經理，張的股款仍然留行，存款也暫不提走，按月取息，保留董事名義；黃夢元欠行款甚多，銀行虧本，要他負責，他當然下台。陳炳光代劉樹成出售了一批廢舊槍彈與本管區內各縣的紳民，又由趙元勛把劉的鴉片煙出售了一部分，湊成四千萬元，作為劉的股款，在劉看來，這不過是處理了一點剩餘物資，就拿到一個銀行，也是划算。

不過，劉趙進行以後，銀行業務仍無起色，成樂兩行的行繳月月賠貼（該行一九四五年上半年每月行繳平均約一百五十萬元，下半年每月平均約三百萬元），他加入的股款既仍未填平銀行的舊虧數，而新虧又追趕上來。趙元勛經手做了幾次匯集貨件的買賣，也蝕了大本。股東董監又套用行款，長拖不還，壞賬越累越多。到一九四五年底，該行新舊虧損數字，本利滾漲，竟積累到二億元左右。劉樹成不明銀行賬目底細，怪陳炳光騙他入股，使他下了火坑，不願再拿錢出來，並催陳把他「取脫」，甘願把股款送陳，只求銀行不在他手裡倒閉，累他賠償。於是陳炳光、劉伯華又多方設法，找人入股，想把這幢將倒的濫房子撐住。碰巧我在抗戰勝利後最先跑上海做了一趟單幫生意、發了一筆橫財，由劉伯華的介紹，把我拉入該行接任總經理，劉伯華任董事長，在上海開設了分行，使該行又轉入一個新的階段。

第三階段：在上海做黃金投機，半天的巨大虧損，結束該前段的壽命。

（一）一趟單幫生意，賺了一個銀行。

一九四五年八月，日本投降，抗戰勝利，由於蔣政權規定自己發行的法幣與淪陷區敵偽政權發行的偽幣的比值是二百比一，造成四川與上海物價短時期內的絕對懸殊，九月初上海的陰丹士林布每匹僅值法幣七千至一萬元，而四川高達十三至十四萬元。我就趁這個機會，帶了法幣五百六十萬元於九月下旬抵達上海，買了四百匹陰丹布，於十一月十五日運抵重慶，賣得法幣五千多萬元，時間不到兩個月。當時由於新增了廣大的收復區使用法幣，收復區的貨價又低，四川物價，在這兩個月內處於穩定狀態，因此我這趟生意，實值上和數字上都算賺了十倍的利潤。成都商業銀行駐行常務董事劉伯華和我有師生關係（我在龍綿師範學校讀書時劉任該校校長），往來素密。劉為鞏固自己在該行的地位，解救該行危急，勸說我入股，許我任副總經理兼上海分行經理，由該行派我去上海籌設分行。我雖因這趟單幫生意賺了大錢，但深知這僅是一個偶然的幸運，不可常有。在上海時即深知上海在敵偽時期開的銀行都被蔣政權勒令停業清理，又不准當地新開銀行，只能由大後方的銀行錢莊到收復區域設立分支機構，上海市面大，銀行少，經營銀錢業正是有利的機會。我和黃夢元一樣，都想用「經理」「總經理」這一類頭銜來彌補做官下來身價日低的社會地位，我又是一個剛剛從投機生意裡獲利的暴發戶，錢來得容易，也就不怕冒險。於是決定以五千萬元入股，作為開辦上海分行之用。一九四五年十二月三十日我到重慶活動，由抗戰時期在四川省府任過地政局長的祝平的胞弟祝震介紹，向祝震的內弟在財政部錢幣司任稽核的陳植初送了黃金六十兩，又向錢幣司其他有關官員送了鋼筆手錶等貴重禮物，遂由財政部批准成都商業銀行在上海開設分行。我得到財政部的批示，於一九四六年三月再到上海，在南京路江西中路頂進房屋用具，共花了八千萬元把分行打開。

當上海分行剛準備於一九四六年五月開業時，劉伯華、劉樹成、陳炳光等聯名電邀我返川，說是總行頭寸周轉不靈，危急萬分，叫我停止籌辦滬行，携款回成都就任總經理，救援總行。我回成都查詢總行情況，方知虧損數字已達四億多元（劉伯華約我入股時說只虧損一億元），不但自己的股金已作了上海分行頂房屋生財等設備用費，無現金可以調總行支援，即使設法把這筆錢抽回，也彌補不了總行的大洞。此時劉樹成堅決不幹董事長了，並叫他派來的趙元勛總經理一齊退走，要我接替。我因所入股本已陷在籌辦上海分行上面，不能取回退出，又眼見上海銀錢業當時生意很好，將來有撈本獲利希望。而四、五億元的虧損，在成都看來雖是個大數，在上海就不太驚人。我獲得四川省政府財政廳科長蕭端重的支持，願以省府公款一億元長期存入該行，又因我的朋友說我會做生意，講信用，而上海利率比成都高，紛紛交錢托我在上海放利，為數又達二億元左右。我手上有了這些力量，膽子也大了，總行既安然渡過危機，我就毅然把劉樹成扔出來的這副濫家業擔起，以我老師劉伯華任董事長，看守成都總行老營，我自任總經理兼上海分行經理，仍回上海把已籌備就緒的分行打開（是年十月我又改任董事長兼上海分行經理，嚴光熙入股一千萬元來任總經理）。

上海分行開業後，在副理王友琴（紹興人，原上海光大錢莊經理）用舊錢莊方式穩當經營下，一九四六年下半年逐月均有盈餘，除開銷外，每月少則賺一千餘萬元，多則賺二、三千萬元，業務漸有起色。但總行因虧損過巨，經常缺少頭寸，要上海調款周轉；而上海分行副理祝震初出官場搞銀行工作，在他的江陰幫同鄉商人經常用酒食招待送禮捧場的迷惑下，放款不加考一九四六年下半年物價上漲幅度不大，利息跑在物價漲值以上，工商業借款上架面的都賠本倒塌，祝震所放的款，年終有一億多元未能收回。我經手放出的款，也有六千多萬元成了「呆賬」。不但這半年所賺的錢完全落空，又給該行的虧損額增添一筆數字。至於成都、樂山兩行，每天除四處拉頭寸過難關以外，幾乎全無業務可言，當然要按月貼行繳。舊虧新蝕，日積月累，利上重利，到一九四七年一月，該行虧損數字總共已達九億元左右，按當時金價折算約合黃金三千兩。此項虧差之數，都堆在成都總行，成都碼頭小，總行信譽低，要經常拉借這筆巨款填前蓋後，軋平收付，頗不容易。如果總行有一天頭寸拉不攏，在中央銀行的票據交換時當天頭寸不能軋平，就要退出交換，停業清理。總行倒了，分行當然不能存在。當時借款利率上海日折八分，即每月百分之二十四左右，成都六分七分，也合每月百分之二十，按每周一轉的復利計，每隔七十天左右，九億元的虧損就要變成十八億元。我在備受煎迫，別無善策可以使銀行起死回生的時候，就決定走上海人習慣的投機路子，想用買空賣空的方法，在黃金證券的賭博中，短期內撈一筆錢來解除銀行的厄運。

（二）半天黃金浪潮，遭了沒頂之災。

一九四七年一月，蔣介石在軍事失利的情況下，財政經濟進一步惡化，物價開始直綫上漲。而當時在政治上失意的孔祥熙為要打擊當權的宋子文，遂由他的兒子孔令侃主持的揚子公司出面率領與孔系有關的工商金融界實力派，大量購囤黃金，金價由一月初每條（十兩）二百餘萬元到一月下旬漲到四百萬元。宋子文指示中央銀行大量拋售由美國借來的黃金，冀圖壓住物價，穩定法幣。但每天拋出的黃金雖多，而購囤的胃口愈大，中央銀行的黃金成噸地一批一批拋出，孔大少爺一系的大財佬竟成噸地吃進，金價愈壓愈漲，二月一日到二月十日竟由四百多萬元漲到六百萬元。二月十一日午後兩小時內再由六百萬、七百萬、八百萬元暴漲到一千萬元的高峯，市場上就像炸彈爆裂，蔣王朝馬上要垮，法幣馬上要成廢紙一樣。我在金價由二百萬元陸續上漲到四百萬、五百萬元的擋口，曾撈進五、六千萬元，本想稍為歇手，殊不知就在二月十一日這天下午金價暴跳的時候，我改變了主意，竟深深地捲入這一記陰惡的漩渦中。我在金價高漲到七百—九百萬元的過程中陸續吞進了五百多條（五千多兩），殊不知金價在九百萬元以上的高峯未站到二十分鐘就猛烈回跌，由九百萬、八百萬跌回七百萬的關口。在一片賣出聲中，只有一個比一個低的喊價，竟致無人成交，我要想蝕本斬割，也不可能。這一圈絞索就把我牢牢套住了。

二月初由於金價跳得太兇太快，南京國民黨政府象感到末日到臨一樣，蔣介石、宋子文在緊急會議後決定了幾項緊急措施，從十二日起，大量拋售各項物資，國家行局停止一切貸款，猛烈抽緊銀根，並於二月十六日公佈了經濟緊急措施方案，停止黃金買賣，把黃金牌價降低到四百八十萬元，限定各行莊及私人把黃金美鈔照官價售與中央銀行；一面又由財政部和特務機構派出大批人員到南京上海各公私行號查賬，宣稱要嚴辦從事黃金買賣的負責人。同時孔宋兩系經過多日的幕後談判，業已得到妥協。孔系人物前此在把金價由二百多萬元拉抬到六百多萬元過程中陸續購進的黃金，已在中小投機商盲目追隨搶購，使金價由六百萬元狂跳到七百萬、八百萬和九百萬元的擋口全部售出，孔系得了巨利，停手不買；他們又清楚地知道政府將要採取些什麼措施，這些措施將會把物價制在多少時間之內可以不即飛漲，於是翻過手來，由多頭轉為空頭，大量拋空，就使金價跌勢加勁，增強了蔣政權經濟緊急措施壓制市場的力量。在這一猛升猛降的巨浪中，與政權有密切聯繫的豪商巨賈發了大財，而一般小投機商則傾家蕩產，倒號逃亡的人數很多，跳江服毒自殺的也不少。成都商業銀行這隻破船，也在這次冒險航行中最後觸礁沉沒。

該行所購黃金五百多條，平均劃價每條七百六十萬元，因行市猛跌，當天沒有斬割，共需頭寸三十多億元收貨，幸當日銀根尚鬆，該行多方拉借這筆頭寸，把黃金現貨裝在保險櫃裏挺了一天，次日行市更低，在六百萬、七百萬之間盤旋。由於銀根趨緊，忍痛拋售了二百餘條。拖至十六日晚間，銀行交換軋不平，不得已以四百八十萬元的官價交中央銀行殺掉一百多條，剩餘約二百二十條也於十七、十八兩日以六百多萬元一條在黑市全部售去。總計在二月十一日下半天的投機買賣中除把原賺的幾千萬元傾出外，淨虧了七億多元。該行成都、上海兩處的新舊損失此時已達十七億元左右。由於銀根繼續奇緊，該行每天差此巨額頭寸，拉填不易，每日都有倒閉危險。我在走投無路的時候，與陳炳光、劉伯華往復函電商議後遂決定把銀行迅速出頂，希望以所得頂費填平債務，自己好清靜脫身，不受賠累。

當時上海一塊牌子的價格是黃金一百條到一百五十條，該行虧蝕約合黃金三百條，實不易找這樣肯出高價的買主。好在上海各項買賣都有人來當掮客，謀取「康米行」（佣金）。銀行買賣是一筆大生意，佣金（按售價百分之五至百分之八）進入多，願効奔走之勞到處去找買主的人就不少。這批掮客當中有上海市地政局長祝平，他介紹了一個買主是中央合作金庫的經理顧祝祺。顧是國防部長顧祝同之弟，CC系在上海金融界的年青基幹人物之一。當時CC系在上海搶奪了很多工商企業，許多銀行、錢莊、工廠、商店、旅店、戲院、學校、書店等等都處在他們的控制支配之下，他們還在繼續擴張經濟勢力。他們對成都商業銀行這個濫攤子也想吞併過去，但他們卻因一貫吃欺頭，不肯用等價交換的方式在公平的基礎上談買賣，只願出十二億元作頂費，經手人還要暗扣，因此生意沒有談好。財政部的科長張肩重也三番二次地從南京跑到上海來給我介紹買主。他介紹的是新疆舊軍閥的親信時任新綏公司總經理的朱炳。此人在交涉中表現很甘脆，願出十四億元頂價，並於簽草約後立把十四億元的支票全部開出。我本嫌十四億元不足抵償債務，但為了應付當時銀行的難關，咬牙承認簽字。殊不知朱某實際是一個說話不算事到處開空頭支票的濫王，他開的支票，分文不能兌現，當天我依靠這筆頭寸過關，幾乎把銀行整倒。

四川二十四軍師長伍培英也同我進行過承頂的談判。他到上海來，我同他派駐上海做生意的辜正叔陪他玩了好幾天，吃館子、跳舞、進「長三堂子」，花了一大筆招待費，但生意結果未談好。他像四川一般土老肥一樣，疑慮太重，「門坎太精」，出價更不慷慨，甚至不想超出十億元。我本想把這個銀行讓與四川人的鄉土觀念，從此完全打消。最後由該行裏理葉渭漁（蘇州人）介紹，和上海證券幫的「大亨」周鍾漢（又名周嘉琛）把生意說妥，頂價十七億元，行內職員除少數更動外其餘全部留用。我們是在四月二十七日晚上九點左右開始在電話上談判，到天明時達成協議，雙方簽了一張臨時協議書，由我找了一個上海有聲望的「大老」蔣伯誠（時任蘇浙監察使，癱瘓了，在滬養病）在協議上蓋章作保，保證新股東到行後我不用任何帳外票據及暗藏的債務騙新股東的錢。當天中午，周鍾漢就到上海分行接任經理。該行當天差頭寸十幾億元，周老板任經理的印鑒送出後，只撥了一個電話出去，頭寸就「舒齊」了。

銀行「出脫」，是丟了基業，等於丟了江山一樣，在別人是痛心的事情，但我那時卻像卸去泰山重擔，感到遍體輕鬆，非常愉快。第二天，我同妻子、岳母及王友琴等去杭州游玩，回滬後，周老板

包了一部飛機，我同周派到成都接收的六位職員一起直飛成都，辦理總行交

三、成都商業銀行後期（滬股主持時期）經營情況

（一）上海新股東購買銀行的目的：進一步擴展投機業務。

接辦成都商業銀行的新股東主要是周鍾漢、蔣有健，還有其他小股東數人，他們都是上海福昌證券字號的夥友，蔣是這個字號的董事長，周是經理。蔣周雖然都是上海人，但與上海廣州幫關係很深，蔣是中央銀行總裁貝淞蓀的妻弟，因貝的關係曾任上海廣東銀行的副理，周也在該行任過跑街（營業），廣幫在滬的大投機人和他二人很熟。一九四六年下半年他二人集資在上海開設福大證券字號。當時上海證券市場買賣賭博的對象主要是永安紗廠的股票，而永紗是廣州郭棣活兄弟開設的廠子，股票現貨大半掌握在廣幫手中，蔣周既與廣幫很熟，所以證券市場的「大亨」就多半在福昌號做生意，該號營業特別發達。那時一般小投機戶每一筆生意進出不過十萬股、二十萬股，而福大的顧客，每筆買賣幾百萬股的是常事，每筆一千萬股、二千萬股的也多，最大的顧主，甚至每天有買進或賣出總額一億股、幾億股的。

經紀人代客買賣的佣金是按買賣的價款抽算，而且同一筆生意，買主付出的價格要高兩個點子，賣主收進的價格要低兩個點子，例如八十三、八十五，八十五、八十七，八十七、八十九，買主的買

價是八十五，賣主的賣價是八十三，買主的買價是八十七，賣主的賣價則是八十五；……。一般小字號代客買賣，每筆生意都向別號或交易所市場進行，這筆差價就轉交到別號或交易所，經手代買代賣的字號得不到差價的好處。但大的字號，本號戶頭多，同時有買有賣，就可在本號內自行抵過，不再向別號買進賣出；同時又可將買賣數字先後匯集在與別一家固定往來的字號中在自己的戶頭上填抵多空，這個買賣差價就歸代客買賣的大字號自己所有。佣金和差價的收入很穩當，數字又大。周鍾漢主持的福大號在一九四六年下半年到一九四七年春先後五、六個月的時間，就賺得黃金一千五百多條，一九四七年三月結算，周分得紅潤八百多條，蔣分得五百多條，其他股東各分一百條、幾十條不等。在很短的時間內，撈得偌大一筆暴利，除了因周鍾漢精明狡猾，經營得法而外，蔣有健的姐夫貝淞蓀該時正任中央銀行總裁這個條件應是主要因素。但他們的鬼八卦是如何搞的，我就不清楚了。他們想弄一家銀行，主要是為進一步開展證券業務，想撈更多的財喜。

證券字號的顧客，買進賣出股票現貨，應收的價款都由經手的證券號開出支票交與售主，應付的價款都由買主開出支票交與證券號；買空賣空的賭客，當天如未軋平，行市漲了，空頭付價差，要開支票交證券號，多頭收價差，也由證券號開出支票；行市跌了，多頭填價，空頭收差，所有票據，都須通過證券號的帳戶，而證券號則須把所收別人的支票本票解入往來的銀行錢莊代為收帳，抵付本號開出的支票。因此，證券號的生意越多，每天的票據收付越繁。一般銀行錢莊在午前十二時就停止往來戶上帳，而關係很密切的特別往來戶，則在下午三點鐘以前還可送票據上帳，就可多做生意。同時，證券號每天要替顧主代借頭寸，也要替顧主放出頭寸，而銀行則是吞吐巨額頭寸的水槽，證券號如果自己有銀行，不但往來便利，而且利息收付的差額，也不至流入別人的荷包。有了銀行，還可用低息折借同業的頭寸，又可通過私人關係，以更低的利息，較長的期限，套用國家銀行的巨額放款。所以成都商業銀行在我這般人手裏正變成包袱和禍事的時候，而在周蔣眼裏，則視為一株招財進寶的搖錢樹，花十七億元購買，算不了什麼。

（二）總行交接的一些風波：成都低頭蛇、財部餓鬼、上海法官、都向「新財佬」勒索。

我在上海進行銀行出頂的秘密談判，雖然是從函電上取得了陳炳光、劉伯華的同意，並隨時把談判的進展和變異告知陳劉，但陳劉深恐泄露風聲，敗壞行譽，招致存戶提存，借款不能入手，使銀行在未賣出時倒下，所以並未將此事向股東商量，甚至連董事監察也並未普遍通知。在陳劉看來，銀行資本早已蝕光，股東董監早已無人過問行務，且就股票面額數字而論，我就是最大的股東，加上陳劉及放棄股權的劉樹成的大股，已超過全部股額百分之八十，出頂事成之後再向股東董監報告，諒也不生問題。另一方面，我在上海做黃金投機的損失數字和上海行放款的呆帳，陳劉主張不向董監和股東會報帳，以免人多嘴雜，追究責任，反多麻煩。他們叫我把銀行的頂價少報，在頂價內扣除上海行的各項損失，向股東只說頂了十億元，勉強夠抵債務，而一個只有桌子、算盤和帳本，並無實際資產的空牌子能頂十億元，在成都人看來，也算賣到好價錢，不致發生異議。

但是陳劉這些想法錯了，在該行處在危險當中，每天有倒閉可能時，股東董監雖然不願過問，以免惹火燒身；但一朝銀行出頂成功，危險已過，股東們就要問到自己的股權，不能平白犧牲了。而且頂價十七億元，知道的很多，短報七億元，可能是陳、劉、米三人瓜分。

又聽說新股東是上海的大財佬，遠來四川，人地生疏，吃他一嘴，逼他們多拿幾個出來，也不是辦不到的事。「惡龍難犯地頭蛇」，周還不是政治上的大惡龍，而成都商業銀行的股東，則正是成都地頭蛇的一個小集體，於是轟動一時的成都商業銀行出頂的風波，就鬧出來了。

在陳劉主持召開的董監聯席會議上，首先表示反對出頂的是黃瑾懷，其次是冷開太、甘燾，後來又從鴉片煙盤子上闖出來一個李注東。黃、冷、李是成都有名的哥老頭子，黃、李又曾任大軍官，甘燾是無事找事幹的能手，後又與平時愛錢不愛命的唐慧明結成一根綫，吼鬧的聲音就越來越大，參加的人數就越來越多，連十年前出了小股給陳炳光市長送禮捧場的成都市各業商人，這時也忽然想起自己曾是成都商業銀行的股東，要為保衛股權出來參加戰鬥了。

他們鬥爭的對象起初是我和劉伯華、陳炳光，而以我為主。

他們的要求是：按照股票面額以銀元退股。據說，他們入股時是以敲得響的貨幣交付的，儘管原始股權曾經升過值，擴大了票額，而有人（如甘燾）的股款是在法幣大大貶值以後才加入，但他們不依理說，一律要退銀元。當時成都銀元每枚約值法幣一萬元，按照他們的要求，需五百億元始能將原股五百萬元退清，而銀行的頂費共總才十七億元！

其次，他們不承認銀行虧本，要算帳，要分紅。理由是銀行各年決算帳表上未載有巨大虧蝕數字。他們的話是對的。因為怕財政部查覺，該行自一九四四年起，設立了內帳，所有損折都列入內帳，連以後歷次增資的股本，也都在內賬上。而每年外帳的表報，虧損都未超出五百萬元的資本額。黃、冷、李、甘明知他們的話是所謂「有道理無天理」，但為了要訛詐金錢，當然要抓住對方的漏洞。內帳是見不得天的。於是我和陳、劉就在這批人既有勢力、又有道理的圍攻中困住了！

由於黃、冷、李等不准總行交代，周鍾漢派來接事的蔣有健等人到不了職，找我吵鬧；我怪陳劉不先通過董監，使自己為難，而陳劉則說自己為了保全銀行，反受責怪，都想不通，都說自己有理。鬧事的人對我和劉施加了種種壓力，開會辱罵我們，拉我們進法院，派兄弟夥跟押我要錢，……種種硬敲死逼的手段都用盡了，但我卻拿不出太多的錢來滿足他們巨大的慾望。因為銀行的頂費除填平上海分行的漏洞外，餘額還在新股手中，他們是要在接過總行以後拿頂費來填總行對外的債務。銀行開出的票據，無論何人繼任經理都負償付的責任，新股東在未付清舊股東所欠外債以前，絕不能付清頂費，把外償落到自己的肩頭，這是自然的道理。黃、冷、李、甘等人看見在我身上擠不出油水，就轉而集中火力，向「下江佬」開火，向財神進攻。

李注東的方池街公館，成了成都商業銀行股東朝夕聚會的場所。李注東賦閑無事，也喜歡這種「門庭如市」的盛況，每日備酒菜款待這些「好漢」，逐漸把這些人集合在自己統一指揮下面，由他出面，代表所有四川股東向「下江佬」發言。蔣有健深恐銀行接不到手，又知道這些地頭蛇是不好惹的，只有多方遷就，一方面分送暗包，使李、黃、冷、甘等幾大頭領軟化，一面承認川滬合營，川股佔股四成，上海股東只佔六成，由新股東再拿出四億元作為銀行增加的資本報財政部備案改組。即是說，新股東共再給舊股股權一億六千萬元，而原與我簽合同的十七億元，則僅為購買六成股權的代價，只我和陳、劉等交出股票，退出銀行，其餘舊股，一律保留。這個糾紛，遷延了兩個多月，才算擱平。舊股名義上雖保留四成股權，但新股佔六成，超過過半數，董監照此比例分配，銀行人事大權，仍全歸新股主持，所以新股雖然吃虧，也能忍受下去。黃、冷、李、甘等在暗地得到私包袱之後，早就陰悄悄地收兵，只在新舊合營的股東大會上露了一下面，表示他們已替四川股東鬥爭勝利，以後就沒有再聽見他們的「殺伐之聲」了。至於該行新增的四億股本，按當時（一九四七年八月）的幣值計算，約值黃金三百兩，但照政府規定，銀行增資，應將新增資本繳存中央銀行聽候財政部驗資後方能取出，該行資本繳存中央銀行經過一年，還未完成驗資手續，到一九四八年八月發行金圓券時，規定法幣三百萬元折合金圓券一元，金圓券二元合硬幣一元，該行所增資本四億元，此時只折合硬幣六十六元幾，再到一九四九年六月下旬，金圓券貶值到十五億元才值銀元硬幣一元，該行存在中央銀行帳戶上待財政部驗資還未發還的資本四億元，已由繳存時值硬銀元三萬三千元變為只值硬銀元零點二元了！周鍾漢在證券市場上從別人荷包裏搶來的財寶，成都地頭蛇從周鍾漢等嘴巴裏爭來的油水，到頭來卻又被一個更有力的扒手集團用「法令」形式全部抓去，這家倒霉的銀行，在轉到一批有錢的「財佬」手中之後，仍然保持著「空頭銀行」的命運，直到它正式壽終的時刻！

當黃、冷、李、甘這批地頭蛇在成都向新股東代表蔣有健進行敲詐剛要擱平的時候，南京財政部錢幣司的餓鬼們也伸出魔掌向上海的周鍾漢要錢。他們說成都商業銀行增資改組未先經財政部批准，出頂銀行，是違反公司法的規定，不但不承認新股東的地位，還要吊銷這個銀行的執照。蔣有健、周鍾漢雖然背後有貝淞蓀的勢力，使錢幣司向他們大敲竹扛的目的沒有達到，但他們仍然拿出二十條黃金，說是作低級員司的炭敬。當然，銀行的牌子還是保住了，增資改組也批准了。但財政部先已把該行在二月內做黃金買賣的案子移送上海地方法院，由檢查官提起公訴，又給法官們一個敲詐的機會。周嘉琛又請托一個姓潘的律師給法院送了六條黃金才把案子除消。周鍾漢荷包裏的金條，雖然得來容易，但額外花費了一些，他畢竟不高興，他埋怨我說：「都是儂害我，我不該做這筆生意，我真想打殺儂！」

其實，周鍾漢也錯怪了我，我並未存心害他，也未料到有這樣多的後患，害他的只不過是周自己口袋裏黃澄澄的金條而已。在魚吃魚不嫌腥臭的那個社會裏，一羣強盜當中，怎能分辨誰好誰壞呢。

（三）上海股東主持下的業務特點：上海在投機熱潮中表面繁榮，油水都流到周經理私人腰包裏。

蔣有健代表新股與鬧事的舊股東成立協議，承認川股佔四成股權，後來周鍾漢不同意，和蔣有健大鬧。蔣素來過慣了優裕生活，在成都接收的幾個月中雖然住在成都最華貴的勵志社，仍感到生活不舒服，不願長住四川，因此與周鍾漢鬧架之後，就一氣走了，不再來成都，總經理名義，只好由他在上海遙領。周鍾漢等購買這個銀行，原只想利用上海分行為證券投機的工具，本無意在成都、樂山開展業務，所以他們決定把樂山行停閉，節省開支。成都總行也只派了一個副理夏懋俊來看守牌子，叫他將就成都行所能吸收的存款作為營運的限度，自己做夠開支，不准用上海行的錢，上海也不用總行的錢。總行員工由原來的四十幾人縮減到十六人。當時的公司法規定，銀行的經理人不能兼任別一公司行號的經理，周鍾漢既以成都商業銀行董事長兼上海分行經理的名義報財政部備了案，就不能任福昌證券號的經理，只好把該號交別一夥友主持，而他自己則搬到成都商業銀行上海分行的經理座位上，從事新的工作。

周鍾漢本是證券業抓錢的好手，在交易場中學會了一副當經紀人的頭等「技術」，他能同時兩手抓七、八支自動電話機和對講電話與市場和同業做生意，不出一點差錯。證券金鈔的行情，有時一分鐘內有幾度變化，一個行情報出來，號內客戶有人買進，有人賣出，他要照報出來的行價定帳；而同業所報的價格，則同時不是完全一樣，有人想賣出，報價略低；有人想買進，報價就略高。他就在電話上向報價高的同業賣出，向報價低的同業補進。有時就在本號內部抵過，不向同業買賣，或在一家同業帳戶上把先後買賣額子軋平，使顧主付出買進賣出的差價歸本號所有。在這變化瞬息，頭緒紛繁、耳聽多處電話、口講多種買賣的時候，還要手記買賣數額、價格和顧主姓名，交會計員立即登帳，收盤時與客戶和同業對帳，一筆不差。這種本領，是周鍾漢頭腦特別清晰、心計特別靈巧、記憶力特別強和腦筋反應特別快的綜合表現。因此他能夠抓住每一個撈錢的機會，使別人失掉的東西，成為自己享有的財富。現在他改任銀行經理，抓錢的方式變了，這種「技術」，本該閑下來，無「用武之地」了。但他過慣了那種緊張劇烈的攘奪活動，在他的新寫字台上仍然裝設了三部自動電話和兩部對講電話，同他的證券號和最有密切聯系的處所保持每分鐘每秒鐘的接觸。大宗的證券買賣，秘密的金鈔買賣，他仍在經手。不過由於職份行業的關係，後來他經辦的頭寸的拆進拆出，業務日繁，證券金鈔的買賣，他到底不能兼顧了。

由於周鍾漢到了成都商業銀行，和他相熟的證券號都在該行開立戶頭，每天證券大樓若干投機字號的司務把成捆的票據一批一批地送進該行上帳，王友琴和其他營業員也大量拉進了一些工商戶頭，該行往來戶日增，每天從開門起到「打烊」止，框台上整天擠滿幾層顧客，人聲鬧雜，業務空前繁榮，交換的數字從每天幾百億元達到幾千幾萬億元的高峯，幾乎與上海第一、二流大銀行品衡，倒霉十年的成都商業銀行，在新股東手中做得虎虎有生氣了。

不過，這種表面繁榮的景象，完全是市場投機熾熱的反映，而交換數字的擴大，也不意味著存款的增加，它不過是銀行每天代客戶收付票據的記錄而已。由於偽幣的貶值迅速，銀行對客戶一般實行的是所謂「頭寸當日抵用」，所以每天客戶解入票據的數字雖大，而支付的數額也大。晚上軋帳之後，銀行的真正存款（除借入款），和它在中央銀行帳戶上的餘額，幾等於零。往來戶頭的活存餘額，也不過是一些畸零尾數，真正是「十戶九空」。三天以上的定期存款，幾乎完全沒有。銀行全體員工整天忙碌的結果，不過是掙得幾文票貼——即代客收付的佣金而已。所謂銀行也者，不過是一種並無經濟實力的金融掮客而已。這種醜象，不獨成都商業銀行為然，一般號稱大銀行的也不過是五十步與一百步之差。

但是，成都商業銀行每天頭寸進出的數字既然巨大，利息收付差距的餘額當然也多，該行的賺益應當也不少。而該行帳表所載，則自一九四七年五月新股到行以後直至一九四九年結束，營業收入除僅敷開銷和繳稅外，並無純益，這又是什麼道理呢？實際情況是周鍾漢在單獨主持上海分行這一年多的時間內，他並未把經營有利的生意完全老老實實地擺在該行的公帳上，而是用一套手法，把所獲利潤轉入自己私人的腰包。他每天拆進拆出的大額頭寸，都通過他在該行開立的幾個私人暗戶來進行，每天拆進拆出款項的總數若干，利息收付的數字多少，只有他一個人知道，是他自己在記私帳、開私人支票，行內職員，過問不了。因此，他究竟每天、每月賺了多少錢，只有他自己才明白。新股股東本來只有幾個人，出大股的只周與蔣有健兩人，蔣不在乎這幾個股本，不過問行務，其餘幾個小股東，更從未與聞銀行的事情。該行自一九四七年八月在成都開過一次股東會以後，都未再召集股東開會。盈虧得失的真象，當然很少人知道。而且在臨近解放的時候，該行所有的新舊股東，無論是軍閥、官僚、地主、哥老頭子和投機商人，都在政治變革的新形勢面前失魂落魄地忙於「應變」和逃命，也無人再有勇氣和閑心來過問銀行盈虧和股權這一類小事了。

周鍾漢本人在一九四九年四月上海解放後不久即赴香港，上海行旋即停業。成都在一九四九年底才解放，但成都總行在一九四九年六月以後事實上即已停業。及後該行的清理結束工作是由夏懋俊在成都主持代辦，上海和成都的股東以及董監老爺們象對待一具臭濫的死屍一樣，把他們兩年前拚命爭奪的活寶貝一致拋棄了！

官商合辦　投機營運——新華信託儲蓄銀行沿革

朱錫祚

新華信託儲蓄銀行可說是近代銀行史上，最傳奇的銀行，其發展沿革，頗多珍聞。一九一四年，袁世凱為籌集巨額經費以遂其帝制美夢，發行有獎儲蓄票數以千萬，其後政府財政支絀，在無力將本利歸還存戶的情況下，竟可以買空賣空地揚言擴大資本，改組機構，銀行由儲蓄銀行易名商業儲蓄銀行。此期間，銀行職員虧空、貪污，挾款潛逃；作為銀行靠山的軍閥勢力旁落以後，銀行再度陷於絕境之中。至此，惟有故技重施，以金蟬脫殼之計作二次改組，並將經營的業務方針更改，以信託儲蓄銀行名義面世，專營投機生意。由於此舉在當時新穎而富迷惑性，對該銀行竟有起死回生之效……

中國史上最早的儲蓄銀行

中國儲蓄銀行之歷史，截至解放前夕，不過五十餘年。開辦最早的儲蓄銀行——信成銀行，實為中國儲蓄銀行之鼻祖。它成立於清光緒三十二年四月（一九〇六年五月）間，總行設於上海大東門外萬聚碼頭。該行為商辦股份有限公司，創辦人為周廷弼、唐浩鎮、劉樹屏、沈懋昭、孫鳴圻諸氏。該行對工人儲蓄，提倡甚力。凡修學、婚嫁、養老、興業及善堂的存款，利息特別加厚。星期日照常營業，以便利工人和其他顧客。該行總經理為周廷弼，字舜卿；協理為沈懋昭，字縵雲。上海行經理為楊次梁。上海分行行址設於北市自來水橋北堍，經理為顧達三。在無錫、南京、天津、北京四處設有分行。初辦時資本五十萬元，分一萬股，每股五十元。曾發行過鈔票一百一十萬元。辛亥革命起義，該行因金融緊迫，宣告停業。

繼信成銀行之後辦理儲蓄銀行的則為信義銀行。該行成立於清光緒三十二年十月間。總行設於江蘇鎮江。分行設於上海、漢口、武昌、北京、揚州、南昌、蕪湖、長沙、湘潭、宜昌等處。創辦人為鎮江人尹壽人，字克昌。發行變相的紙幣通用票甚多。後因經營不善，於清宣統元年六月，以通用票擠兌倒閉。

以上兩行，除以儲蓄業務為主要業務外，兼營商業銀行業務。至於專營儲蓄業務之儲蓄銀行，則為北京儲蓄銀行。該行成立於清光緒三十四年七月間，為純粹官辦之儲蓄銀行。中國專營儲蓄業務之銀行，即以北京儲蓄銀行為始。資本總額庫平銀十萬兩，由度支部（即財政部）撥給。總行設於北京。總辦錢琴西，經理宋漢章俱由大清銀行（中國銀行前身）委派。該行在北京開業後，營業甚為發達。至清宣統三年辛亥革命起義，還未及設立分行即宣告停業。

中國儲蓄銀行則例的頒佈，始於清光緒三十四年度支部所頒的銀行則例內所附的儲蓄銀行則例十三條，實為中國有關儲蓄銀行立法之始，錄之以志鴻爪。

儲蓄銀行則例（清光緒三十四年正月頒佈）

一、凡代公眾存放零星款項為業者均為儲蓄銀行，應遵守本則例辦理。其他各種銀行欲營此項儲蓄事業者，於本則例奏定後亦應一律遵守。

二、開設此項銀行須資本五萬兩以上之各種公司，稟部核准註冊後，方准開辦。

三、銀行存款應分定期存付及活期存付二種。其定期存款有零存整付、整存零付、整存整付三種；均須於營業章程內聲明詳細辦法及生利規則。

四、儲蓄之款如其人聲明係為修學婚嫁養老營業資本及各項善舉者，無論整款零款，當另冊存儲支付，由存款人與銀行自行訂章辦理。

五、存款利息應行支付之日，如存戶不來支取即從是日起併入原本內，一同起息。

六、儲蓄銀行之理事人所有行中一切債務均負無限責任。遇更換時，有經手關係之債務須二年後方能將一切責任交卸。

七、此項銀行應於每年結賬之時核算存款總額四分之一，將現銀或國債票地方公債票及確實可靠之各種公司股票存於就近大清銀行或其他殷實銀行，以為付還儲蓄存款之擔保，並取具存據呈報度支部或該地方官核驗。

八、行中存款之人於上條所載各種票據現款有先得之權。如銀行有歇業倒閉之事，應先將上條存案之款攤還存款之人。不敷時再將行中所有存款，與其餘債主一律攤還。

九、此項銀行應遵本則例自訂營業詳細章程，呈報度支部核准。倘該章程修改之時，亦須呈報候核。

十、行中辦事人員有違背本則例時，應視情事之輕重以五十兩至五百兩之罰款，或令其停業，或解散之。

十一、各銀行商號未經呈報批准任意兼營儲蓄事業者，其營業在本則例奏准施行以前者，酌處以十兩至五百兩之罰款。須遵本則例註冊。逾期半年以外者，處罰同。

十二、本則例特別規定以外，應遵照普通銀行則例辦理。

十三、本則例如有應行修改之處，隨時斟酌情形奏明辦理。

中國儲蓄銀行法令，實以上列則例十三條為濫觴。其後迭經修改產生正式草案八件。直至一九三四年七月國民黨政府方有儲蓄銀行法之頒行。按：清末之儲蓄銀行則例簡陋過甚，與當時社會情況多不切合。其後歷次草案及法規，雖較進步，然可以批判之處亦復不少。因與本文無關，故不在此贅述。

辛亥革命後，專營儲蓄業務官商合辦的儲蓄銀行，則以「新華儲蓄銀行」為起始。該行成立於一九一四年（民國三年）十月間，行址在北京前門外廊房頭條八號。考察中國儲蓄銀行史，在前清則以信成銀行為鼻祖；在辛亥革命後，則以新華儲蓄銀行為濫觴。

新華儲蓄銀行的緣起

一九一四年袁世凱陰謀帝制自為，成立籌安會及大典籌備處。梁士詒在當時有「財神」之稱，為了籌措帝制活動經費，遂向袁世凱獻策，每年發行有獎儲蓄票一千萬元，三年期滿還本，在全國各省推銷。此項儲蓄票每張面額十元，分為十條，每條一元。每年開獎一次。頭獎十萬元，其它二、三、四、五等獎額亦巨。短期間就在國內銷售足額。為了袁世凱便於運用這筆巨款起見，梁士詒向袁建議，成立一個官商合辦的儲蓄銀行。將有獎儲蓄票的發行、推銷、開獎等事，委託該行兼辦。梁士詒為了便於控制這個銀行，遂推薦他的親信方仁元負責籌備。

方仁元，字灌青，江西南昌人，是日本留學生。他的父親方政（字宣甫），得到李鴻章賞識，在廣東候補道中紅極一時，並和當時兩廣總督周馥（字玉山）處得很好。方仁元得到他父親的照應，在前清官場中一帆風順。辛亥革命後，他在交通部當僉事。當時的財政部總長是周學熙，周玉山的兒子，方仁元和他是世交，在公事上也得到他不少照顧，所以一切都很順手。

方仁元接受籌備新華儲蓄銀行任務後，首先在北京前門外廊房頭條八號成立籌備處。一面成立儲蓄票總發行所，一面籌備銀行開幕。由財政部派監理官錢承志駐行監督發行，並派林祖溍（字康侯）為儲蓄票總發行所主任。下設總管票組和文牘組：總管票組由財政部派諮議蘇應銓擔任；文牘組是交通銀行介紹來的潘光組擔任。

經過三個多月的籌備，新華儲蓄銀行在一九一四年十月間正式開業。該行資本總額定為一百萬元，先收十五萬元開業。本來遵照財政部令先由中國、交通兩銀行撥款十五萬元設立，但實際僅由交通銀行撥了五萬元作為籌備期間的費用，餘款一直未撥。該行開業後一切營運資金，完全依靠發行儲蓄票收來的款項周轉。

該行由於有了這筆巨額資金周轉，而當時國內銀行稀少，所以業務很好。加之，儲蓄事業正在發軔之初，市面游資充斥，正苦沒有出路，因之所吸收的儲蓄存款也很多。在開幕之後的兩三年中，年終決算，盈利頗鉅。行中職員年終獎勵金可得十三個月或十八個月的薪水，而高級職員除得普通獎金外，還可分得特別獎勵金。

該行發行的有獎儲蓄票，由政府擔保。每年三月間開獎一次。在頭三年中，每年發行儲蓄票一次。每次發行總額為一百萬號即一千萬元。抽籤給獎是由利息款項撥充，故不再付應得的利息。每年都是在北京先農壇當眾抽籤。委託全國各地郵政局或中國交通兩銀行代理支付獎款。自一九一五年三月間開始抽籤，以後逐年開獎一次。

有如廟會的獎券搖彩

每年有獎儲蓄票開獎時，北京先農壇就預先搭好席蓬和開獎台。台上把售出獎券的號碼寫在圓木珠上。掛在台的兩旁，任人觀覽。在開獎時，當眾把有號碼的木珠，傾入搖彩的大鐵球內。旁置一小鐵球，內裝中獎的等級。除十二等獎以下不須搖外，自一等獎至十二等獎均須由鐵球內搖出。例如：大鐵球內搖出某號後，小鐵球跟著即搖中獎等級。如果搖出的是頭獎，這個號碼就算是頭獎。如搖出的是十等獎，這個號碼就算是十等獎。每個球由兩個人搖。搖這兩個球的人是由台下觀眾中臨時請上來的。共請觀眾推定二十個人，分作五班輪流擔任搖彩。事後由該行招待並給以酬謝物品。每年開獎時，到先農壇看的人很多。民間藝人也於此時在此搭蓬演唱。說書的、雜耍的、江湖賣藝的也到此擺開場面。各種賣小食的，也在此設置臨時的攤子。比平常的廟會還要熱鬧。

每逢開簽抽獎時，由政府派肅政史（袁世凱那時特有的官職，類似後來的監察委員）二人，財政部派監理一人，當地總商會公舉二人，會同監視開獎。遇頭、二、三獎搖出時，即奏軍樂，鳴鞭炮以志慶賀。

以公債換儲蓄票

一九一八年（民國七年）四月二十五日，本為有獎儲蓄票開始還本之期，由於當時政府財政支絀（各部會以及學校等公職人員的欠薪都發不出來，當時有些機關或學校曾有索薪團的組織），因為籌不出這筆巨款，遂延期三年繼續開獎三次。直至一九二〇年（民國九年）政府才以發行的「五年公債票」來換回這項儲蓄票。當時財政部還設立「儲蓄票兌換公債處」，由該部公債司派員專辦此事，於一年內才將儲蓄票換完。新華銀行附設的儲蓄票總發行所也隨之結束。茲將該行發行儲蓄票章程鈔錄於後：

一、本銀行儲蓄票，稟請政府特准發行。

二、儲蓄票之償還本金及中簽給獎，均由政府擔保之。

三、儲蓄票每張金額定為銀洋十元。每張十條，每條金額為銀元一元。

四、儲蓄票發行總額每次定為一百萬號（即一百萬張，一千萬條）。

五、儲蓄票每年發行一次。

六、儲蓄票本金償還之期以三年為限，還本日期在票面書明。但已中簽者，憑票付獎，不另還本。

七、儲蓄票應付之利息，代以抽簽給獎。每年抽簽一次，給獎一次。

八、抽簽之期每年舉行，其日期及地點，於每次發行儲蓄票時規定，書明票面，不得更改。

九、抽簽當眾公開，由政府派肅政史二人，財政部派監理人一人，所在地總商會公舉二人，會同監視開獎。

十、每次發行之儲蓄票均抽簽三次，分為每年一次。但已中簽者，下次不再抽簽。每次中簽號碼五千張（即五萬條），其中簽金額如下：

一等獎一張。每張十萬元，每條一萬元。

二等獎一張。每張四萬元，每條四千元。

三等獎一張。每張三萬元，每條三千元。

四等獎一張。每張二萬元，每條二千元。

五等獎一張。每張一萬元，每條一千元。

六等獎一張。每張五千元，每條五百元。

七等獎六張。每張二千五百元，每條二百五十元。

八等獎三十張。每張一千元，每條一百元。

九等獎六十張。每張五百元，每條五十元。

十等獎三百張。每張二百五十元，每條二十五元。

十一等獎一千張。每張五十元，每條五元。
與一等獎末尾三字相同者九百九十九張，每張四十元。與二等獎末尾三字相同者九百九十九張，每張三十元。與三等獎末尾三字相同者九百九十九張，每張二十元。以上計五千張，共計獎金五十五萬九千九百一十元。

十一、儲蓄出後，還本給獎時，認票不認人。如有遺失情事，不得掛失。

十二、本行關於儲蓄資金之運用，遵照本行章程辦理，政府派員隨時監理之。

十三、凡儲蓄票中一、二、三、四等簽者，須直接向北京新華銀行領獎。中五等以下各簽者，即就原發行地之新華儲蓄銀行及中國、交通兩銀行並郵電各局領獎。

十四、凡中簽者，應於抽簽之日起，一年內隨時持票領獎。逾期不領，即行作廢。十五、凡三次未中簽之儲蓄票，在滿期日起一年內，可就原發行地持票領本。逾期不領，即行作廢。

十六、儲蓄票以本行為發行總機關，以中國交通兩行及郵電總局分局為代理機關。

十七、欲承售者，可向本行總發行所及發行機關商定。承售章程另定之。

十八、第一年屆抽簽時，如儲蓄票尚未全數售罄，盡已售出之號數，當眾抽簽。其給獎仍按本章程第十條所列各等全數給獎。其第二、三年亦照此辦法辦理。

十九、執票人領取獎款或本銀時，隨到隨付。如中八等以上各獎者，提取百分之五，作代理機關紅獎。九等以下紅獎及到期還本，均不折不扣。

二十、本章程有增添及修改時，須經本行董事會決議，呈候財政部核准。

上項章程，於一九一四年十一月經財政部核准施行。

在一九一七年因儲蓄票的款項已由當時政府提清，才由中國、交通兩銀行各撥五萬元作為資金，並由該行董事會決議添招商股二十五萬元。這年下半年遂改組為新華商業儲蓄銀行。打算擴充股本額為五百萬元，先收一百二十五萬元。當時此項股款並未收足，於是又重新改定資本額為二百萬元，但也未收足。至一九三一年（民國二十年）該行第二次改組為新華信託儲蓄銀行，重新厘定資本，定額仍為二百萬元。表面雖說收足，實則仍欠一部分。新華銀行在第一次第二次改組過程中，就是這樣買空賣空式地搞起來的。由於資金不足，實力單薄，所以經不起一點風浪。但存戶不明真相，以為該行有中國、交通兩行作後台，資力必然雄厚，因而過去有些存戶墮入彀中。

銀行職員挾款潛逃

新華銀行利用有獎儲蓄票發行的資金，作為辛亥革命後首創的儲蓄銀行，可算得風氣之先。當時國內銀行很少，而辦儲蓄的銀行更是少見。當時國內大局初定，所謂遜清遺老、達官貴人，貪污剝削得來的民脂民膏，正苦無法措置。外商在中國設立的分支行，利用這種機會，用很低的利率吸收存款。定期存款利率一般都在年息二厘或三厘左右，活期存款一般不給利息。新華儲蓄銀行當時對存款的利率，活期平均在年息六厘左右，定期存款由年息八厘以至一分不等。較之外商銀行規定的利率優厚得多，故存戶樂於存入，紛紛由外商銀行轉存到新華銀行。該行又得到代理發行有獎儲蓄票的便利，利用這筆巨額資金營運，所謂多財善賈，成立伊始，營業就很發達。該行在北京金融界中資格雖淺，但營業頗為順利活躍，有些老牌銀行反而望塵莫及。在該行初成立的那幾年年終決算時，盈利頗巨。行中職員的薪金額雖不高（練習生每月四元至八元，行員由十八元至七十元），但年終分紅頗不少。以致養成行員驕奢淫逸、吃喝嫖賭的惡習。

該行部分行員，由於環境熏染，腐化墮落行為逐漸增長。業餘之暇，酒食征逐。有的沉迷於八大胡同，度其紙醉金迷的生活。有的呼么喝六，一場撲克牌九輸贏逾千。由於嫖賭影響，漸漸無法節制。以至個別行員虧空巨款無法彌補，遂有部份行員互相勾結發生營私舞弊之事。

該行出納股長周某（已忘其名）江蘇宜興縣人，是當時交通銀行協理任鳳苞的親戚。他入新華銀行即由任鳳苞介紹。周某家中並不富裕。他到北京目睹繁華，心中非常艷羨。自進入新華銀行後，一方面錢得來容易，一方面受環境的感染，吃喝嫖賭，無所不為。後來虧空日深，就挪用公款。為了彌補虧空，希冀從賭博中贏得巨款。不料泥足愈陷愈深，索性大做投機倒把生意，買空賣空。後來弄得不可收拾，就挾款潛逃，一走了事。等到行中發覺，原想緝拿究辦。只因該行平日仰仗交通銀行支助的地方太多，鑒於周某是交通銀行協理任鳳苞的親戚，恐怕投鼠忌器，也就不敢深究，不了了之。

北洋政府自袁世凱死後，表面統一之局面開始分裂。軍閥各爭雄長，連年發生內戰。當時北方軍政大權，係由直系、皖系、奉系掌握支配。中央徒擁虛名，政令難達各省。因之，中央財政非常支絀，不得不靠借債度日。始而以海關鐵路統稅等為擔保，不惜喪權辱國，大借外債。後來羅掘俱窮，難找確實可靠的擔保品，外債也借不到了。於是想方設法，靠借內債。當時財政部長上台，就看能不能籌到一筆巨款。籌款唯一辦法，就是加稅和發行公債或庫券，並將這種公債庫券，向銀行抵押，換取現款。於是中央財政總長就不得不仰望當時金融界巨頭鼻息，曲盡周旋敷衍之能事。而當時銀行界的總裁或總經理等，也就目空一切，大有不可一世之慨。此外，財政部長和金融界巨頭，還借此互相勾結利用，為貪污發財的捷徑。政府每借入一筆鉅款，政府不但要支付巨額利息，而經手雙方，還可從中得到大筆回扣。因而，當時金融界都視為私人發財和贏得巨額利潤的好機會，所以新設立的銀行陡然增多，就同雨後春筍一般。如：金城銀行、大陸銀行、鹽業銀行以及中國實業銀行等較著名的銀行，都是在那個時期設立的。

為向政府放款改名商業儲蓄銀行

新華儲蓄銀行由於業務關係，受儲蓄條例的限制，眼看這筆有利可圖的買賣無法經營，不得不改紘易轍，另謀對策。於是通過該行董事決議，於一九一七年下半年開始籌備改組，以商業儲蓄銀行的面貌出現，來分享對中央政府放款的利益。其實當時社會情況，商業並不發達，是談不上經營商業放款業務的。

該行在改組期間，為了擴充資本，曾向中國、交通兩銀行申請增撥股款並添招商股。但中國、交通銀行正值中央政府財政困難，本身資金大部分被政府挪用，正發生擠兌之事。該兩行所發行的鈔票，在市面只按票面額五折或六、七折行使。該兩行本身信用動搖，自顧不暇，哪有力量增撥股款。為了敷衍塞責，僅由該兩行各撥資金五萬元聊資點綴而已。至於所招商股，也受當時中國交通銀行擠兌的影響，對銀行的信用產生懷疑，所招商股極為有限。該行為了點裝門面，遂將該行歷年盈餘提存的公積金，撥充股款。此項股票，無代價地發給該行高級職員（對中下層職員還保持秘密）。這種變相貪污、化公為私、朋分銀行財產行為，外間頗少知者。

該行用這種手法擴充資本，對外號稱擴充資本額為五百萬元，先收一百二十五萬元，只是便於對中央政府作借款買賣，實際添招股本僅達數十萬元而已。其中以張勳和陳光遠投資較多。這次改組，對該行來說，還算是向著發展過程的改組，有其所謂「積極」意義的。該行至此階段，已由專營儲蓄業務的銀行嬗遞為兼營商業的儲蓄銀行，可算作該行成立以來的第一次質變。

新華銀行的職員內中分為兩派，一派是南京高等商業學校畢業的學生，一派是銀號、金號、錢莊出身的人員。前者頭腦比較新些，也掌握一些經濟知識和技術；後者頭腦較為陳舊，但在當地金融市場比較吃得開。兩派在行內互不相下，矛盾重重。高商學生出身的多數在會計、儲蓄等方面工作，銀錢莊出身的多數擔任營業、出納、跑外的職務。在該行籌備初期，由於會計和儲蓄，當時在國內懂得此項技術知識的人不多，所以高商出身的人員相當吃香。後來由於招攬生意，添招股本等方面，就不得不借金銀錢號出身的了。這是該行在第二次改組前持續相當長時期的情況。後來由於形勢推移，在第二次改組後，也就大有改變了。銀錢莊出身的跟不上客觀形勢發展，逐漸受到淘汰了。

當時，北京新華銀行的跑外（行中專管招攬生意，打聽市場行市的人，受營業股指揮的）馬殿元（字文卿），是北方錢莊學徒出身，和陳光遠是同鄉。陳光遠微時，曾同他換過帖，結為異姓兄弟。後來馬做了錢莊的掌櫃（即錢莊經理），陳光遠侘傺無聊，生活非常困難。馬曾多次接濟過他。辛亥革命後，陳光遠因緣時會，做到江西督軍。陳不忘舊情，對馬另眼相看。新華銀行在添招股本時候，利用馬和陳光遠的關係，派他到江西向陳招募股款。陳在江西刮了不少地皮，資金正苦無法措置，見他來到江西，念及以前交情，滿口答應認股二十萬元，還存入新華銀行幾十萬元現款，又留馬在江西替他管帳。馬殿元從此得到該行倚重。陳光遠在天津置的產業和經營的生意，正需親信的人替他料理。馬遂向該行建議，在天津設立分行。新華銀行在這次改組後，本有擴大組織之意。遂於一九一七年底派馬殿元和曹璜二人，到天津籌備設立新華銀行天津分行。

經過三個多月的籌備，該行天津分行即於次年春天開業。行址設在舊時法租界中街萬國橋附近（天津人稱這橋為法國橋，過橋就屬中國界）。該分行成立後，總行就派馬殿元為該分行管理，曹璜為會計股長，又調北京新華銀行文牘股辦事員丁崧申為該分行文書股長。馬又舉薦天津銀號出身的張朗山和王筱坡分任營業股長和出納股長。馬雖擔任該分行管理，但平日很少在天津。他經常在江西為陳光遠料理私人財產。陳在天津的私人財產，也多半由天津新華銀行代管。新華銀行某一時期無異陳光遠的私人帳房。

北京新華銀行營業股另一跑外李葆琪字樹玗，也是北京銀號學徒出身。他對北京金融市場情況相當熟悉。該行每遇銀根吃緊時，利用他和當地銀號的關係，拉些本埠同業存款來周轉。每遇市場公債或股票行市變動時，他得的消息特別早，經常替行中高級職員暗買賣有價證券，每分獲利很豐，所以很受該行高級職員倚重。但人極庸俗，經濟知識一竅不通。該行這次改組時，原來任營業股長的潘子芳，調充北京新華分行副理，就把他提升為北京分行的營業股長。不久，潘子芳年老退休，他又升為北京分行的副理。

新華銀行這次改組後，組織擴大了，把原先的營業股和出納股擴充為北京分行。在該行樓上成立總行及董事會。由原來北京新華銀行經理方仁元升任總經理，原任副理的賀頎（字雪航）升為協理並兼北京分行經理。總行設總稽核室及總文書室，以原任儲金股長的朱闓生為總稽核，原任文牘股長的潘承綬（字光組）任總文書並兼北京分行的文書股長。

前已述及，北京新華銀行代理發行的有獎儲蓄票，原定一九一七年開始還本。但因中央財政支絀，遂延期三年還本。在延期之間仍舊抽簽開獎。該行發行所主任林祖溍（字康侯），見儲蓄票發行事務接近結束，遂建議設立上海分行。他就乘機活動為上海分行的管理。他本是上海人，對南方金融界熟人較接近，該行遂派他到上海籌備設立上海分行。經過半年多的籌備，上海新華分行於一九一九年（民國八年）正式開業。總行遂任林祖溍為管理，稽錫壽（字光華）為副理兼會計股長，程少吾為文書股長。至於總行儲蓄票遺留的業務，則由原任該發行所的會計蘇應銓升為主任。財政部因為儲蓄票延期還本，派監理官錢承志駐行監督，並派部中諮議蘇應銓協助。

該行在儲蓄票延期還本移歸財政部掉換五年公債後，資金一度緊縮，大有周轉不靈之勢，開始出現第一次危機。歷年公積金已化公私作為私人股本，要擔負紅利。又需應付存款利息。而增設天津、上海兩處分行，開支增大。各分行除應付到期存款外，已無多少餘資可資營運，大有坐吃山空之勢。幸賴當時該行董事葉恭綽正任交通總長，為了挽回該行頹勢，遂將原存於中國、交通兩銀行的扶輪學校基金，轉存新華銀行。此項基金係國內各鐵路為了在各地籌辦扶輪中學、小學向職工徵集的，數額頗巨；並且是陸續累積，而期限又很長，利率又很低，動用又很慢的一筆存款。這筆存款，對新華銀行至為有利，無異注射新血液。該行得了這資金挹注，營業復趨活躍。

再次危機和再次改組

新華銀行的政治背景是交通系。交通系的形成，歷史很久。遠在清末唐紹儀任郵傳部侍郎時開始構成體系。辛亥革命後，凡在交通系統擔任要職的重要人物，多屬交通系的要人。後來交通系為了擴張勢力，逐漸伸向財政界。新華銀行的成立和它經營的隆替，無不與交通系的盛衰有關。故新華銀行的經營過程，也可看作是交通系的盛衰過程。

交通系在袁世凱執政時，頗佔勢力。交通系的要人不僅在交通界佔有重要地位，只要有機會，也擴展到其它重要政治方面。袁世凱死後，交通系一度失勢。後來又依附奉系軍閥，重新在政治舞台活躍。自從張作霖在皇姑屯被日寇炸死，南方革命軍北伐成功，交通系才根本跨台。

新華銀行總經理方仁元在日本學的是法政，對經濟方面根本是門外漢。辛亥革命後，夤緣在交通部任僉事。那時葉恭綽是交通部路政司長，對方仁元頗為賞識。方仁元之任新華銀行總經理，也是葉的介紹。後來方也成為交通系的中堅人物。新華銀行的成立以及遭遇困難的時候，都得到交通系的維持，所以該行在金融界的資格雖淺，實力不大，但在北京金融界仍頗活躍，駕於當時其它商辦銀行之上。

不料好景不常，奉系失敗，直系掌握政權，新華銀行頓失憑借。而最大的致命傷，厥為下面一段故事。

清末光緒年間，方仁元從日本留學畢業回國後，在湖北省候補。其時國內各省初辦警察行政，於省會設置巡警道，統轄全省警務。湖北省總督張之洞，提倡新政頗力，對警政尤為注意。張之洞本擬將巡警道之缺界予在湖北候補的候補道高凌蔚。方仁元也覬覦此缺，遂函請他的父親方政替他設法營謀此缺。他父當時在廣東做候補道，因得李鴻章的賞識，紅極一時。其父面懇當時兩廣總督周馥致函張之洞代為說項。張之洞碍於情面，遂將巡警道之缺畀予方仁元。高凌蔚奔走失敗，恨方入骨。兩人在湖北時互相攻擊，時有齟齬。入民國後，方仁元在交通系卵翼之下，飛黃騰達，一帆風順。高凌蔚則投靠直系，初時沒沒無聞。在奉直戰爭時間，高為直系策劃奔走，頗為賣力，漸露頭角。迨奉軍失敗退出關外，直系掌握政權，遂任高凌蔚為交通總長。高上台後，想起他和方仁元在湖北的前隙，亟思借機報復。他看到該部所轄的全國各鐵路籌集的扶輪學校基金，數額頗巨而期限又長，利率又低，動用很慢，是大有利潤可圖的存款。這筆存款存在新華銀行，對該行十分有利。他有意與方仁元為難，遂通知新華銀行要剋日提清。方仁元初未料及，而這筆資金已用於各項投資，一時措手不及，無法立即抽出這筆巨款。後經方仁元一再托人向高磋商，要求假以時日，始允限三個月內分期全部提清。該行多方設法，一面收回放款，一面將各項有價證券變作現款，並將吸收的存款，拿來彌補，才勉強渡過難關，然而該行所受的損失頗屬不貲。該行經過這次驟不及防的嚴重打擊，元氣大傷，幾有一蹶不振之勢。

此外，天津分行管理馬殿元在天津患豬嘴疔不治去世，陳光遠的存款也陸續提走。該行北京分行出納股長吳某也步周某後塵，挾款潛逃，無法緝獲。加之又受到上述嚴重打擊，不僅營運資金缺乏，甚至對存款的支付也到困難，信用已受動搖。同業間不但不加援助，轉而乘機排擠。各大存戶聽到風聲，紛紛提取存款。行中營業人員拉來的存款，怕將來連累自己，也暗中通知存戶提取。中國、交通兩銀行，業務剛有轉機，也怕影響自己而袖手旁觀。當時該行所賴以苟延一息的，全仗公共儲金、四季儲金及零存整付等長期儲蓄存款。行中高級職員見該行如此情景，各作自身打算。有的轉入大陸銀行和其它銀行，有的已面團團，回家作富家翁去了。只剩下一些中下層職員在行中掙扎。該行至此階段，不得不作第二次改組的打算。這次改組是形勢所迫，也是由於危機造成的。

新華銀行第二次改組，完全是被迫的被動的改組，意味與第一次改組大不相同。該行這時已面臨山窮水盡地步，該行職員有辦法的，或另謀出路，或自營生計。總經理方仁元為了卸脫自己責任，不得不借改組作金蟬脫殼之計。當時革命軍北伐告成，北洋軍閥土崩瓦解。該行所倚靠的交通系，也跟著跨台。而中國、交通兩銀行，已由江浙財閥掌握，對新華銀行不僅不予援助，反而利用該行的危機，從中大揀便宜。對於該行改組，提出三個條件：一是根本改組，撤換該行各地高級負責人員，改變原來經營作風；二是在改組前，先由中國、交通銀行派員駐行清算資產負債，以駐行稽核名義審核一切收支帳款；三是將舊股東的股款，按十分之一作價換發新股票（即全部資產僅作二十萬元計算）。另招新股。方仁元迫於形勢，不得不忍痛接受全部條件。

條件儀定後，於一九三一年（民國二十年）三月間開始實行改組。中國、交通兩銀行會商決定，由中國銀行派曹浤（字少璋）為駐上海新華分行稽核；由交通銀行派曹某（已忘其名，係曹汝霖之子）為駐天津新華分行稽核；又派俞鴻（字君飛）為駐北京新華銀行稽核。在清算期間，所有該行一切款項之收付，須經駐行稽核同意簽章後方得收付。經過六個多月的清理手續，制成了新華銀行全部資產負債表和財產目錄。清算結果，債權債務相抵所虧數目並不很大。只是由於該行信用動搖，周轉不靈，無法繼續經營下去，因而勢非改弦更張不可。

新華銀行經過清算後，中國、交通兩銀行認為還有可為，遂在上海成立新的董事會。由馮耿光、張嘉璈、唐壽民、宋漢章、袁鍾秀、卞壽孫、李承翼、方仁元、王志莘等為董事，並推馮耿光為該行董事長，由汪振聲、莊鶴年、鍾秉鋒三人為監事；又推王志莘為總經理，孫瑞璜為副經理，並以賀友梅、徐樹聲、陳鳴一、賀仰先、周仰汶、徐振東等為總行襄理，以清理期間駐上海新華銀行的稽核曹浤為北平分行經理，李葆琪為副理；以駐北京新華銀行的稽核俞鴻為天津分行經理，丁崧申、洪懋孫二人為襄理。該行改組時發表宣言，昭告社會，摘錄如下：

本行由新華儲蓄銀行蟬蛻而來，在中國銀行中實為最早倡辦儲蓄者。今由中國、交通兩銀行招股改組，根據銀行最新學說所課的職責與夫同人實際經驗上所喚起的自覺，請於改組開幕之日，掬吾旨趣，為社會告焉。

銀行所負使命的重大，在以社會為對象，從事於其經濟力與信仰心二者之集中，還而運用之於社會，以為社會福，如是焉而已。

所謂以社會為對象而集中其經濟力，是不當單著眼於大量的經濟，尤當著眼於羣眾一錙一銖的所在，設為種種方便法門以吸集之。不惟利便其方法，並須鞏固其保障，則集中信仰為要已。尤當重念人類社會，是一種整個的精神團結物。誠欲集中信仰，必須根據忠實不苟的素養，與夫物資方面經濟集中的力量，因而取得承受一切委託的資格：如委託保證、委託保管，委託運用，委託整理及委託設計等方法而慎用之。是則所謂以社會為對象而集中信仰心者也。

集中經濟與信仰果何為乎，亦惟運用之以為社會福而已。基於第一義，乃辦儲蓄。基於第二義，乃辦信託。基於第三義，凡儲蓄信託一切業務，所以運用之者，皆當以平民為目標。以期逐步實現福利平民主義。

總之本銀行願以新精神慶續舊生命，根據最高的原則，採取穩健平實的方法，運用之於實際。倘以經濟力和信仰心集中政策之有效，社會事業勃興，人人有恆產，有恆業，獲得安定快樂的生活，國運因以繁榮，人羣文化因以盛展，此則同人之厚望焉。

從以上節錄的所謂宣言來看，在今日視之固屬可笑，且經不起仔細分析，但在當時卻起一定的宣傳作用。在當時金融界中頗視為新穎的舉動。為了迷惑社會觀感，便於吸收存款，除極力推行儲蓄與信託業務外，還於該總行設立服務部。但經過多年經營情況，卻未見到為社會服過些什麼務。確切地說，不過為幾個高級行員和資本家服務而已。

該行在這次改組時，為了吸收存款，曾於開幕初期，以贈送「不倒翁」的方法，推銷紀念儲金。此次儲金，定期一年，月息一分。吸收來的存款頗巨。僅天津分行在兩個多月中，就吸收了一百二十餘萬元。該行這次改組，營業方針大為改變，以信託為主要業務，大做其投機事業。並重新修訂該行各項章程，一改以前的經營作風。過去銀號出身的職員絕大部分都被裁汰，以新的面貌，出現於當時金融界。

該行改組後，業務主要分為兩大部分。一為信託部，經營業務有下列十種：㈠經收信託款項及定期活期存款。㈡貸放各種抵押款項。㈢貸放對於勞動者及小企業之信用擔保放款。㈣購買或貼現承兌票據。㈤代理收付款及匯兌事項。㈥經營保管及倉庫業務。㈦買賣有價證券房地產及生金銀。㈧經辦個人法人及政府各種信託事項。㈨經理房地產買賣及各種保險事項。㈩其他信託公司一切業務。一為儲蓄部，業務分為下列四類：㈠經收各種定活期儲蓄存款。㈡貸放各種抵押款項。㈢買賣政府發行或認可之有價證券。㈣其他儲蓄銀行一切業務。

該行改組後開幕初期，除以紀念儲金的方式以贈送不倒翁和高利吸收存款外，還用其他各種方法吸收其他各種存款。在開幕的幾個月內，就吸收了活期存款四十五萬餘元，定期存款逵五百六十餘萬元。該行即以此項資金，以一部分在天津、上海購置房地產。當時天津、上海的所謂租界，房地產漲風很盛，因而獲利不貲。此外則大買有價證券，並代客買賣國內有價證券。這時的新華銀行已實質上轉入到信託公司的性質，無異投機賭博場所。行內高級職員也大做買空賣空投機生意。並在代客買賣有價證券時，暗中提高行市。提高行市的收入，設立抵補金帳戶，明為備抵呆帳，實際則供行內高級職員投機失敗填補虧空之用。以此，當時行中高級職員無不腦滿腸肥，舉止豪奢，而中下層職員則卜晝卜夜，辛勤勞動，雖星期日亦不得休息（每日因需接收上海行市，直至夜間十二點鐘以後才得休息），完全為少數高級職員和一些大資本家服務。這就是該行當時號稱為社會服務的真相。

自九一八後，北方形勢大變。在一九三四年起華北已名存實亡。日本軍人特務流氓橫行無忌，正直的中國人民和愛國人士已難在此立足。筆者於一九三五年即離開新華銀行，到華南另謀生活。對於該行在抗日戰爭時期及抗日戰爭勝利復員後的情況，已不了然，也不便臆測，留待他人補充續寫，就此告一段落。

日治期間的中國聯合準備銀行

楊濟成

編案：一九三七年華北淪陷之後，日本即扶植大漢奸王克敏於是年十二月在北平組織「中華民國臨時政府」（簡稱華北臨時政府），同時並指使華北臨時政府籌設「中國聯合準備銀行」（簡稱中聯），為「華北發行鈔票之銀行」，並「推行一切臨時政府之財政事務」，以圖壟斷華北金融，榨取華北物資。本文作者當時任北平金城銀行經理，對於中聯的創設經過及其種種欺騙、壓榨手段，皆曾所目睹身受，就其記憶所及，述之如下。

各銀行被勒索資金

中聯在名稱上冠以「聯合」字樣，其主要用意即在於勒逼各銀行共同出資。所以當一九三七年冬間中聯籌備時期，王克敏為了達到這個目的，曾親自擬定名單，用霸王請客的手段下帖邀宴北京、天津各銀行經理，寫明要親自出席。北京方面被邀的只有鹽業銀行經理岳乾齋一人。他接到請帖後，探知北平其他各行都未被邀，甚為詫異。次日宴前，天津中國、交通兩行及金城、大陸、中南三行經理應邀來京赴宴，先到金城銀行落腳，大家亦不知何事。鹽業副理王紹賢雖與王克敏有舊僚屬的關係，朝夕相見，事前亦毫無所聞。宴後大家又來金城聚會，始知王克敏在宴會上當場宣佈要辦「中國聯合準備銀行」，發行鈔票，要各行出資，並說南方法幣準備都操縱在外國人手中，如何不可靠，等等。當時大家無人應聲。後由中行經理卞白眉發言說，「這事很大，我們亦不能作主，要請示總行從長計議。」其他各行經理皆作同樣表示。王克敏說，「事在必行，請大家趕快打電報，請示決定。」並當場指定中、交兩行各出資一百二十萬元，四行各八十萬元（有無其他銀行，現在已不記得），並且全要現金。各行經理在金城會商結果，一致認為出資是辦不到的事，只有拖之一法。當時並商定由王紹賢向王克敏疏通解釋，說明各行皆拿不出現金的困難情況。當時下午天津各行經理即匆匆離京返津。

天津各銀行經理一去即無消息。王克敏向來辦事急如星火，但此次自邀宴各行經理以後即不再過問，出資事似乎停頓下來。後據了解，那是因為王克敏與汪時璟發生矛盾所致。王克敏為了要親自握掌財政大權，意欲自兼中聯總裁。而汪時璟雖與王在中國銀行時代曾有過僚屬關係，但他仗恃日本旅順關東廳財務局長坂谷作後台（他參加華北組織，即是由於坂谷的力量），對王自不肯相下。結果王因爭不過汪，對籌備中聯事遂表示消極。後因日本催促甚緊，始又改由汪時璟出面，一面籌備成立，一面催索各行資金，企圖以既成事實來威迫各行。中聯遂於一九三八年二月十二日正式宣告成立，由汪時璟任總裁。開幕之日，天津各行經理被邀參加，俱避不敢來。北京各行則因那時已窮到極點，反能處之泰然。

天津各行因可托庇於租界，業務頗為興旺，且北京有部分存款皆轉入天津，因此為日本所垂涎；而天津中、交兩行又為發行法幣根源之銀行，日本更是志在必得。中聯成立後，情況日益緊迫。於是中行經理卞白眉、交行經理徐柏園不得不托詞向總行請示，相繼秘密離津赴滬，並於走後數日，始由代理人向敵偽當局報告。他們走後，兩行代理人聽說即被暗中監視；我們在北京的各行經理也被坂谷傳去聽了一次訓話。坂谷說，卞、徐之走，並不是不能打電去截留他們，而是不願那樣作，叫我們轉告天津各行。弦外之音，就是「你們不要再走了」。

中國、交通兩行負責人走後，這個重擔就壓在鹽業、金城、大陸、中南四行身上，而四行肩此重擔的就是鹽業王紹賢和金城王毅靈。王紹賢在幕後策劃，王毅靈則出面折衝，因王毅靈與汪時璟過去在漢口本就相識，有些淵源。王毅靈與汪時曝商量甚久，最後向汪提出，國民黨中央政府實行法幣時，華北各發行銀行繳納中央銀行的現金準備金，當時被宋哲元扣留下來，在華北成立法幣現金準備庫，由銀錢兩會保管（實際上是存在中央銀庫內，當時不能運走而已），現在各行都無現金，而這筆錢當初也是各行繳的，勸汪就在這筆錢上轉一筆賬，作為各行向中聯繳納的資金，這樣，大家的困難就都解決了。這個辦法當經汪時曝同意，並取得日本認可後，即照此而行。於是中聯的資金就如此拼湊而成。

中聯的組織為總行制。總行設於北平，並設分支行於河北、山東、河南、山西等省及天津、青島兩市，共有廿五處。總行設總裁一人，常務董事一人，下設總務、管理、計算、發行、外匯、營業六局和檢查、秘書、調查三室。各局設局長（營業局設經理）一人，副局長或副經理一二人，下分課辦事。各室設主任一人，下分組辦事。職員工役共有一千餘人。另有以坂谷為首的顧問室，受敵寇大使館及華北軍部之命，監督該行一切業務，為該行最高統治機關。日籍顧問共有一百餘人，薪金由中聯支給。

聯券的發行

日本人成立中聯既以發行鈔票為主要目的，因此，成立後的第一道法令，就是發行一元、五元、十元三種票面的鈔票（以下簡稱聯券），並規定：㈠聯券與法幣等價通用；㈡持法幣者向中聯兌換聯券；㈢各銀行帳目一律改為聯券本位，庫存法幣亦須兌換。以上這些規定除天津租界外，凡日本所控制的地方均須一律照辦。這是日本人搜括法幣的一項重要措施，但是聽說他們用這種辦法搜括得來的法幣並不多，不如他們的預想。這是因為那時銀行庫存根本不多，而一般人民對聯券也根本不信任，兌得更少。而且那時日本對租界的封鎖尚不嚴密，法幣還有路可走；同時，他們需要使用法幣的地方尚多，亦不敢禁止法幣通行。於是租界上就逐漸形成兩種貨幣同時流通的局面，行市互有出入。而銀行方面的存款亦逐漸分成兩種，存什麼取什麼，只有中、交兩行還不收聯券存款。但這些情況只限於租界內，天津之東馬路就要遵令改為聯券本位了。

中聯搜括法幣的主要目的，是供日本軍方的使用。因為日本所佔領的地方，聯券尚不能取得人民的信仰。他們在內地搜括物資，仍非要用法幣作為手段不可。聯券發行後，為了搜括更多的法幣，汪時暻便找王毅靈來商談租界內銀行改為聯券本位的問題。雖談了多次，一無結果。嗣後，日本方面對於租界的封鎖日益加緊，並於接收天津租界後，即強制執行，將法幣按四扣兌換聯券。

中聯的各項壓榨措施

中聯成立後，對各銀行的壓迫是隨日本的侵略軍事進展的情況而逐步加緊的，概括說來，有如下幾種方式：

(1) 查賬：當汪時暻第一次告訴我說日本人要查賬時，我就說，「好極了，我們關門候查，查完再開。」他問我這是什麼意思，我說，「現在人心惶惶，存款動搖不定。日本人再到各行查賬，一定引起擠存風潮，各行必然應付不下。不如我們十三家一齊關門，聽你們查完了再說。我敢說我們十三家意見是一致的，情況也是一樣的。」他聽罷默然很久，然後說，「我同他們（指日方）商量後再說，你先莫慌告訴大家。」結果一直拖到日本天津租界接收以後，才由中聯顧問室派人來查，主要是查庫存現金，並且規定以後每月要表報一次。北京的中、交兩行則收歸「傘下」（「傘下」詳後），對交銀行還派了常務顧問。

(2) 不許各商業銀行互相存放：中聯成立之初，門庭冷落，鈔票沒有出路。各商業銀行同它的往來亦不多。我們商業銀行仍以中、交兩行為主，彼此互相存放，收到各家支票只轉賬而不兌現。中聯為了替聯券找出路，就不許我們各行互存，而要以它為主，所有存放一律移歸中聯。對於這條規定，我們當時只遵守了一半，即：一方面撥一部分存放中聯，一方面我們仍私自往來。

(3) 繳存款準備金：以前各商業銀行辦理儲蓄存款，曾向國民黨中央銀行繳納過四成保證準備（即有價債券）。中聯成立後，規定各行過去已繳的不算，要重新繳存。那時我已赴上海，得電趕回，商之至再，始由四成改為二成，必要時可以動用。

(4) 組織票據交換所：規定各商業銀行、錢莊銀號每日所收的票據，都要到交換所去交換，然後到中聯去轉賬，不足者補存。這一次措施是給銀錢業一次大的打擊，各行號僅有的一點活動餘力都被他打盡了。

吸收機關存款的真相

在中聯上列這些措施日益加緊的壓力下，各商業銀行不得不採取種種辦法以圖生存。帳面小的固然可以收縮帳面，但金城帳面又不能縮小，只有另圖別路。銀行資金的來源是存款，而民間存款我們那時又不願去招攬，無已，只有吸收機關存款一法。最初我們吸收的機關存款只是小額的，存戶大都是各政府機關的事務科。那時政府雖然明文規定所有機關存款必須存入中聯，但因中聯總裁汪時暻兼華北臨時政府財政部長，而各機關都不願讓他知道他們的財務情況，因此多不願存入。各銀行趁機拉攏，就很順利地拉過來了。但這些機關存款都是要回息的，大約三厘至四、五厘不等。當時存入金城的機關的大數存款，以建設總署開端，而且是這個機關的負責人殷同找上門來的。當時殷同找我說，他有一筆需要，擬撥三百萬元存活期，保證在一定期間內決不提取，但要定期的利息，要我幫忙。他還說，這筆利息並非他要，而是另有用途。我告訴他說，這是違法的。他笑笑說，中聯方面由他關說。次日他即開來中聯支票三百萬元。事後我問中聯的主管科長，他回答我說，「這件事總裁知道的。」這樣，我們吸收機關存款，就算奉了明文。相繼而來的，還有治安總署和治理黃河委員會，總數在千萬元以上。那時金城就靠這些為養命之源。別行情形如何我雖不清楚，但凡是存款架子大的都不能例外，只是各家的手法不同而已。至於錢莊，則更是五花八門，有的存款根本就不走帳，中聯查亦無從查起，何況它們都各有各的內幕佈置。

金城銀行舞弊案

金城因得到幾戶大筆頭的機關存款，出入較大，庫存多了，就要把現鈔存入中聯。於是在一九四一年就發生了存放與出納串通，騰造中聯的簽印收款單，陸續盜用了三百萬元的大舞弊案（事後在天津追回廿餘萬）。此案發生後，我們以為存款必要大動，但事實上存款並未下去多少，有的還去而復來。當時汪時暻安慰我說，他招呼各機關不要提存。表面上看來，是他照顧我，實際上他亦怕金融上惹出大亂子，不好收拾，並非對我獨厚。而廣大的存款戶不來提存，那才真是照顧。同時，四行聯合營業，我們也沾光不少。

天津四行儲蓄會辦理登記之黑幕

華北臨時政府及汪精衛的南京政府先後成立以後，日本以為南北打通，天下已成一統，於是對各銀行又更進一步進行壓迫，要南北各商業銀行重新登記。這件事也惹了很多的麻煩。最後是由各行總行出一封信，聲明由資產中撥出一百萬元作為資本辦理登記，但實際上各行所出數目皆不相同。對於四行儲蓄會，日本人認為既不是銀行，又不是銀號，不允登記，並且聽說他們還要徵用天津四行儲蓄會的房子。這是一件大傷四行腦筋的事情，因四會的庫中隱藏得有鹽業銀行的私貨——清宮抵押的金鐘。這事先由我行天津經理王毅靈據理力爭，久久不得結果。於天津四會經理胡仲文來京，託我以私人關係託中聯的某局長，請他替我們從中關說，代為說明四會與四行是一體的，四會停業，恐引起四行及整個金融業不安。其間雖經過許多曲折，但交談數次，經過二個月的時間，總算成功。事後由四會送了十萬元現款酬謝了這位局長。當時的政府人員錢多了，就買房子或金條，而這位局長卻用這筆錢修了生墓，真是有點不可思議。

「傘下」銀行和儲蓄銀行

所謂「傘下」銀行，是日本為了搜括物資而設立的辦理特殊業務的銀行。這些銀行最主要的業務，是鹽及鴉片。凡是日本勢力所控制的大城市都有這類的傘下銀行。華北的冀東銀行，山東的魯興銀行，以及後來的河北省銀行，亦都是他們的傘下銀行。最後中聯為了吸收民間存款，曾創立儲蓄銀行，要各銀行堆花存款①，而又不許用各銀行名義。當時我們認為這是騙日本人的一種手段，但是也不得不敷衍一下，原因是恐怕把他們弄急了，要叫各行停辦儲蓄或轉存給儲蓄銀行，那就影響太大，麻煩更多。所以大家以各行庫存現款化名送存，同時即以此項存摺在庫中抵現。儲蓄銀行成立未及一年就換了兩任經理，毫無成績可言。那時市面上哪有人肯來儲蓄，光靠各商業銀行的一點私人關係，真是大海中之一粟，根本無濟於事。

① 按照銀錢業慣例，每當一行號新開張之時，得要求各同業存款，以裝璜門面，吸引存戶，這種性質的存款稱為「堆花」存款。

天津各銀行經副理之被捕

日軍進入天津租界以後，一面強制執行法幣四扣兌換聯券，一面在中聯天津分行召集各行負責人，要他們具結遵守金融法令，違反者受刑事處分，並在具結書上打手印。不久，各行經理即被拘捕十餘人。我曾請汪時暻出面營救。他說，「我早就說過了，他們不肯聽話，現在我亦無法解救，看看再說。」當時被捕原因傳說不一。我行夏采臣先被釋放出來，他也說不出所以然。後來王毅靈出來，我問他為了何事，他說他在裏頭用各種方面來試探，皆未得到真實情況。王毅靈是由天津金城續副理找人向日本憲兵隊花錢贖出來的，單是送給中間人的洋服料禮物就送了許多。被捕經理中有被折磨死的。這完全是日本人勒索的強盜行為，並不見得有什麼其他的原因。

鴉片押款和發行大鈔

抗戰末期，有一天汪時暻忽然召集各行負責人，拿出一張憑單，要各行做一筆鴉片押款，按各行的存款比例分配押品，利息一分，並說這是為了照顧各行的業務。總數已記憶不清，大約總在幾千萬元。各行當下只能接受，不能還價，中、交兩行也在其內，亦成了他們的「傘下」。到抗戰勝利前夕，我就憑這一紙憑單向中聯要求收回這一筆放款。它們亦知好景不長，未費多少口舌，即辦妥手續。我並通知中交及各行一體辦理。手續辦完，我們亦陸續提現儲存，以備萬一。事後才知道，汪時璟要各行做這筆鴉片押款，是因為要發千元大票，所以先用這種手段將各銀行的活碼集中。

中聯成立後，最初發行的聯券，票面只有一元、五元、十元三種，在最初一段時期內還相當穩定。後來隨著日本的侵略戰爭和搜括物資的需要不斷加大，聯券也越走越廣，越印越多，中聯日益窮於應付；後來印都來不及印了，只好增發五十元和百元大鈔。於是鈔票貶值，物價飛漲，百元大鈔已不濟事。一九四五年三月再增發五百元大鈔。隨後，相隔僅兩個月，復增發千元大鈔。最後到了是年八月日本投降時，五千元鈔也出了籠。中聯每增發一種新票，事前必有一種措施（如前面第三段所舉的種種及鴉片押款等），來榨取銀行的游資。而日本人的五次治安強化運動，也都與這一系列的措施有連帶的關係。

日本投降後中聯的結束

一九四五年八月十五日日本投降後，中聯總裁汪時璟由蔣介石的特務周濟陪同飛往重慶，不知作何勾當。汪回來後，國民黨政府所派的財政特派員張果為亦已來到。十月十七日由張果為會同中央銀行接收中聯，這一禍國害民的金融機構至此結束。

根據中央銀行北平分行一九四六年八月二十八日接收報告，中聯發行聯券的數字如下：

一、訂印券318,590,649,007.30元

二、未收券121,126,120,000.00元

三、已收券197,464,529,007.30元

四、發行券142,399,854,507.78元

五、銷毀券2,362,631,890.48元

六、庫存券52,703,042,609.04元

庫存29,592,951,410.36元

上列庫存均係中央銀行於一九四五年十月十七日接收時的數字，庫存中除天津、青島少數部分外中聯總行庫存二百九十餘萬萬元，均經國民黨政府財政特派員撥交平、津中、交兩行代中聯墊付同業存款和辦理法幣押借聯券之用，實際上同業存款幾等於零，不過為法幣抵借聯券開一方便之門，以供國民黨來平接收的大員們搶購物資之用而已。

關於中聯的發行準備金部分，中央銀行的接收報告中所列數字如下：

一、生金銀

1.生金 5,074,687.89公分

折合本位幣② 49,666,151,903.42元

2.純銀 11,534,433.92公分

折合本位幣 1,036,000,000元

3.雜銀 3,112,141.22公分

折合本位幣 132,468.47元

4.銀元 15,399,719元

5.銀輔幣 94,907角

折合本位幣 6,327.13元

二、外幣存款

1.日幣 22,278486,478.28元

折合本位幣 22,278,486,478.28元

2.特別日金 7,656,668.36元

折合本位幣 4,987,177.98元

---

②即國民黨政府的法幣。

三、貸出款項國幣　70,433,653,333.50元

合計國幣③　143,434,817,407.78元

上列準備金數字，看起來很像一回事，但如加分析，則不難看出，其中銀元部分是當初實行法幣時各行向中央銀行繳納的準備金。還有一部分是日本接收租界時按四扣向中交兩行、各商業銀行以及人民手中掠奪得來的。至於所存生金，除了其中一小部分是中聯在日本投降以前不久，因看到大勢已去而用高價買進的以外，其大部分是日本正金、朝鮮兩行在一九四五年八月十日用高價抵還給中聯的。因為日本人當時自知已注定失敗，而他們在中國掠奪來的東西既不能運走，早晚是被中國政府沒收，不如抵還中聯，既可減少他們對中聯的負債，而又可充實中聯的準備。實際上這是先以發行鈔票掠奪物資，而後再用高價售與中聯，既可收雙重剝削之利，又可掩人耳目。而汪時璟當時尚以此事自居有功，認為充實中聯的準備。他為虎作倀，竟至至死不悟。

③ 即國民黨政府的法幣。

金圓券發行秘錄

李立俠

編案：相信凡經歷過抗戰及其後數年內戰生活的人，對於當時致府發行的關金券、金圓券都印象難忘吧。這兩種貨幣的發行，完全是為了適應當時政府搜集民間資財，應付戰事的需要。本文作者曾於抗戰時任上海金融管理局長，後又任中央銀行稽核處負責人，金圓券發行前，曾參予幣制改革及金圓券發行方案的制定，因而對過程與內幕，知之甚詳。

抗戰時期，國民黨所賴以維持財政的唯一法寶就是法幣，這個從一九三五年十一月開始執行的法幣政策，幫助國民黨渡過了抗戰期間的財政難關。可是抗戰勝利後，情況就完全不同。

天文數字的票額

在一九三七年七月抗戰前夕，法幣發行總額只有十四億元，到一九四五年八月日本投降，經過八年零一個月的抗戰，法幣發行額增加到五千多億元。膨脹的數字雖然是驚人的，但和勝利後的情況比較，那又顯得是小巫見大巫了。從勝利到一九四八年八月發行金圓券止，短短三年期間，法幣膨脹又從五千多億元增加到六百數十萬億元，無論從絕對數或倍數來看，都遠遠超過了抗戰時期。

抗戰勝利後，國民黨內部就醞讓著幣制改革。當時中央銀行掌握了五百幾十萬兩黃金和七億美元左右的外匯，還有根據一九四二年「中美互助協定」美國應當償還中國的駐軍費用及墊款，如果國民黨不挑起內戰，決心走和平的道路，是有條件進行幣制改革的。但蔣介石要打內戰，所以宋子文當上了行政院長後，並沒有認真考慮幣制改革，而只企圖以開放外匯市場管理進口貿易的辦法，延長法幣的壽命。

到一九四八年眼看法幣的壽命拖不下去了，由於經濟危機日益加深，也加速了軍事和政治的崩潰。大概在這年五、六月間，蔣介石就決心搞幣制改革。這時政學系張羣下台，翁文灝繼任行政院長，原財政部長俞鴻鈞再度調任中央銀行總裁，財政部長由王雲五擔任。蔣當時對王雲五和俞鴻鈞都作了改革幣制的指示。財政部的情況不大明了，我只知道俞鴻鈞到中央銀行後就積極作改革幣制的打算。他在接任的前一天，在上海財政部部長官舍宴請中央銀行高級職員時，就和我私下談到法幣的前途問題，要我幫助他研究一下，能不能進行幣制改革。

過了兩天，他在中央銀行指定了一個四人小組，其中包括林崇墉、方善桂、吳大業和我，並指定我為召集人，專門研究這個問題。這時我負責中央銀行稽核處，林崇墉、方善桂兩人是經濟研究處副處長，林剛由漢口金融管理局調回，繼我之後兼任上海金融管理局長，吳大業是南開大學經濟系教授，在張公權時代聘為中央銀行顧問。俞對我們講，要我們盡快地寫出一個方案，並將方案主要內容先和他談談。

密議救亡方案

隨後，我們在外灘匯中飯店開了兩個房間，作為秘密起草方案的地點。我們先開了兩次會，研究了當時的國內外形勢，並統一我們的思想和看法，最後確定了三項原則；由我向俞鴻鈞進行了匯報。原則內容大概如下：

（一）在內戰繼續進行的情況下，幣制不宜於作根本性的改革；

（二）法幣雖已處於惡性膨脹狀態，但只要採取一些輔助措施，還可以拖延一個時期；

（三）當關鍵問題在於財政收支相差懸殊，建議擴大採用抗戰前發行關金券辦法，穩定稅收，整理財政。

當時我們的看法，法幣不作根本性改革，還可以拖延一個時期，如果驟然一改就會垮得更快。但財政方面，受了通貨膨脹的影響，收入只及支出的百分之五到百分之十，事實上也拖不下去。所以就聯想到擴大採用類似戰前發行關金券的辦法，在不改變法幣本位的基礎上，另由中央銀行發行一種稱為「金圓」的貨幣，作為買賣外匯及繳納稅收之用，不在市面上流通。根據我們當時的估計，採用這個辦法，可以使收入提高到相當於支出的百分之四十到五十。我把這種看法和俞鴻鈞談了之後，俞完全贊同，並叫我們根據這些原則擬具具體方案。

這個方案當時分為兩個部分，第一部分叫做中央銀行發行金圓條例，第二部分叫做發行金圓實施辦法。條例初稿是由我寫的，實施辦法初稿是由吳大業寫的。方案的主要內容都包括在實施辦法中間，比較詳細具體，其中分為好幾章，例如牌價的制訂，外匯的買賣，以及稅金的繳納等等。

這個方案的特點：第一是沒有改變法幣本位制度，法幣仍作為貨幣本位繼續發行流通；第二在法幣之外，另發行一種金圓，金圓匯價固定為百元值美金二十五元，持有金圓可以無限制買賣外匯；第三金圓與法幣比價由中央銀行隨時掛牌制訂；第四繳納中央稅收（主要是關鹽統稅）及輸出入貿易結匯一律使用金圓。

方案寫好後送給俞鴻鈞，他表示滿意，並說這是無辦法中的一個辦法。其實，這只是把過去發行關金券辦法擴大到繳納其他稅收及結算進出口貿易上去，並沒有什麼新的東西。俞鴻鈞把這個方案加了一個說明，叫他親信秘書繕正後親自送給蔣介石。

俞鴻鈞拿著這個方案去南京，去時很高興，但在南京住了幾天之後回到上海，對這件事情絕口不談。有一天我問他這個方案有沒有下文，他說蔣介石看過了，不同意，認為這個辦法不能應付當時的局面。俞鴻鈞又講，看來要採用財政部的方案了。我問他財政部方案的內容，他說他也不知道。

財政部的密謀

俞鴻鈞事先是否知道財政部的方案，我不清楚，可是俞對這方案的內容一直是諱莫如深。在金圓券發行後，有一天發行局長梁平告訴我，俞鴻鈞在八月初才告訴他要發行新幣要他準備二十億新幣。他說當時急得要命，這一時怎麼來得及，幸虧想起了抗戰初期在美國鈔票公司訂印了二十億元林森像的鈔票，都是一元、五元、十元、二十元、五十元的小票面，由於運到國內已經不值錢了，一直沒有發行。林森像的鈔票在國內還從沒有發行過，臨時拿出這一批存貨應急，事先用飛機密送各省分支行，就作為第一批金圓券上市，實際上這批鈔票連金圓券三個字都沒有印上。

財政部的方案就是一九四八年八月二十日公佈的所謂實行金圓券命令，其中包括：（一）金圓券發行辦法；（二）人民所有金銀外幣處理辦法；（三）中國人民存放國外外匯資產登記管理辦法；（四）整理財政及加強管制經濟辦法。據說這些辦法是財政次長徐柏園起草的。但是不管怎樣，辦法盡管一大堆，但主要特點只有兩個：第一是限價政策，規定一切物品不得超過八月十九日的價格；第二是限期收兌人民所有黃金、白銀、銀幣及外國幣券。這個辦法公佈後，不但全國人民反對，就是中央銀行一些人員也不贊成，認為這套辦法決不能解決當時財政經濟問題。

百萬黃金大搜括

現在回憶一下，當時財政部實行的所謂金圓券辦法，用來和中央銀行所擬訂而未實行的計劃比較，即可發現二者的本質是一樣的，只是在手法上有些不同。財政部的作法，完全是用政治壓力。中央銀行的辦法，主要是用欺騙手段拖延時日。當時我們以為蔣介石採用財政部的辦法是非常愚蠢的，其實完全沒有看到蔣介石別有用心的一面。

通過金圓券命令，蔣介石在上海一個地方就收兌了黃金一百十多萬兩，美鈔三千四百多萬元，還有大量港幣、白銀及銀元，總計在全國搜刮的數目約有兩億美元之巨。現在看來，這就是蔣介石發行金圓券的目的。所以在金圓券發行之初，蔣介石每天晚上要同俞鴻鈞通一次長途電話，要俞報告收兌金銀外幣的數字，其它的事情都不是他所關心的。

蔣介石為了逼兌黃金美鈔，把蔣經國派到上海「督導」上海地區的經濟管制工作。名義上俞鴻鈞是督導員，蔣經國是協助督導，督導員辦公處設在中央銀行，可是俞鴻鈞並不能過問，一切由蔣經國包辦。在督導員辦公處內完全是蔣經國的班底，外面有他的一批所謂「戡亂」大隊流氓特務。蔣經國的主要工作，除了限價以外，唯一的目標就是敲詐黃金美鈔。

到了十一月，金圓券崩潰的現象就已完全暴露，行政院只好又頒佈「修正人民所有金銀外匯處理辦法」，准許人民持有金銀外幣，並開放限價。這時候蔣介石也搜刮得差不多了，在下野逃亡的前夕，密令俞鴻鈞把所搜刮的黃金、白銀、外幣，悉數運往台灣。

吳鼎昌由商而政

李北濤

一、吳鼎昌領袖四行開辦聯合準備庫

吳鼎昌任鹽業銀行總理

抗戰以前，金融界人才輩出，其中才具過人識見遠大者，要推鹽業銀行總理吳鼎昌（達詮）。吳氏生長四川，口操川音，出言沉著。早年留學日本，返國後任天津造幣廠廠長，此為當時之肥缺，宦途中人視為優差，吳氏清廉自持，已著賢聲。段內閣時代，曹汝霖兼任財政總長，以吳為次長。有某鉅公語曹云：吳達詮誠有才具，但其相貌，腦後見腮，聲似豺狼，恐怕不容易駕馭耳。曹回說：達詮辦事認真，我各事公開，以誠待人，不會欺我罷。後來又有相士說：吳氏聲音尖細有如婦人，不是豺狼之音，此正是其貴相。事實上曹將部務全交與吳，而部務一絲不紊，井井有條，曹吳二人交誼，始終不渝。

曹氏離職，吳亦退而就任鹽業銀行總理。彼時銀行尚屬新興事業，一切章制，多係錢莊舊規，行員亦多錢莊出身。吳氏籌劃變更，改造行員，灌輸新知識，悉心改革，成效漸著。與中南、金城、大陸三家商業銀行聯合，開辦四行儲蓄會及四行準備庫。此在當時實為創舉，可謂得風氣之先。即在今日，各國仍在盛行企業合併或聯營制度，此可見其識見之遠大。實際上，此時之吳鼎昌，無形中已成為四行之領袖矣。

晚清末造，南京有官辦之高等商業學校，校長係官派候補道，教務長為談丹崖，教員有錢新之、周作民、吳蘊齋等，皆係日本留學生；其時國人留學，以日本為最近，文字方面，亦有相通之處，且距離不遠，費用亦便宜得多。此校造就商業人才不少，後來許多銀行行員，及公司洋行之白領階級，由此校出身者甚多。如曾任交通銀行副總經理之湯筱齋，香港中南銀行經理之章叔淳（現仍居港）等皆是。清廷欲辦新政，對於留學生，開科取士。於是校中教員之留日出身者皆赴都應試，朝考之後，俱得高中洋翰林進士不等，尚記得此科之洋狀元為金邦平，後為某省教育廳長。周作民入交通銀行總管理處為總稽核，錢新之為上海交通銀行副理，吳蘊齋入度支部為主事，後為上海金城銀行經理，談丹崖為北京中國銀行經理。經過一段時間，有前清直隸總督張鎮芳出資開辦鹽業銀行，周作民得軍政大員之投資，創設金城銀行，談丹崖則創辦大陸銀行，南洋華僑巨富黃奕柱回國投資在上海開辦中南銀行，時適胡筆江先生因政潮辭去北京交通銀行經理來滬，黃氏遂請其主持，擔任總理，命名中南。胡氏再到北平，向政府請准發行紙幣，以獎勵華僑回國投資，當時商業銀行，欲發行鈔票，已屬不可能，此舉實為胡氏之大手筆，以上為鹽業中南金城大陸四行之成立簡史。

胡吳商議辦四行準備庫

胡筆江先生，錢莊出身，並非飽學，然文筆通暢，才思縝密，氣度恢宏，有領袖才。初以末秩入北京交通銀行而升至經理，辦理中南銀行後，復兼任交通銀行董事長，成為金融界之重鎮。中南、鹽業、金城、大陸四行，因人事及業務之關係，遇事聯繫，互相呼應。自吳鼎昌以財部次長之資望，主持鹽業，領袖羣倫，故四行成為一體，乃有四行儲蓄會之發生。中南銀行發行紙幣，則鹽業等三行，自然得以優先向中南銀行領用。為謀廣事流通，等於四行共同發行，則必須增厚準備，鞏固幣信。乃由吳胡二氏商議，四行聯合，分擔準備金額，成立四行準備庫。因中南銀行紙幣在上海發行，四行準備庫亦設上海，公推吳鼎昌居京，為四庫主任，推錢新之在上海為四庫副主任。

吳鼎昌（達詮）

錢吳同學乃是弘一法師

錢新之先生原籍吳興，早年與南洋公學同學之吳蘊齋、李叔同二人，聯袂赴日留學。錢吳學商科，入早稻田大學，錢後得官費，改到神戶高等商業學校肄業。李學美術，入東京美術學校，又名息霜，此即後來出家成為高僧之弘一大師。原係浙人，生在天津，父係鹽商，家道殷富，其於詩詞歌賦，書畫篆刻，無一不精。年少翩翩，浪跡燕市，厮磨金粉，走馬章台，眷念坤伶楊翠喜、名妓謝秋雲，常有詩詞相贈，報紙艷傳。在東留學，與歐陽予倩等創立春柳劇社，排演話劇《黑奴籲天錄》、《茶花女遺事》等戲，李自演茶花女，丰姿絕俗，表演精深，日本人驚為天才。但其個性孤僻，異於常人，歐陽予倩嘗與約早晨往訪，至則敲門不應，而李在樓上推窗出來說：「我們約的是八點鐘，現在已八點五分，我無工夫了，下次再約罷」，說完關窗。李回國後，在上海任教職，日在北里花天酒地。一面加入南社，與柳亞子、黃賓虹、葉楚傖、黃季剛等為好友，出有刊物，其粉紅封面，每由李息霜設計並題簽，古色古香，人爭寶之。後到杭州浙江師範學校執教，與名士馬一浮常來往，喜讀哲學書及佛經，漸有學佛意念。曾往山中，試以絕食，祗飲清水，居然能維持到一星期。後回校始緩緩進食，由此茹素念佛。逾年餘，竟決剃髮出家，先將其書畫衣履一切用物，分贈各友；對其日籍之姬，托友為遣，即入山而去。日姬踵至，始終不接見。此後遂成為一代高僧，法名弘一，以戒律謹嚴，為世景仰。

吳蘊齋聞其在杭州虎跑寺為僧，特往訪晤，至則師對吳曰「多年老友，相見甚好，惟我已出家，談話請限於佛法，俗談周旋，恕不作答」。二人相對，木然良久，吳乃廢然而返。然吳氏受其影響，後亦皈依佛教，念佛甚勤。

青島湛山寺住持倓虛法師，（即曾在荃灣弘法精舍住持之倓虛老法師）特請弘一法師到青島講戒律。（等於在家人之法律）僧眾先請隨便開示，弘一法師說：「學戒律，要緊在律己，不是律人，今人多有學了戒律，即去律人，北方有句俗話『老鴉飛到豬身上，只見人家黑，不見自己黑』，這就是人不知己過，普通人多有此病，我們學戒律，應注重律己啊。」青島市長沈鴻烈在湛山寺辦齋，宴請朱子橋（慶瀾）將軍。慕弘一法師之名，三請不下樓，師寫一字條答覆云：「為僧只合居山谷，國士筵中甚不宜」。

弘一法師六十三歲，在泉州圓寂，臨終前幾天，預知時至，曾先致書其友夏丏尊云，「朽人已於九月初四日遷化……」，此函係在九月初四日以前所發，果然至期師安然逝去。

錢新之主辦四行準備庫

錢新之先生由交通銀行滬行副理，旋升為經理。錢氏處事接物，公正和平，對人和靄，從未見其疾言厲色，見理明透，詞令周到，每能代人排難解紛，在上海工商界信譽人緣均佳，各金融機構實業公司，多推舉其擔任首長。不久，交通銀行總管理處改組，南通張季直先生繼任總理，滬行經理錢新

弘一法師（1880-1942）

弘一法師李叔同（左）與曾孝谷在東京演話劇

之擢升協理，張任淞滬商埠督辦，無暇赴京，即以錢協理代行。任期滿後，又開股東會改組。（中交兩行均有官股及商股）梁燕孫（士詒）再任總理，錢氏辭職來滬，遂就四行準備庫副主任，兼管四行儲蓄會。

在此時期，錢氏對於準備庫，經之營之，悉力以赴。在上海靜安寺路跑馬廳對面建立一座二十四層樓之大廈，設有一流餐廳酒吧，粵菜西餐，俱極上乘，所有一切裝修設備，均極摩登。彼時上海正缺乏一高貴華麗之場所，可供招待外賓貴客，今有此美輪美奐之大樓，正是及時需要。靜安寺路上車水馬龍，在跑馬廳周圍遠視，即見到此巍然大廈之高聳雲霄，社會人士均知此為四行準備庫之偉業。雖以後通貨膨脹，幣值低跌，而四行準備庫因有此實產，不受影響。故四行準備庫之信譽日增，中南鈔票之流通愈廣，與中交兩行鈔票並駕齊驅，流通各省。後來中央及中國農民銀行，相繼成立，連中交兩行，共成為四國家銀行，簡稱為四行，設立四行聯合總辦事處，簡稱為四聯總處，各省所設有者，則稱四聯分處。至鹽業、中南、金城、大陸之四商業銀行，則被稱為小四行。

二、北伐成功上海設立財政委員會

民國十六年，北伐成功，東南粗定。但南京國民政府，尚未組織完備。蔣總司令率師尚在前方，軍餉奇絀，乃發行二五庫券，託上海工商各界勸募承銷。於是在上海組織財政委員會，一面推銷庫券，一面籌濟軍餉。以上海商業儲蓄銀行總理陳光甫為主任委員，錢新之（四行準備庫滬庫主任）吳蘊齋（上海金城銀行經理）王曉籟（絲廠公會會長）虞洽卿（三北輪船公司總理）及其他工商界人士為委員，以顧貽穀為秘書長。成立不久，顧氏出任江蘇省銀行總經理，陳主任委員邀筆者繼其任，乃知此會工作，甚不簡單，二五庫券甚難推銷，必須向各方賣面情商量，而前方軍餉緊急，則惟有先向各銀行抵借匯出。試問非政府正式發行之庫券，有何信用可言。再說此會與司令部之關係，乃係客卿對等地位，軍需處發來文電，往往不知輕重，有時好像對付下屬。我一日與錢新之委員談起，此會性質，有點非驢非馬，諸公且在頂住石臼唱戲，錢笑說：軍事時期，秩序未定，慢慢來。果然，有一次，行營來電催款，竟有「限令……」等字樣，陳光甫主委大為不悅，即日電告蔣總司令，本會結束，請即派員接收一切事宜。

錢新之接任財政部次長

上海財政委員會既取消，南京國民政府，遂即著手組織財政部，部長一職，羣皆屬意於陳主任委員，故陳光甫為財政部長之呼聲，甚囂塵上，而陳氏自己就否殊不能決。時陳父在鎮江病重，我陪陳氏返鎮探病，老人見子歸來，心為一安，病勢稍定。次日，一同逛街，偶過星家章桐庵門口，乃入內算八字，藉以消遣。章係秀才出身，尚無江湖習氣，因曾算胡筆江先生在北方有口舌是非，恐將下台，宜在南方活動，可有新機會云云。其時胡氏正受安福系之累，脫離北平交通銀行而到上海，適遇到中南銀行之事，其言正驗，聲譽大著。此時章對陳說：你一商人，而交官運，恭喜你要做官了，現在是否已在進行？陳氏含糊應對，我乃說：如此機會成功，宜就不宜就？章說，就是可就，但事很麻煩，一切須要忍耐，指陳氏八字剛強，權是有的，但不肯隨便受委屈，恐怕一來就要摜紗帽了。此語對于陳氏後來出處，頗有影響，再加原有上海銀行之重任，無法放棄，陳乃決意不就。

財政部既成立，部長為古應芬，次長為錢新之，係上海銀行界所公推。古氏尚兼任廣東要職，不常來寧，乃由錢次長代理部務。稍久，政府改組，由宋子文為財政部長，錢氏辭職。國民政府派錢氏出使法國，明令發表，錢亦著手籌備，將要成行，忽張靜江發表為浙江省政府主席，力挽錢氏出任浙省財政廳長，遂中止法國之行。

陳光甫辦上海銀行經過

上海商業儲蓄銀行，乃陳光甫氏一手創辦，陳氏今年春秋九十有二，康強逾恒，一生未離過該行崗位。回溯其早年，由美游學歸來，尚在清季，先在南京南洋勸業會服務，已露才華。為江蘇巡撫程德全所賞識，派充江蘇省銀行總經理。迨應季中繼任蘇撫時，陳氏全係外國腦筋，不慣官場積習，遂即辭職，擬招股本，自辦儲蓄銀行。過去儲蓄銀行，上海已有辦過，但辦理不善，遭到失敗，陳氏決照外國銀行方式辦理。初定招股銀洋十萬元，未待收足，即先行開業，地點在寧波路四川路口；定名為上海商業儲蓄銀行。尚憶其董事長為武進莊得之，董事有孔祥熙、黃靜泉（黃振東石屏之父）、王曉籟等人。開業之後，完全新派作風，手續簡捷，便利客戶，不似一般銀行之官僚派頭，在一般銀行中，獨樹一幟，社會人士耳目一新，多譽之為洋派銀行，朝氣勃勃。陳氏所交多西友，及外商銀行，重然諾而不因循敷衍，由是

上海銀行創辦人陳光甫

信用建立，業務展開，各地開設分行，聲譽鵲起。若干年後，在寧波路江西路口購地，自建銀行大廈，全是新式設備。其保管箱庫及計算機，彼時在上海尚屬初見，開幕之後，各商業集團、學生團體，排日來行參觀，絡繹不絕，幾達數月之久。

後來又創辦中國旅行社，此亦為中國之首創事業。據顧孟餘先生告余云：係其在交通部長任內所鼓勵而成。因陳氏曾在洋商旅行社通濟隆，預定船票，不意到期，通濟隆退票，問其何故？則云已讓與西人。陳氏大為氣憤，云中國人自己為何不能辦旅行社？適顧氏在座，即慫恿上海銀行開辦，並說：交通部必與以充分支持，由此各地中國旅行社成立。抗戰期間，一般旅客難民，幸有此新設備之旅行社為招待所，而上海商業儲蓄銀行及陳光甫之大名，於以譽滿中外。

民國二十四年五月，在上海銀行公會開會，自左至右：吳鼎昌、任鳳苞、周作民、陳介、胡筆江

三、吳鼎昌胡政之張季鸞合辦《大公報》

《大公報》為抗戰前在天津出版之新型報紙，言論警闢，編排新穎，銷路遂擴展至滬港渝，成為國際知名之中國新聞紙。

吳胡張合作辦報之精神

《大公報》初時本係天津原有之報，因辦理不善而停刊。民國十五年，為吳鼎昌出資盤購，與其友胡政之張季鸞三人合辦，悉力經營，日見盛大。三人君子協定，吳為社長，胡為經理，張主筆政。報館事務由胡負責，文字由張主理，社論則三人共同執筆，而由張季鸞專主裁決。聞其時吳氏自鹽業銀行退值下班，晚間常來報館，對於專電及報上標題，甚為注意。有時吳氏即夕在報館寫成社論，交胡、張二人修改。三人總是圍坐在辦公室，一面吃花生米，一面商談各事。此種合作無間之態度精神，足使全體館員，感動效力。所以《大公報》能有彼時之成就。吳氏後雖從政，然時仍兼顧。而胡張二公，則終身盡瘁於斯，人稱吳胡張三人為《大公報》三傑。

張季鸞
（一八八六—一九四二）

胡霖（政之）

張季鸞瀟灑于右任贈詩

吳胡張三人，本是留學日本時好友。回國之後，吳入金融界，胡張二人，皆從事新聞工作。北平上海，或合或分，堪稱文化界之鬥士。胡政之原籍四川，生長北方，眼極近視，戴一副大眼鏡。我等多年老友，常喜笑謔，政之至多微笑，總是規行矩步，正襟危坐，不似張季鸞之常帶笑容，平易近人。

季鸞在滬時，落拓不羈，而天分極高，博聞彊記，遇有重大新聞或有約章，每能背誦其年月條文。身體甚弱，瘦骨支離，口不停咳，手不離煙，老羊皮袍之上，加一件滿積塵垢之大衣。以陝人而喜聽崑曲及吳儂軟語之彈詞。腰中不名一文，而常要人請他吃花酒。能在嬉笑謔浪之間，用局票寫成一篇稿件，一字不易，送往報館。而其筆仗鋒銳，辭句犀利，知識分子，爭以先覩為快。友人常以其體弱多病為憂，幸而到津辦大公報後，身體轉好。

張季鸞為陝西榆林人，于右任先生之同鄉，于右老在滬為報人時，住在一品香旅社，積欠房飯錢甚多，旅社亦無如之何。其左右無非斗方名士馬路訪員，季鸞亦在其中。右老辦《民立報》，言論激烈，不久被封，改辦《民呼》，又被封，再辦《民吁》，屢敗屢戰，不屈不撓，季鸞實與其役。故在民國二十四年，張季鸞五十歲，于右老贈以詩曰：

榆林張季子　五十更風流　日日忙人事　時時念國仇
豪情託崑曲　文筆衛神州　君莫談民立　同人盡白頭

重慶大公報輿論之權威

在七七蘆溝橋戰禍之前，華北形勢日非，《大公報》乃改在滬出版，社論幾全是張季鸞執筆。分析敵情，鼓吹抗戰，朝野人士，無不爭讀。蔣委員長在廬山避暑時，大公報社長吳鼎昌適亦在廬山，乃時蒙約見，為日方情報之檢討。

抗戰軍興，吳鼎昌已從政，乃實踐當初三人不得擔任公職之約言，辭去《大公報》社長，祇任董事。上海淪陷，《大公報》分設港渝，胡政之在香港桂林開辦，張季鸞則到重慶辦理。此時最要緊者，為敵方消息。張季鸞自己固係留日學生，同時，在渝之日本通，羣集於張之左右，樂為張用。故《大公報》能臆測敵情，判斷準確。有時對於朝政，指陳得失，評論中的。故《大公報》成為輿論之權威、政府之南針。而胡張二氏，成為中國不朽之報人，尤其張季鸞成為馳譽國際之名記者。

所可惜者，抗戰未終，張氏究因體弱，在重慶竟歸道山，時年未滿六十，國人痛失明燈。以後胡政之更為辛勞，勝利後亦在上海得病逝世。今在行篋，尋得《大公報》十週年紀念胡政之所作一文，敘述經過，摘要錄後。

「（上略）先是我等三人決議之初，約定五事：（一）資金由吳先生籌措，不向任何方面募款。（二）我等三人專心辦報，在三年之內，大家都不得擔任任何有俸給的公職。（三）我和張先生以勞力入股，每屆年終，須由報館送與相當股額之股票。（四）吳先生任社長，我任經理兼副總編輯，張先生任總編輯兼副經理。（五）由三人共組社評委員會，研究時事問題，商榷意見，決定主張；文字雖分任撰述，而張先生則負整理修正之責；意見有不同時，以多數決定，三人各各不同時從張先生，這也差不多是我們創業的憲法。」

「創業之時，組織非常簡單，我和張先生雖然各有職司，但是寫社評，訪新聞，都共同負責；而吳先生也幾於每晚到社談新聞，商文字，他走後，我們才撰寫社評。有時吳先生也寫文章，大抵是關於財政與經濟的問題。我和張先生都是十足的書生，不喜為企業的經營，因為我管過多年的事務，比較容易找到幫手，所以推我作經理，其實並不合於個性。在這時間，吳先生對於事務，尤其是會計方面，替我設計了許多。我們事業之所以能有今日，最初立法周密，計算精確，實一主要因素。」

「我們三人都是為辦報而辦報，為國家民族利益說話，絕對沒有私心和成見，更從來不以報來沽名謀利，所以縱然有人一時誤會，久之自能冰釋。」

「《大公報》發刊辭，標出不黨、不私、不賣、不盲四點，乃是張先生的手筆而為吳先生與我所贊同者，歸納起來，即是不私不盲而已。不私固難，不盲也著實不易。我們自來論人論事，都力求深刻切實，決不隨從唯否，縱因此干冒危險，受人攻擊，亦所不辭。」

「報紙事業，是一種經常地須求進步的事業，且永無休息的時候。新聞事業至少要跟得上時代，最好能走在時代的前面，領導社會，如果跟不上時代，那就難免落伍。試看以往有些有地位的報紙，不少被時代淘汰了，就是因為不肯求進步的緣故。」

四、吳鼎昌組織赴日經濟考察團

曹汝霖主張與日本一戰

華北情勢日非，日本軍閥浪人，到處兇橫作惡，人民恨如切齒，各處時有排日事件發生。日人小題大做，藉口與我政府為難。南京日本副領事藏本，一日忽然失踪，日使館向我交涉要人。一連幾日，登報訪尋，人心皇皇，不可終日，幸經在深山尋到，送回使館，一場虛驚，始告無事。然而民心恨日，幾達沸騰。一次有湖南財政廳長某君來交通銀行，談湘省之軍政費用，因而談及時局。某君說：我們湖南已有軍事準備，如何如何有把握，其氣甚壯，其言幼稚。我說：現在戰事，不比從前鎗對鎗刀對刀，人家來的是飛機大炮，現在要注重新知識新戰術。某說：我們大小機關鎗，亦都是新式的，中國民氣厲害，不怕鬼子兇。軍事委員會副委員長馮玉祥曾說：日本飛機不必怕，好像雀兒在天上撒屎，咱在西北，常到山上看敵人飛機，從來沒有撒到我身上。又聽說南京中央要員曾開會議，研究應付時局問題。軍政部長何應欽攤出許多報表，係中日兩國各種軍力的比較表，一一對照，中國相差甚多，如何能戰？眾皆無言。良久，忽有人起立，似聞係于右老，擲筆大聲說：咱們不能就這樣聽日本人宰割，連掙扎都不掙扎，我死了都不閉眼。彼時一般人之知識見解多如此。

在七七事變前一年餘，蔣委員長到廬山避暑，聞將召集會議，有所計劃。時適大公報社長吳鼎昌亦在廬山，常蒙約見。一日囑吳邀曹汝霖先生上廬山一談，吳遂函曹速駕。曹先到上海，由錢新之、陳介（上海鹽業銀行經理）陪同前往，並由中南銀行總理胡筆江先生電囑南京中南銀行經理章叔淳在南京招待。抵廬山後，眾人以為此老必係主和，詎曹氏竟主戰，對蔣委員長云：「日本情形，今昔不同，從前元老重臣，可以抑制軍閥，尊視中國，有情可商，現在內閣，反被軍閥控制，無理可喻，軍人野心，得寸進尺，目今惟有趕緊備戰，聯絡西方」。甚得蔣委員長贊許。後於招宴時，又詳談過一次，曹始離山。據曹氏語人云：蔣先生似已成竹在胸，不過欲多聽聽各方意見，以集思廣益耳。

後聞蔣先生開會後，回南京，報載其談話，有云：「和平不到完全絕望，決不放棄和平，犧牲不到最後關頭，決不輕言犧牲」。中外報紙，大事稱頌，人心稍定。此後種種，大約即是盡力維持和平之時期。

日本考察團吳氏為團長

同年秋間，吳鼎昌奉命來滬，組織赴日經濟考察團。邀集工商界銀行界共三十餘人，計有津滬漢粵商會會長及實業家劉鴻生、胡筠庵等，餘為各銀行人士，以吳氏為團長，劉鐵誠（前鐵道部次長）為秘書長。於是集議籌備，尅日啟程。初尚不知是何用意，後始知欲謀兩國民間之修好，以緩和緊張之氣氛。旋接日方工商團體來電歡迎，上海日商行廠，在虹口為我等設宴餞行。日本同盟社報紙載云：中國第一流之經濟團體前往與日本工商界聯絡，預祝兩國經濟合作之成功。於是一行，浩浩蕩蕩，同乘日本海輪出發，來送行之人甚多，日本領事館及日本商工會議所均有代表來送及以花籃見贈。

輪船開行後，船長備茶點致歡迎辭，兩天晚餐時亦來寒暄，行經長崎神戶，均有中國領事及當地官署招待。吳團長穿西裝常禮服出席，備有簡單之談話，（日文）交與新聞記者，在報紙發表。船抵橫濱，上岸乘汽車逕赴東京，下榻於帝國飯店，抵達東京之當晚由駐日大使蔣作賓（雨岩）氏設晚宴歡迎，並介紹日本方面各界要人。回旅館後，旋有正金銀行總裁兒玉謙次等三人，代表各工商團體，前來拜會。此團體包括有各銀行、紡織公司、人造絲廠公司、（彼時尚未有化學纖維工廠，故人造絲廠在當時甚為高貴，不招待外客，不讓人參觀）、製糖公司、化學工廠各公司等，專為招待中國考察團，代為接洽聯絡各事而組成。兒玉總裁鬢髮已斑，誠懇殷摯。以前曾在上海任正金銀行經理，與宋漢章（中國銀行經理）錢新之（交通銀行經理）陳光甫（上海商業儲蓄銀行總理）周作民（金城銀行總理）諸公，本相熟識，此次舊友重逢，倍形歡洽。吳團長與劉秘書長斟酌好一篇很周詳之談話，交與新聞記者，預備明日報上發表。同人頗覺氣氛甚好，大家安睡一晚。

日本政府不敢正式招待

不料翌日一早，新聞記者將原稿又帶回來。說現在不宜大肆宣傳，因軍部已起反感，疑其政府故意欲與中國財界勾通，破壞軍閥原定之步驟，已表示反對政府招待。本來內閣及外務省，已安排節目，公開招待，經此一盆冷水，只得打消。各方面之應酬，俱改為私人性質。各報紙皆不敢登載我等消息。我等一團高興，打了大大的折扣。兒玉總裁等連聲嘆息道歉，言時且係低聲，亦可見其時日本軍閥之積威矣。

外務大臣廣弘毅在其私邸中，招待園游會，園中菊花盛開。廳中懸有孫中山先生所寫字軸。廣田與吳團長，頻頻敘談，態度誠懇。後來在戰事期間，廣田組閣，曾提出廣田三原則，欲謀中日和平，未能生效。日軍戰敗，廣田亦被整肅，受盟總審判，（盟總，即四強中、美、英、蘇，所組成之盟軍總部）與軍閥東條等，同受絞刑，以一文人，殊覺處分太重。

樞密院議長近衛文麿公爵，招待晚餐。並請觀日本老戲，惜同人大多言語不通，情節不懂，而坐不終席。由此可想西洋人對於中國戲之不感興趣，與此正同。逾日，近衛公爵又托兒玉總裁來邀吳團長偕三四人同去晚宴，吳約周作民錢新之及我共四人同往。邸宅外表洋房，內部和洋各半，我等被引到洋式房內，我等之外，尚有兩人及近衛兒玉，賓主共八人，晚宴西餐，備酒多種。近衛年事約在五旬左右，長臉，唇上一撮短鬚，驟見之略似張學良。兒玉等人對之極其恭順，而近衛並不矜持，說話隨便。關於中日之事，近衛兒玉與吳團長三人互談良久，最後，近衛說：「只要我做議長一日，決不會讓日本與中國打仗」。殊不知後來近衛組閣為總理大臣，反而由其開釁，實則做了軍閥之傀儡耳。迨日本戰敗，盟總點名欲將近衛整肅，拘送監獄。近衛在其邸中說，我乃皇族公爵，豈能受外國人之審問，乃飲槍自盡。

大日本製糖公司（糖廠設在台灣）社長藤山愛一郎，在其府中，招待園游會。園極廣濶，池沼林木，甚為幽雅。藤山社長，其時年少翩翩，態度凝重。迨至戰後成為赤貧，教書賣畫自給。嗣與其舊部仍營糖業，漸具規模。岸信介組閣，以藤山為外務大臣。現在為執政黨中一小組之領袖，頗為活躍，抱有問鼎首相之雄心。

有某銀行，用日本酒宴招待，坐榻榻米。大藏大臣（財政部長）高橋是清不敢來，（高橋為有名之財政家，反對擴張軍費，不贊成軍閥向外發展，詎至東京二二六事變，少壯派軍人鬧事，竟將高橋殺死。）派其次長著和服出席來陪。與吳團長寒暄，鞠躬如也，禮貌周至。

此外，尚有不少銀行界工商界之招待，或游覽名勝或參觀工廠。同人之中，如宋漢章、陳光甫、徐新六、劉鴻生、鍾秉鋒諸公，皆用英語與日本人談話。尤其徐新六氏（浙江興業銀行總經理）係英國劍橋大學出身，經濟學與中英文之根柢，有名於時。其人也恂恂然如儒者，與陳光甫先生常與日本銀行家談論經濟，深得彼等欽仰。平時徐始終和靄謙恭，陳則莊諧並重，宋漢老耳聾，不與人多言，惟到處訪尋其鄉賢朱舜水先生之古蹟遺書，劉鴻生熱心參觀化學工廠，鍾秉鋒（天津交通銀行經理）專喜攝影。其餘同人，有不懂日語者，趣事甚多。茲述一事，在旅館中自己房內早餐，某君匆忙；寫一字條「火腿蛋」與下女，此下女照抄一條，送往大菜間，良久，僕歐拿到我處，愁眉說：何以這先生點這樣的點心，我們怎會做啊！我看其字條，則係「大腿蛋」，我笑得肚皮發痛。

吳鼎昌從政任實業部長

考察團一行多人，盤桓十餘日，總算達成一項結果，與日方工商某團，組成一合作機構，名為「中日貿易協會」。東京上海，各設會所。在日本者，會長為兒玉謙次，副會長為吳鼎昌，在中國者，會長為吳鼎昌，副會長為兒玉謙次。旋接滬電，政府變更幣制，施行法幣，此為中國財政之一大改革。各同人乃結束行程，一齊回國。方知法幣乃英國人李茲羅斯之功。倘非改用法幣，抗戰八年，如何能支持下去。英國人在中國，近百年來，總算尚有此一件好事。

不久，國民政府改組。吳鼎昌為實業部長，張羣（日本士官學校出身）為外交部長，陳介（日本早稻田大學出身）為外交次長，張公權（日本一橋高商學校出身）為鐵道部長。又派許世英（靜仁）繼蔣作賓為駐日大使。凡此種種，當是中國力求維持和平之用意。許大使年高德劭，具翰苑之才華，負閣老之聲望，常與彼邦元老耆宿，朝野名流，詩酒唱和，當筵揮翰，一時頗收折衝樽俎之效。

翌年春，日本派工商團體來中國報聘，會長即正金銀行兒玉總裁，許大使特陪同前來，先到首都南京。此時我方因吳鼎昌為現任官吏，改以周作民為會長，許修直（前內政部次長，亦日本通）為秘書長。從事招待，蔣委員長曾親臨演說。繼而回到上海，我方在靜安寺路國際飯店，開筵款待，盛大歡迎。所有中日首長，自日本大使川越、上海市長吳鐵城以次，日本海陸軍司令及雙方工商界領袖等，均被邀請參加，賓主盡歡，為上海空前之盛會。豈知未及一年，八一三之戰火爆開，而有八年之抗戰。

五、香港淪陷我被日軍拘回上海

不甘受籠絡被押回上海

抗戰起後，政府西遷，各銀行機關，分移渝港。民國二十九年冬，香港為日軍攻陷，日酋在娛樂戲院開會宣言，我軍係與白種人作戰，中國居民可各安居樂業。但對重慶份子大事搜尋，我遂亦被「請」入半島酒店。進門一看，此華貴之大旅館，已成為營棚，因無電燈，燃燭取光，兵士用草燒成火炬禦寒，大廳繫馬，污臭不堪，目覩此情，百感交集。數日後，與同難者顏駿人（惠慶）、李贊侯（思浩）、林康侯及其餘多人，被移到香港大酒店，至則熟人甚多，周作民等均在內。日酋岡本大佐拍電到東京請示，東京見被拘者為首者是顏惠慶，曾任國務總理，乃回電以戰犯處理。此則可輕可重，同人大為驚慌。岡本能說國語，尚來笑言勸慰。後被發見我能日語，乃常同我閒談。據他說：白種人不能打仗，而且胆小，前鋒小挫，後隊即逃，真能打的，要算我們兩國，倘中國人能與日本人合作攜手，我們可以橫行天下。此言雖亦有點道理，但其本意，想欲牢籠我等被關之人，到廣州再來一個偽政權。我虛與委蛇，但暗示組織偽政權為不可能。後來顏駿人、李贊侯等亦俱明白表示，年老不願再出為傀儡。岡本無法，遂於次年四月，以軍用飛機先送我等數人返滬。在滬雖可自由，但仍時召問話，無形看管，以防私往重慶。顏駿人與周作民為兒女親家，我等難友，遂常到金城銀行八樓擾宴，藉以聚晤。

我託辻大佐救出王毅靈

一日，周作民見到我，即說：你的老同學王毅靈（天津金城銀行經理，又係天津銀行公會會長）在天津，因與重慶匯款事，為日本憲兵拘捕，事態嚴重，百般設法無效，雖曹潤老（汝霖）出面營救，亦無用，你看有何辦法？我在日本成城學校，與王毅靈姚詠白（現在香港的姚慶三世兄之父）同班同學，三人素稱友好，何能坐視不理。事有湊巧，月前我曾介紹過日本辻大佐，到天津與王毅靈會過。因想現在何不往尋此人，想想辦法。周作老連聲道好，走這條路可有希望？我說：地分南北，不知辻大佐肯答應不答應，周說：辻大佐對你甚為敬重，你找他必可答應，江上達的案子，還不是你一句話幫的忙，請你趕快辛苦一趟吧。我乃當晚夜車赴寧。辻大佐名辻政信，官祇大佐（中國之上校）而其威名甚大。因在日軍攻打星馬時，立過奇功，以少佐擢升大佐。現在則為天皇御弟三笠宮殿下之親信參謀，隨其駐節南京，對於在華之駐屯軍，處於監視之地位。此人性情乖僻，疾惡如仇。對於南北兩偽政權極為不滿，罵他們貪污腐敗，日本認錯了人。有一次，忽然帶了衛隊，到奉化蔣先生祖墳致祭，說是佩服蔣先生抗戰愛國，是大英雄。以一有地位之名將，而致祭敵人之祖墳，敵乎友乎；匪夷所思，當時成為哄動中外之新聞。辻氏曾往華北視察，先乞我介紹一正直敢言之友人，俾其可以明瞭日本在北方情形。我乃作函介紹王毅靈。

辻氏抵津，與王暢談甚契，杯酒言歡。辻氏回滬，尚讚王之議論公正，謝我介紹了正派之人。有此一段因緣，現在王毅靈既有難，我乃請辻大佐相救，彼自一口答應，即日電津，王毅靈遂得安然釋放。

六、勝利後形形色色吳鼎昌慨談國事

勝利後還都劫收鬧笑話

民國三十四年秋，抗戰勝利，普天同慶，萬民歡頌。記得那晚深夜，我在睡夢中，忽接到周佛海自愚園路打來電話，說有要緊消息，你聽到沒有?我說：一點不知。周即說：無線電中，重慶廣播，日本人投降了，請你趕快向日本人方面打聽打聽真假。我聞訊之下，驚喜交集，疑信參半。乃連夜往日友處打聽，則一無消息。軍人方面，堅不信有此事，且有負氣者說，縱有此種主張，我等駐屯中國之大軍有數十萬人，決不承認。但是街上已有鼓樂亂敲，乃是印度人黑人，結隊狂呼，亦說是日本投降。次日天明，爆竹連天，晚報亦已證實。逾日，街上格外熱鬧，我素喜歡散步，乃亦出外，跟著人潮，走走看看。行到南京路拋球場，忽然行人止步，說是日本天皇廣播，我亦佇足靜聽，係天皇申說不得已投降，避免犧牲，各地軍民務須服從云。隨見路中日本人，有的低頭呆立，有的流淚疾走。我再走到江西路口，見有一輛軍車，載有日兵駛過，忽有人以西瓜皮擲上車，口中罵粗語，你們鬼子也有今日，而日兵均俯首掩面，路人羣皆鼓掌。再過兩三天後，重慶大員及國軍美兵等，陸續到達。市民見到國軍，拍手歡呼，齊來圍觀，國軍到理髮店，受到免費招待，飯館小吃，老板不收錢。美兵坐黃包車，自先施公司到外灘，給車錢美鈔一元，車夫看了看，笑嘻嘻說：歡迎你們，不要車錢，美兵又取一張出來付之，車夫格外搖手不收，美兵不懂，後有路人用英語譯告，美兵大笑，讓來讓去，車夫收了一元退還一元，此美兵連喊「頂好頂好」而去。又在滬西，見到美兵在路上遇見西婦，即用手送一飛吻，此婦亦報以一笑。有一部三輪車，一對男女並坐，忽一美兵，從車後搭上，將頭伸入男女二人中間，左右各接一吻，這位女太太，甚為尷尬，無可如何。這時候，淪陷區的老百姓，對於勝利歸來的人，真是由心底裡發出來的熱誠歡迎與愛戴。

豈知未隔多久，拘捕漢奸沒收「敵產」之罡風大作。天上飛來的重慶人，地下攢出的軍統分子，都是舞爪張牙，擇肥而噬。不管奸與不奸，敵與不敵，只要有詞可借，便可立刻遭殃。倉庫廠房，有許多機關，爭貼封條，無辜商民，有好多局所前來「邀請」。我在地豐路，看見一部小奧斯汀車，內坐三人，向我招手。近前一看，原來是李祖萊、朱博泉、吳蘊齋三公。蘊齋說：我們往某處自首，因自首可從輕處分。我詫異說：你們有何罪？要去自首？何必自討苦吃！彼等不聽而去。各人家之汽車，不問青紅皂白，形同盜匪拖了就走，詎竟光臨到我家，一打聽是吳紹澍的部下所為，不覺令我光火。當年吳做地下工作時，我曾助其赴渝，其妻兒為日軍捕去，又是我從虹口營救出來。現在衣錦榮歸，以副市長兼任社會局長，又是黨部要員，竟來亂搶老百姓家中用具。我乃到社會局向其責問，吳惟大罵其部下，且說：重慶來的人，個個問他要車子，弄得焦頭爛額。我說如重慶來的人無錢用，難道即到老百姓家中去搶錢嗎？吳惟連聲道歉。結果賠還我一部老爺車，算我晦氣。類此情形，不暇罄述，許多友人無辜受累，以前日本人侵佔時期，尚可與敵人講理說情，現在中國人對中國人，反而無理可講。勝利初臨，老百姓一片歡呼之氣氛，曾幾何時，一變而為有條（金條）有理，無法（法幣）無天，五子登科，萬民蹙額，怨聲載道，人人自危，人心之失，莫此為甚。

人皆來京滬我卻飛重慶

既而各銀行人員，亦由重慶抵滬，交通銀行滬行經理李道南來，帶到董事長錢新之慰問函，並囑即行啟程飛渝。乃關照滬行代辦一切手續，登機飛行，四五小時即抵重慶，與錢新之、趙棣華、王儒堂（正廷）、湯筱齋及其他諸友相見，劫後重逢，恍如隔世。當晚與諸公一面痛飲，一面詳述港滬經過，錢王酒量比前更宏，我初次飲茅台酒，味佳而性烈，不覺酩酊大醉。趙棣華原係江蘇財政廳長，相交多年，現來交行任總經理，王儒堂老外交家，現擔任菲律賓交通銀行董事長，湯筱齋現已升為副總經理，津行經理徐柏園，改入中央銀行任業務局經理，渝行經理浦心雅，隨新任上海市長錢大鈞赴滬，任上海市財政局長。吳達詮（鼎昌）先生則由實業部長外放，任貴州省主席兼警備司令，文武兼資，政聲甚著。現因還都在即，吳又內調為文官長，將隨蔣主席回南京。關於浦心雅之新任，尚有一段插曲，有粵人趙士養先生，修佛教密宗多年，有時能看人之氣，知其過去未來。勝利後，各友多請其觀氣，問何時能東歸。趙一見浦，忽對浦言道：「你不是幾時動身的問題，你有新機會，一發表馬上即動身，」浦聞言大驚而去。原來上海財政局長事，已由錢大鈞密保三人聽候圈定，浦亦在內，此事只有浦自己知道，外人一無所知。果然，次日浦已發表，趙言可謂奇驗，羣稱之為趙神仙。杜月笙在港去世之年，趙神仙住澳門，陰曆七月，忽然函致錢新之、楊管北云：杜將於十二日及十四日不幸，果然，杜氏十二日病重，十四日逝世。此趙神仙現亦仙去多年矣。

台灣失地，已經收復，財政部命四行（中央，中國，交通，中國農民）派員前往，籌設分行，錢新之要我赴台，主持其事，我乃先往財政部接洽。詎台灣行政長官陳儀有電前來，拒絕四行前往，云已有台灣銀行，信用甚好，紙幣正夠敷用，法幣不可前去，以免通貨膨脹貽禍台省等語。此電可謂荒謬之至，地方政府拒用中央政府幣券，如非心懷異志，即是藐視中央。但彼時政府不加申斥，居然容納其如此跋扈之主張，斯為可異耳。

不久，周作民王毅靈亦來渝。據云：京津與上海正是一樣，不如離開，避免騷擾。其時重慶公務人員，人人思歸，本行總管理處人員錢新之等陸續東下，由我在重慶留守，結束一切未了事宜。我乃乘此餘暇，偕周王二公及川友等，縱遊川省各地，並參觀抗戰工作之偉績，如電廠兵工廠子彈廠，皆在山洞內，仍在工作不停，練兵營則在高山之上。遙想當初之部署經營，必曾費盡無盡心血。一般民眾，逃避警報，含辛茹苦，敝衣粗食。如錢新之太太即身穿陰丹士林布袍，步行街市，請我在大牌擋吃擔擔麵，絕不似在滬時之高貴。乃深嘆八年抗戰艱苦卓絕之偉大精神，有非筆墨所可形容者矣。

我在重慶度歲，至翌年春，成都交行經理沈笑春，邀作成都之游。乃同車前往，在內江住宿一夜，內江產糖，而糖食並不高明。四川天府之國，物產豐富，但具體而微，尚有待於加工精製，此不過其一例。抵成都後，即下榻行內。成都地方寧靜，文治之都，（市招皆甚文雅），民風淳樸，風景宜人，街市略像北平，里巷又似蘇州，物價甚廉，小吃尤佳。老學兄楊孝慈（中央銀行經理），濶別多年，殷勤款待，陪我往遊青城山。吳稚暉先生曾題此山為「青城天下幽」。又承楊兄介紹，得與當代畫宗張大千先生相見，真是聞名不如見面。視其年不過四十餘歲，而于思于思已是美髯公，談吐豪爽，極為風趣。其居即在青城，離成都街市有數里之遙，常步行來往。談論書畫文物，頗相契合，盤桓數日，乃賜其佳作多幀，甚感厚惠。臨別聞我將歸滬，又承其在我扇上用青綠寫江南風景見貽。此扇另一面請吳稚老篆書，配以明代湘妃竹之骨，至今視為拱璧，留為紀念。楊兄尚欲邀遊峨眉，我說：此次得晤大千先生，飽挹請芬，勝遊峨眉多多，遂相握別。後來回滬不久，大千托榮寶齋代開展覽會，我乃略盡棉力，約友捧場，不待展出，預訂一空。其定價在當時講條子，已經高得驚人，但與今天相比，張大千的畫，要講美金上萬，則又便宜得不知若干倍矣。

吳鼎昌談國事大有見解

勝利數年，喘息稍定，風雲又變，戰火重開，我等又都到了香港。我於一九五一年夏，偕友二三人，坐火車來港。看見半島酒店，又復豪華如昔，數年前之日軍養馬，幾疑是否夢境。許多朋友，均已到港，錢新之先生見告，吳達詮周作民住在山上，身體不好。林康侯每日下午，總到香港酒店（彼時尚未拆卸）或半島酒店飲茶，回憶當年蒙難之苦味。曹汝霖先生則因其次子在日本經商，已赴東瀛就養。吳蘊齋終日念佛，常住廟中。後來每承蘊老殷殷勸我學佛，我家本係佛教，遂亦禮佛誦經。

旋接日本友人函邀東游，彼等戰前係反軍閥分子，逃避上海，我曾加以照拂，勝利時，又保獲其家眷，俾得携同什物登輪，安然返國，現在戰後，日本反戰派抬頭（吉田茂即為其中之一），彼等已居相當地位。既蒙來函相邀，遂即束裝就道。抵東京後，妻女出見，呼我為恩人。蓋各地日僑，均是隻身歸來，備極苦楚，尤其滿州日僑，濶人女眷，多遭俄兵姦污，後來皆女扮男裝，以灰塗面，結隊隨行，狼狽逃歸。故我友對我之始終照拂，感激不忘。其時日本尚在盟總管理之中，多處有美兵把守，貼有條告「日本人不許入內」。我走到一處，警察攔住我說，此處日本人不能走，我用日語答，我是中國人，彼更不肯信，乃同其打電話與我友證明，方告無事。有前南滿鐵道副總裁十河信二，請我到別府小住，別府為溫泉勝地，風景幽靜，曾有許多中國要人，失敗後，來東休憩於此。日友陪我同往，先對我說：火車擁擠，代我買頭等車票，但日本人不能坐頭等車，彼只好買二等票遙陪。我說：這如何可以，我亦坐二等好了。類此者有許多，對於我之學佛，大可參證。佛法重在因果，當年日本人在中國，橫行霸道，不都是如此嗎，在鄉下姦淫擄掠，在上海常有「中國人不可進入」之條告等等，現在他們正是受報應耳。佛說三世因果，今生造的業（善或惡），來生受果報，但在這時代，已等不及到來生，往往眼前即可實現，即所謂現世報，因果之說，決非迷信，科學亦有闡明，不限於佛家之言也。

曹汝霖老先生住在鎌倉，火車約半日可達，按址往訪，一別數載，相見甚懽。承告別後情形，尚帶笑容說，半世作官，毫無積蓄，現在垂老投荒，無門可貸，所以一路南來，甚費周轉，幸得錢新之周作民王孟鍾三位老友，接濟了美鈔二萬元，方得安抵此間云云。所居小屋，乃其子原來之家，屋小人多，甚為狹溢，我回想其在北平之情形，真是不堪回首，而其言談神氣，仍甚悠適，深嘆此老襟懷之沖淡，真不可及。又承告在此住了一年之後，始為其老友吉田首相所知，即派人來慰問，接其到私邸暢敘。吉田贈金，曹堅不受，笑說：今日我如收受，豈不坐實我當年蒙冤之惡名。後來，吉田代為介紹一大鑛業公司，聘請曹氏為顧問，月致車馬費若干，生活賴以維持。我仍坐火車回東京，係坐頭等，車中果無日人。

一年之後，我又由香港赴日，係承日友介紹。九州大學函聘我前往講學，講題為「中日之經濟關係」。事先我在東京書店及圖書舘，搜得參考資料不少，大有助於我講學之用。講學約近二年，來往東京與九州，而得與曹先生常相晤對。其間亦時有港友來日，如林康侯、吳蘊齋等，往往在曹家聚晤歡談，幾忘身在異國。曹氏平時往來之友，除日友及北方舊友如商震將軍、張燕卿（張之洞之子）等外，其原住在東京者，尚有史詠賡、沈泰魁、錢培榮諸君，曹氏八十歲那年，曾患重病，住院月餘，其醫藥費由史詠賡代為支付，沈泰魁駕車接送，故曹老先生生活，尚不寂寞。後又赴美國密西根，就養於其七女家中，至九十一高齡，病逝美國，此老生平極重情感，我在講學期間，接港友函告吳達詮先生因病癌動手術而去世，曹氏聞之，傷感淚下，縷述吳氏生前瑣事，深為國家嘆息失一人才。並曾詳告我勝利後在天津與吳氏之談話，此為曹吳二人最後之見面，時吳在南京任國府文官長，所談國事頗多感慨，特錄於此。

曹氏說：勝利肅奸，我曾被軍統「請」去，住了一夜，幸得戴雨農（笠）知道得早，即送我回家，但章仲和（宗祥）無辜受累，忽被拘捕，呼救無門，我只得函托達詮營救，因他與仲和亦係老友，且居文官長高位，總可有辦法，直到年底，吳達詮請假，來北方過年，仲和才得放出。達詮來了很忙，僅會過兩次，竟成永別。所談概要如下：

吳氏說：章仲和（宗祥）之事，一直無暇奉覆。實因勝利還都，各事太忙，蔣先生事必躬親，自朝到晚，那有為此等事進言機會。直到我請假北來照准時，蔣先生還問起你。我即乘機進言，說你正有信來，托代其友章宗祥營救。蔣先生問章宗祥是何人？我即陳其略歷，並說亦是我的朋友，人很正派，決非附日分子，我亦可擔保。蔣先生問送法院沒有？我答未送法院，現在陸軍監獄。蔣先生即說：既無大過，你們都肯保他，即保釋好了。隨請其下一手諭，此次帶來，仲和兄遂得釋放。

氏問後方情形如何，八年陪都，有無建設？

吳氏答：局外人不知局中事。軍事忙不了，還能談什麼建設，日機不斷轟炸，有建設亦都完了。如築公路，建機場，通油管等，都是為了軍事。即設防空洞一項，工程已不小了，有的機關，即在防空洞內辦公，有的槍械子彈，亦在山洞裡動工。戰事情形，千變萬化，非局外人所料到，這次勝利，真是僥倖。美援未來以前，以陳舊武器，怎能與新式槍炮相拚，全賴軍兵一鼓作氣，拚死衛國，打仗真是靠士氣。其後雖得美援，運用之權，操之美軍，往往坐失時機，蔣先生不滿美國，實由於此。緬甸之役，我軍與日軍劇戰，解了英軍之圍，我軍損喪奇重，並沒有得到盟軍的好感。美國重歐輕亞，開羅會議許了我們的願，等於空頭支票，沒有全部履行。日軍攻桂之役，到了獨山，我在貴陽省政府，已奉命撤退，人心恐慌，日軍又不前進，真是大大的運氣。後來羅斯福有病，只望戰事速了，高估日本戰力，遂有雅爾達密約，要俄國出兵攻日，上了史太林的大當，吃虧的總是我們中國，以後為難的日子多著呢。凡事莫非有定數，我現在倒有點相信，獨山之役，險而不險，原子彈成功，我們不勝而竟勝，豈非是數定的嗎？

胡筆江徐新六飛渝殉難經過

李北濤

我在《大人》雜誌二十五期〈吳鼎昌由商而政〉一文中，曾略述各銀行之簡史。有老友來問，抗戰期間，銀行界有一大事，何以忘卻？我問何事。友云：胡筆江、徐新六兩位金融領袖，應召飛渝，遇難身死，此為我銀行界為國效忠之一大事，經過詳情，明白的人在當時已不多，況在今日，君如忘寫，則以後恐更湮沒不彰矣。我答：身與其役，何致遽忘，特一念及，餘痛猶在，不談其他，即當日送殯時，長途緩行，廣東樂器尖厲悽慘之聲音，一路飽聽，至今尚縈腦際，無法滌去，故不忍再提，既承明教，何敢偷閒，謹當憶述其經過，由我與胡公之前後因緣敘起。

胡筆江（一八八一——一九三八）

一、敬恭桑梓　初次識荊

胡筆江先生，吾邑鎮江之洲上人。所謂洲者，乃係水鄉，介於鎮江揚州之間，其地之人，精于握算，往昔票號錢莊以至銀行，多有鎮江人，號稱鎮江幫，大半係此洲之人。胡氏行四，人稱之為胡四爺，為人古道熱腸，鄉情尤重，里中善舉公益，或友朋遇有困難，輒往上海向胡呼籲，十之七八有求必應。鎮江對岸瓜洲，沿江有圩田，常為江水沖壞，關係江北一帶水利，年深日久，非大修不可，乃由本省官紳，集議募修。省長韓國鈞（字紫石，蘇北泰縣人）偕鉅紳徐州黃伯雨、高郵馬士杰（皆係前清藩臬）及隨員等人，自南京乘早車赴鎮江視察。時我在蘇寧教書，因韓省長係我之年伯，委我在省署兼一差事，是以亦隨同前往。抵鎮江車站，揚鎮官紳，羣來迎接，中有一人，嗶嘰夾袍，加黑坎肩，戴鴨舌帽，經人介紹與韓省長相見，乃上海中南銀行總理胡筆江先生。一行先乘小火輪，到對岸沿江視察，午刻始回到鎮江商會，筵開數桌，韓省長黃馬二紳及我與當地官紳等居中一桌，胡氏與商會會長于小川次席相陪。席間談及如何籌款，隨由鎮江及瓜揚商會會長各地士紳，當場認捐，但甚微末，離題尚遠。黃伯雨說：尚有江北各縣未曾通知，不過恐不容易足額，總要請省庫多擔負點，方可完成。韓省長捻鬚沉吟不語，胡筆江先生起立說：「請省長放心，這本捐簿，讓我帶到上海，總對省長一定有個交代。」韓省長連忙拱手說：好極好極，我代江北鄉民道謝。其時我等來人，都是長袍馬褂，正襟危坐，必恭必敬，出言拘謹，以視胡氏之輕裝瀟灑，談笑自如，不覺自慚形穢矣。

我對筆江先生，聞名已久，至是方得識荊。相與寒暄，承其對我說，久仰北翁文名，所以能為韓省長倚畀，我遜謝不遑。心中覺得這位鄉長，雖是生意人出身，何以一無鎮江人之土氣，而如此的善於辭令。另一方面，又覺得胡氏外表時髦，內裡沉著，態度凝重大方，不像其他在上海得意之同鄉少年，海派氣重，一到家鄉，即要擺濶，如在茶館早茶，不過吃點餚肉、白湯麵之類，而乃自帶白色餐布，牙筷毛巾，令到全樓茶客，為之呶嘴注目。堂倌小帳，例不過幾角錢，而動輒五元鈔票不要找，堂倌嘻笑道謝，鄰座相顧愕然。

自此之後，我亦常到上海，與吳蘊齋、徐靜仁、陳光甫等過往，在十號俱樂部，亦偶遇到胡氏，不過同鄉應酬，未有過事件接觸。但知其經營之中南銀行，業務懋盛，待人厚道，御下有恩。我有知交許季實兄，在中南銀行任記室，文采風流，頗得胡之信任，文人積習，到處留情，每到年底，債台高築。據其告我云，每逢為難之際，輒被喚進經理室，胡四爺開口問：怎麼樣，年底可以過去了吧？許只得以實告，尚缺若干，總是被罵一頓，喏大年紀，還要荒唐，再不覺悟，將來如何得了，許氏只得自責糊塗。如此挨罵之後，照例領到支票一張。此種作風，在今日新潮時代，恐怕不多見了！

二、交行南遷　任董事長

中國交通兩銀行，原有商股，從前股東會開會，其權甚重，憑決定行中一切大計。民國十八九年，國民政府實行管制金融，先命兩行之總管理處，由北平南遷上海。財政部頒布「中交兩行管理條例」，中行之領袖，原稱總裁副總裁，交行之領袖，原稱總理協理，此等名目，均予取銷，一律改稱為董事長總經理，由股東會開會，選出董事若干人，由政府就其中選定核派。如此一來，兩行成為純粹之國家銀行。交通銀行在滬改組，胡筆江先生出任董事長。胡氏早年本係北京交通銀行經理，後因赴滬創辦中南銀行而脫離，至是再回舊家，行中同人無不鼓舞，而我乃得不時親近，中南銀行距交行甚近，相隔只一馬路，遇事常到中南，向胡董事長報告請示。及宋子文任中國銀行董事長時，對於銀行業務金融情形，多賴胡氏為其左右手。中交兩行業務，本多關聯，胡氏每日親到交行，竭盡智能，使兩行業務溝通，以輔助宋之不及。夫以梯維宋之個性，忽中忽西，有人謂其有事有人，無事無人，凡與共事，鮮克有終，而獨能對胡氏始終相交無間，締交甚篤，此則筆江先生慮事周密，至誠待人，有以使其然也。

三、抗戰退漢　相士無言

民國二十六年八月十三日，淞滬開火，抗戰軍興，即所謂「八一三之變」。是年冬，放棄首都南京，政府轉移武漢，中、中、交、農四個國家銀行總行，亦隨之西遷，交通銀行自董事長胡筆江、總經理唐壽民以次，即在漢口湖南街交通銀行分行內辦公。財政部長孔祥熙、次長徐堪，亦在一小洋房內，常開會議，處理要務。戰線日漸蔓延，餉糧告急，四行惟有多發紙幣，以應急需。而外匯日短，遂於民國二十七年春，在漢召開貨幣金融會議。議決：（一）政府管制外匯，設立外匯管制委員會，及平準基金委員會，（二）改定匯率——原定法幣百元兌換美元三十元，改為法幣百元兌換美元十六元。此時前方戰訊，頻多不利，有一天，陳誠等要人，在交通銀行午飯，席間，陳誠去聽電話，回來大聲說：好消息！台兒莊大捷！羣為歡呼。胡董事長馬上關照速買炮竹，燃放慶祝，立時消息傳遍，闔市歡騰。不意幾天之後，反而徐州失陷，人們一團高興，變成愁雲，每天要逃警報，情緒均甚低落。漢口時有相士胡紹陶，負盛名。一日，在行午飯後，胡氏說：去找胡紹陶談談，於是唐壽民、湯筱齋及我隨往。此相士年已七十外，鬍鬚稀長，兩目有神，手持旱煙袋，對胡氏看了又看，半晌未發一言，忽自稱病發頭昏，不能看相，對不起，進入內室，我等只得掃興而去。但次日湯筱齋遇其鄉人項某云：昨日亦在老相士家，見其又代人看相，乃問適才何以發病？則云：來人相貌堂堂，大約是軍政界要人，惟其心思煩亂，神敗氣衰，必有大難，不好明言，只得稱病不看耳。

不久，馬當險要，已告吃緊，政府機關及各銀行，不得不作退步之準備，分別將重要文件運往重慶，一方面關於外匯業務之機構，則移設香港。各銀行總管理處，亦分設渝港，故在民國二十七年之夏，各銀行重要人員，已離漢口來港。政府遷渝，財政更緊，其間曾有上海商業儲蓄銀行總經理陳光甫赴美借款之行，此役大為成功，借得二千五百萬美元，實是當時一大補劑。陳光甫與美國財長摩根韜，為賓夕凡尼亞大學之同學，有此因緣，政府乃商請陳氏赴美一行。陳氏赴港，電召該行工業部經理童侶青來港商量，決用商業借款方式辦理。童氏為紡織專家，年富力強，博聞強記，能將西南各省之生產數字，背誦得出。乃草擬分年攤還之借款方案，即以西南物資如桐油、猪鬃、鎢沙及其他等物，每年運美，作價還本。童氏以三日三夜之功夫，趕成草案。陳氏帶到重慶，配合政府國策，然後赴美商談，幸而大功告成。其時此等物資出口，年約一千多萬美元，故此筆借款，三數年即本利還清，對美信用，克自樹立。

四、奉召飛渝　胡徐同行

迨至秋間，財政部有電到港，召集各銀行人員赴渝，預備再開貨幣金融會議。交通銀行在胡筆江、唐壽民二公會商之下，決由胡董事長前往。時適浙江興業銀行總經理徐新六，由滬來港多日，亦接到孔部長電邀赴渝，遂約好與胡氏同行。當時飛機票甚為難買，中國政府所轄有兩家航空公司，一為歐亞，一為中航，後得金城銀行商讓，始訂得八月二十四日起飛之機票兩張，飛機係中航公司之「桂林號」。報載孫科亦定於該日飛渝，係在晨間八時乘歐亞航機飛往漢口，而桂林號稍後始開，胡、徐兩公，同乘而去，時為民國二十七年（一九三八年）八月二十四日也。

五、霹靂一聲　飛機遇難

飛機開後，約一二小時，忽有謠言，飛機失事，再後陳彬龢（中報駐港人員）、鍾秉鋒（中央銀行代表）來報說，桂林號被敵機射擊落海，地點在中山縣張家邊。全行聞之，大為震驚，急打聽胡徐二公消息，一無所聞，傳說紛紜，凶多吉少。中山縣之所在地為石岐，由石岐乘小火輪，約行一小時，方是張家邊，係珠江流域，江面甚濶，水流湍

胡筆江徐新六遇難地點張家邊珠江水域

急。逾時，宋子文等均來行集議，由宋出面，電託廣東省主席吳鐵城，及中山實驗縣縣長張惠長，儘量援救飛機遇難者。一面派交行秘書裴延九、業務部副理周叔廉偕同胡氏長公子惠春、中南交通兩行庶務員、醫生李樹培、殯儀館護士等，急赴中山縣。中南銀行經理章叔淳，熟悉香港情形，由其在港接洽各事。裴等一行，午後動身，到了澳門，已過下午六時，因在戒嚴時期，閘口關閉，不能越赴華界，只得住宿一晚，次日方抵石岐，打聽一切經過，電告香港。彼時只見機身已陷在水中，惟機尾浮在水面，生還者的除正機師（美國人）電報生及乘客樓兆念（望纘，六河溝煤鑛公司聯員）三人之外，俱遭不幸，胡徐二公，亦未獲救。行中同人聞之，天崩地裂，震悼異常，由是每天以電報不斷接洽。

綜記失事之經過，則桂林號飛機開出不久，即有敵機四架，分在四角，跟蹤掃射，機師無法躲避，乃急俯降水中，敵機仍緊追不捨，飛機落在水面，尚未下沉，而敵機

徐新六（一八九〇—一九三八）

即輪流低飛射擊。正機師美國人，急跳下水，隱在水中約一小時之久，奮力游至岸上。樓君矯捷，急由窗口躍出，胡氏繼之，但又回身，去取皮包再出，已受槍傷，跳落水中，吉凶莫卜。樓君能游泳，但亦受傷，只得仰臥水面，再三掙扎，靠近稻田，乃得鄉民來救。先尚遙聞機中呼救之聲，極為悽神寒骨，後則呼聲已絕，救已無及。（以上樓君所述）。

又據張縣長言，當天曾派水鬼（即能游水之人）潛水察看，發現多人遺體，浸在水中，無法搬出。乃電香港運去起重機，將飛機吊起，方得陸續取出，但俱漲水，身首臃腫，非復本來面目。聞訊來認領之人，多方辨認，才得認識。各死者之中，有前中國銀行總裁徐恩元之夫人及其外孫亨利鍾。上海名醫陸仲安之子陸懿，留德學成回國。孔部長之機要秘書王亮甫。副機師劉崇，乃駐德大使劉崇傑之弟，在美國學空軍，回國投効，因其妻係美國人，不能服務軍役，詎此君不能効命疆場，而乃死在民航機內。另

在張家邊飛機下沉處用起重機將飛機吊起

有聚興誠銀行少東楊錫遠夫婦，新婚歸里，重慶家中，當日大宴親朋，尚在癡望此一對新人回家。又有熊克武之女公子，上機時，服裝華貴，容光煥發，身懷有孕，母子俱殤，可嘆昨日之紅粉佳人，今日成為腐尸爛骨。其他許多慘不忍覩之事，不堪再贅。

最後幸在艙首駕駛室內，尋到徐新六遺體，尚未損壞。惟胡公遺體，遍尋不得，乃由張縣長通飭各卡，多方打撈，後經在送來遺體之中，惠春公子與裴延九等，詳細檢驗，由其中裝衣履及腰際尚存有自備手鎗，已可證明係胡氏之遺體，隨由同來之殯儀館護士用藥水拭洗，又尋到墨水筆一枝，上刻有周佛海之名，係於行時，周佛海夫人託帶與周氏者，有此證物，則可斷定確係遺體無疑。於是電告香港，在港購辦衣衾、大禮服、銅棺等，由胡四太太親自帶到石岐，護士將遺體用藥水洗淨，換著新衣，禮服禮帽俱備，妥慎成殮後，棺上用綢製之國旗覆蓋。徐新六與王亮甫，亦用銅棺裝殮，徐氏各事，有浙江興業銀行之王兼士君辦理，王亮甫氏有財政部駐港人員辦理。皆是幾經週折，一行人等乃得於八月二十九日，將三銅棺安運到澳門，雇定「綏泰輪」，安置輪上，預備夜間開行赴港。

六、靈柩抵港　送殯追悼

八月三十日晨，綏泰輪抵香港，天陰微雨，胡府家屬親友，包括中南、交通兩行同人與及銀行友好，均已鵠立碼頭迎候。有愛爾蘭樂隊吹奏哀樂，其音悽慘。胡徐王三靈柩，緩緩移岸，分別抬上靈車。胡家仍沿舊禮，胡四太太及惠春已經換了孝服，同已來碼頭之家人，一同跪接靈柩登車，諸事齊畢，方行出發，音樂前導，逕赴東華義莊。賓客及家族。均緩緩步行，宋子文、唐壽民、鍾秉鋒諸位，在最前列，胡四太太則由周佛海夫人楊淑慧扶掖而行。天暗未雨，惟陰雲密布，似更形成一片悲哀氣氛。路線甚長，約走二三小時。我一路行來，百感交集，想到我與胡氏自在家鄉初次識荊起，及在交行一同流徙，乃至漢口相士背後之話，覺不幸而言中，胡氏現年不過五十八歲，建功立業，前途方長，胡天不弔，竟令去世，追思之餘，傷感不已。後一抬頭，看見宋子文在我前行，忽然觸及前塵。民國十八年，在南京，參加孫中山先生奉安之役，宋子文亦在我前緩行，不意今在海外，又復同送胡氏之殯。正在沉思迷惘，不覺已到永別亭，送殯到此為止，各親友等乃行禮而退。胡氏之柩，當時即暫厝於東華義莊。

殯事既畢，交通銀行在跑馬地東蓮覺苑，舉行佛事，超度胡董事長，總行同人，全體均來祭奠。旋由政府發表派錢新之先生繼任董事長，開董事會議決，對于故胡董事長，致送奠儀港幣十萬元。

又一日，在孔聖堂開大會，追悼胡徐王三位被難者，到者很多，座無餘席，開會後，先由遇難生還者樓兆念君登台，報告遇難情形，甚為悽慘。次由宋子文演說，用上海話謂胡徐二公之死，不獨金融界損失，且是國家之大損失，語極沉痛。中間似尚有人演說，已記不清，最後由羅雁峯先生登台，誦讀祭文，（羅名鴻年，鎮江人，與胡為同鄉好友，與徐為留英同學，北洋時代的財政次長）。歷述事績，一字一淚，讀到後段，老淚縱橫，嗚咽幾不成聲，全場為之飲泣。嗚呼！人生至此，天道寧論。

七、孫公奉安　迴憶往事

民國十八年春間，孫先生奉安之役，今在此附記其大略。孫先生靈柩，從北平迎接南來，黨政要人，往浦口恭迎過江，安置在丁家橋中央黨部大禮堂。各要員輪值，留宿黨部。凡各部院會簡任以上人員，均須分班敬禮，瞻仰儀容。時我在財政部任秘書，部長即係梯維。（部中人背後多以此稱宋子文）財部人員，由兩位次長鄒琳、李調生率領前往。孫先生銅棺在大禮堂中央，各人行禮三鞠躬後，繞棺瞻仰，見孫先生安臥其中，著中裝常禮服，白襪緞鞋，面容如生，唇上短髭，花白齊整，似頗堅硬。三天之後，由各要人執紼護送到紫金山中山陵。到時，各部院簡任以上各員，亦均伴送。清早，即須到預先排定地點報到會齊，財政部排在鼓樓附近，仍由鄒、李二次長率領，一律步行。各單位人數，連軍警音樂隊，幾達千人，行列長達數

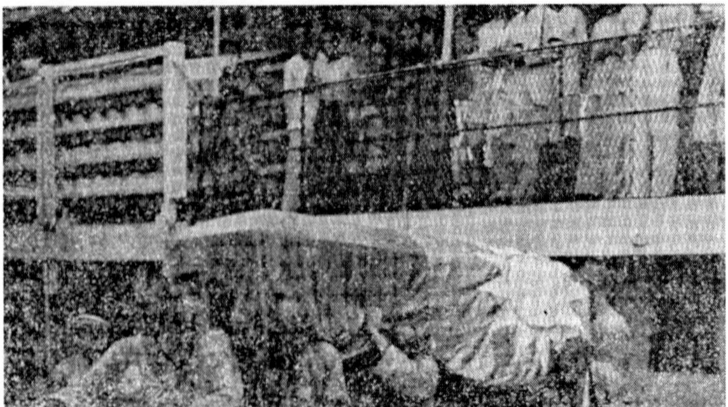

胡氏靈柩上覆國旗由綏泰輪運來香港
圖為靈柩抵埠，由船上啓運時之情形

里，各要人及靈柩，列在最後。在黨部啟程扶柩上車時，鳴禮砲若干响，各要人手執連於靈車的長白布，在前緩行。坐馬車者僅兩人，一為孫夫人宋慶齡，轎車中似有女人相陪，另一人為譚延闓院長。馬路兩旁，老百姓全在繩欄外竚觀，繩欄內不時見有西人及日本人，均著禮服，緩緩步行。我等行列清晨出發，至午刻，前鋒始行抵中山陵山腳，即止步停進，分列兩旁竚候，此時各人始得略為休息喝茶，同行之徐堪、賈士穀各司長，俱感困乏，只好坐在路旁草地。良久，聽見音樂，各執綍之要人及靈車，緩緩而來，經我之前走過者，有蔣委員長、孔祥熙、陳果夫、宋子文、戴傳賢等多人，均是長衫馬褂，孫科亦在其內，惟未穿孝服。各要人護送靈柩，登中山陵，直至奉安時再發禮砲，然後一般行列，始各解散，其時但覺一片莊敬肅穆的氣氛，與胡喪之悲悽情況，大不相同也。

八、敵機肆虐　原有秘因

事後研究，民航機桂林號，何以被敵機圍攻。多方探索，方知確有秘密原因。當初推測，以為敵人要害孫科，此說並無根據。又聞徐新六之被召赴渝，係資源委員會錢昌照所保，欲徐代陳光甫赴美，此說亦屬子虛。今次先述徐新六與政府之關係，遠在抗戰之前，英國人李滋羅斯，在中國任財政顧問，頗多貢獻，中國時正為抗戰之準備，關於財政，李滋羅斯建議，使用法幣，不再以銀幣為通貨，集中發行，限於中、中、交、農四國家銀行，茲事體大，計劃須極精密，由財長宋子文密託浙江興業銀行總經理徐新六氏草擬方案。徐氏與李滋羅斯，為英國同學，徐能通數國語文，學行夙負時譽，在上海任工部局華董，態度溫和，發言公正，極為西人推重。徐氏受託，擬成法幣方案，事極秘密，無人得知，徐氏絕不告知別人。以往政府遇有改革，政府要員或參與機密者，往往事先在滬投機，買進賣出，飽入私囊，逍遙海外；徐氏獨能守口如瓶，最妙者為浙江興業銀行董事長葉揆初，事後對人說，徐新六總經理經手此事，連我都未談過一次。徐氏死後，該行報告其身後一無積蓄。可見徐氏律己之嚴，持躬之正，真可以風後世。

李滋羅斯立此大功，抗戰後亦在重慶，仍任財政顧問。曾斡旋英國政府借款，英問中國有無可以信賴之人，管理債權，李即以徐新六對，於是英政府即告中國，可借款四百五十萬鎊，附帶條件，須以徐新六為中央銀行總裁。故孔部長與李滋羅斯，與徐新六頻有密電接洽。豈知彼時日本間諜，到處密佈，我國朝中大計，許多事為日本所知，此一金融秘密消息，亦復如是。而來往密電，則經常被日人盜譯，中國人尚不知道，自以為機密，真是可

胡筆江氏之喪，宋子文親臨執紼，步行恭送，右第一人即為宋氏。（本文圖片均由胡惠春先生供給）

嘆。我在太平洋戰爭時在香港被日人拘解到上海，晤見汪政權中人，周佛海即對我說，你們重慶發密電的技術太幼稚了，總是被日本人將密碼盜譯出來，隨取出舊電稿一束，我一看果然。故中國朝野要人之行動，全在日本人鳥瞰之中，此次胡徐二公之行踪，自然不會例外。胡筆江先生為宋子文之心腹，日人最忌者，為親美派之梯維宋，今胡與徐既在同一飛機，遂即一同下手。觀其對於一架民航機，而出動四架軍機圍追掃射，顯見其為有計劃之行動。當桂林號飛機出事之次日，香港尚未清楚胡徐吉凶，裴延九等次日方抵中山縣，發來電報，須次晚始收到，而在上海之浙江興業銀行董事長葉揆初，則已有日本特務，前去通知，此又可見其為整個之計劃也。

桂林號飛機出事之消息傳到重慶後，朝野大為震驚，政府對於胡徐二公為國捐軀，深致哀悼，特發明令褒揚，並致送撫卹金各一萬元。英國顧問李滋羅斯，其時心境，大為難過，對於徐新六先生，認為伯仁由我而死，常在家中，咄咄呼天，在各房間皆張貼徐新六的照片早晚祈禱。這位英國先生如此的具有正義感，在功利主義之西方民族中，倒可以算是少有。

九、天佑善人　其後必昌

今者，事隔三十多年，胡徐二公，墓木已拱，而其哲嗣等，事業隆盛，克振家聲，足慰二公在天之靈。胡惠春大兄，疏財仗義，饒有父風，當代畫宗張大千，人謂其富可敵國，貧無立錐，與惠春交稱莫逆，輒有通財之誼。惠春富收藏，尤精鑒別，此地收藏家及大會堂古物陳列所，均常以惠春為南針。一次，有日本東京博物舘陶瓷部主任某，特來寒舍過訪，欲看名家瓷器。我於此道，一竅不通，只得求教惠春，承其招待日人一行，到其府上。初時看了幾件普通瓷器，惠春一見來人把玩之手勢，即知其為內行，乃取出宋元珍品相示，並將其年份特點，一一說明。來人大喜過望，深致欽佩，彼固亦係識家，故能應聲作答，細加鑑賞。原來瓷器大有考究，譬如元朝時代，有元人管轄區域所燒者，有漢人區域（元人未管到之地帶）所燒者，同一元窰，而其年份、地域、瓷質，均有不同。後世之人，莫名其妙。惠春腹笥淵博，解說如數家珍。來人亦坦白陳說，某種品在日本某某爵府亦有收藏，係八國聯軍時由中國取去，某種品係甲午戰爭時取得，此元窰有某某等名稱，某年有彼國領事，特往某地搜購，帶回日本，紀了大功，此物現藏東京上野博物舘。他們主客二人，問答頗為合拍，我這外行，在他二人之間，代為傳譯，方知玩古董有如此之學問，不覺自慚淺陋。後來此日人回國之後，分別來函道謝，尚欽佩惠春不置。徐新六先生為楊士琦（袁世凱屬下大員）之婿，夫婦伉儷雖篤，而楊氏無出。迨徐死後，發見其在滬有一外室，且育有一子，親友快慰，足見天不絕善人之後。其子名大椿，早已留美學成，在保險界負有盛譽。

十、結語

我此文乃應老友一言而作，既經動筆，則報導必須翔實。顧以年未老而記憶已衰；遠年之事，反而記得清楚，故為昭慎重起見，特請教胡惠春大兄，承以其當時日記及照片見示。又蒙裴延九、章叔淳兩兄，給我以親身經歷之珍貴資料，連我自己追想得到者，前後融會，拉雜成篇。文之工拙，已非所計，惟求事實經過，得免訛誤。筆者私意尚有一點，特再提明者，乃胡徐二公對於抗戰經濟偉大之貢獻是也。慨自七七蘆溝橋事變以來，我政府處心積慮，積極備戰，最緊要者，莫過於經濟問題。西諺有云：戰爭所需，第一是錢，第二是錢，第三仍是錢。故其時所訂之金融政策，皆是為了備戰，如施行法幣，不過其一耳。而此種任務之執行機關，則為中國交通兩銀行。於此我須坦白一言，中交兩行，自北洋時代起，業務人事，向不合作，而且時相齟齬，總行如此，各地分行亦如此。今面臨抗戰關頭，如兩行步伐，再不一致，則必抵消力量，勞而無功。自胡董事長入主交行，即從大處著眼，各事力與中行合作，推行國策，故在彼一時期，一切設施，配合得宜，中交兩行，克盡使命，此則筆江先生在戰時經濟方面，無形中之偉大功績。至於徐新六先生擬成法幣方案，功成不居，尤足媲美前賢。凡斯種種，恐非一般人所能盡知，故不嫌辭贅，特為闡揚。倘後之修史者，採及葑菲，則固筆者之所馨香禱祝者也。

記前輩銀行家陳光甫

李北濤

鄉長陳光甫先生，早年赴美留學，飽吸新鮮空氣，清宋回國，民初以八萬元之股本，創辦上海銀行及中國旅行社。部署一切，悉是新派，以其超人才智，知人善任，遂能使其事業，蒸蒸日上。中間遭逢國難，流離遷徙，赴美借款，為國宣勤，而六十年來，未曾脫離其事業之崗位。今年高齡九十有三，猶安居台北，主持行務，洵可謂為銀行界之人瑞。筆者春間，偶隨友朋，作台灣之遊，縱覽名勝，寄情劇場，怕做過境蝗蟲，遂未多訪親友。詎為光甫先生聞知，渴欲一晤，承蒙張壽賢先生（航聯保障公司董事長）偕杜維藩兄，尋至寓所，同往陳府謁候。入門見其安坐椅中，兩足不能起立，多年濶別，相見甚歡，見面即對我說：「你的頭髮亦已白了」，大概以為我尚年輕，見其說話低緩，神智尚清，絮絮談舊事，詢問許多老友狀況，太息言道：「老朋友越過越少了。」我問：劉作君、貝淞蓀兩位先生經常來吧？陳太太答道：劉先生患中風，不能出門，貝先生亦現老態，年已八十一，說話顛三倒四，說過即忘，上次陳先生過生日，他前後送了三只蛋糕，現在即將到美國去了。護士在旁，端茶送藥，我因問其飲食起居？陳太太說：照醫生所說辦理，不能停藥，飲食睡眠，不能有一定時刻，今天上午，尚神智不清，下午才好的。我勸其不時扶住人徐步活動活動如何？則笑答：「兩隻腿不聽命令了！」尚不失其言談幽默之故態。話已談多，恐其勞神，乃起立興辭，尚承其堅欲移步門口，殷殷握別。經此一幕，多友咸囑寫點陳老先生軼事，俾可明其成功之因素。今就記憶所及，振筆寫出一二。

洋務人才隨處逢知遇

陳光甫先生，原名輝德，吾邑鎮江人。在昔銀錢界之人才，以鎮江幫為多，同氣連枝，互相汲引，因緣時會，人才輩出。惟陳氏則不然，乃係洋務出身。清季熟習洋務之士，大都成為高官，或為鉅商，可說是發達之捷徑。陳氏幼隨其父陳仲衡老先生往漢口經商，初在洋人開設之報關行學生意，晚間以學費二元補習英語，服務七年，皆以英語與洋東問答。所有海關手續、洋貨進口、土貨出口，乃至報關行有時須代客戶墊款周轉等情形，無不熟悉。繼而考入海關郵政局，（其時郵局為海關所辦，制度全是洋式）同事有楊敦甫、楊介眉二君，相交最契。上級全是西人，服務數年，所學所做，西人之生活習慣，服務精神，深入腦際，習成自然。故後來陳氏被人目為外國脾氣，洋派作風，實基於此。

後值美國在聖路易舉辦國際博覽會，向中國徵集出品，其手續由各地海關辦理，稅務司派陳氏辦理此事。陳氏岳父景老先生，在某大洋行為買辦，與官場甚熟，湖北省參加博覽會有代表團，乃代陳謀得隨員之職，放洋赴美所事既畢，得到湖北留學生監督之優待，給予津貼，留美求學。在賓夕凡尼亞大學之商學院畢業，幾年來一切費用，皆其岳父津貼，故陳氏對於前妻景氏夫人，畢生敬愛，至老弗衰。

陳氏學成回國，兩江總督張人駿在南京開辦南洋勸業會，陳以留學熟手，受聘為外事科主任。南通張季直先生則任該會之總審查長，最賞識會中兩位青年留學生，一為劉竹君，一即陳輝德（光甫）。後來劉氏北上，入郵傳部任路政司長，歷任交通部各鐵路要職，成為交通界之元老。陳氏後以銀行為終生事業。會中同事，有同鄉唐壽民氏，幹練有才，二人結為好友。

八萬元股本開辦銀行

清末，光復軍起，江蘇獨立，江蘇巡撫程德全被推為都督，委派陳氏為江蘇省銀行監督，後改稱總經理。陳氏隨邀唐壽民為助，管理業務，又請舊友楊敦甫棄去無錫中國銀行之職，來江蘇銀行為助，經營二年，成績漸著，乃政局忽變，程氏退休，陳亦辭職而去。

民國成立，局勢艱難，工商不振，金融無力，中交等公家銀行積習難改，各商業銀行組織不健全，且多屬錢莊改造。陳氏欲自辦一銀行，屏除舊習，實現理想。所困難者，招股不易，當時曾有過若干儲蓄銀行及保險公司，新張不久，即行倒閉，人們受害，不知凡幾，一聽到股份有限公司，即行搖頭。（中國向來合夥經營之事業，皆非有限性質）陳與諸友，幾經研究，決定招股十萬元，試辦一銀行，定名為「上海商業儲蓄銀行」。僅實收到八萬元，即行開業。其中半數幸得李馥蓀介紹武進莊得之先生擔任，後即推其為董事長。餘數由熟友分別認股，憶有黃靜泉（黃振東之父）、張鶴隱（前中央信託局副局長張納川之兄）、梁某（上海銀行房東）等人。後來發達增資，乃有王曉籟、孔祥熙、榮宗敬等多人加入。陳氏被推為總經理，隨將江蘇銀行之得力幹部，陸續邀來，如楊敦甫、唐壽民、金宗城、李桐村、李芸侯等，又有漢口舊友楊介眉，適自美國歐文銀行實習回來，亦被邀加入，分任經副襄理等職，羣賢畢集，大業乃成。

行址係租用寧波路九號，近四川路口三樓三底之屋，將其改造而成。右首統廂房，打通為一狹長房間，金宗城、李芸侯、唐壽民、楊敦甫等，依次前後列坐，其後為英文秘書伍克家（川人，抗戰勝利後，擢

陳光甫壯年時代

升為總經理），再其後，隔有一小房，即為總經理陳光甫之辦公室，真所謂華路藍縷以啟山林。開業之後，一切章則皆倣西式。櫃台手續務求簡便迅速，一掃國人慣有之因循泄沓，悉為顧客謀取便利。用新式會計，帳目公開。儲蓄方面，存款一元，即可開戶。繼創「禮券儲蓄」「零存整取」等新辦法，吸引號召。中國銀行副理張公權首先以五萬元開往來戶，其他各銀行，及南通張季直先生之大生紗廠等，均有鉅款「堆花」，由此，業務漸盛。彼時一走進上海銀行大門，見到各行員，多數西裝年少，穿梭肆應，朝氣勃勃，耳目一新。尤其各人稱呼，不似其他銀行之稱職銜，為某經理、某副理等，而一律皆稱先生。對於總經理，亦稱陳先生，高級行員，且多以K．P稱之（K．P乃光甫二字之直字母，此亦西派），其內部作風如此。

談到對外，其時銀行錢莊，對於外灘銀行往來，乃一件重大之事。所謂外灘銀行，乃指設在外灘之滙豐、麥加利、花旗、正金等外國銀行而言，此等外國銀行，雇有買辦，美其名為華經理，實則祇一接洽華人業務之營業員而已。中國人言語不通，手續不懂，不得不經過買辦，但此等買辦之大者，其氣焰甚了不起，如滙豐銀行對各行莊之跑街（營業員），只能由後門入內，與各老司伕雜在一起，到其手下帳房先生處，伺候良久，甚至大半天，所事方能辦妥。至於西人，如滙豐銀行大班（即經理），簡直是上海金融界之無上權威，對於中國人，更不屑一顧。其時之上海大亨，多係寬袍大袖，隨地吐痰，所談無非聲色，毫無一點新知識，何能使人家瞧得起？只好讓買辦狐假虎威，上下其手。惟上海銀行則不然，初生之犢不畏虎，不理這一套，初不與外灘銀行往來。稍久，在公共場合，此等西人與

K．P陳會見，偶一交談，便加青眼，由此論交，遂相契合，如有所需，電話接洽。所以銀行雖小，而新開不久，即可與各銀行大班直接辦理，此其特別之處。

初次識荊暢談新業務

我識光甫先生，在民國七八年之交。上海銀行羽毛早豐，鎮江設有分行，其經理為舍弟壽如，本係在南昌中國銀行服務，而由陳氏向該行經理王仰先（亦鎮江人）借用者。陳氏喜歡旅行，不時乘長江輪船，到各埠視察行務，總在鎮江盤桓。常晤聚者，我弟兄二人外，尚有羅雁峯先生。（名鴻年，英國留學生，曾為中國銀行總會計，後任財部次長）陳氏酒後健談，每談鎮江租界海關之腐敗及錢莊行號之守舊。羅氏偶問上海銀行之新猷？陳答：近有兩事可告。一為「首創銀兩銀元並用」，大為便利客戶。蓋中國幣制仍不統一，係以銀兩為計值單位。而各地銀兩之成色重量並不一律，因而名稱亦各不同，政府標準，名曰「庫平」、海關標準，則曰「關平」、天津曰「行化銀」、北京曰「公砝銀」、漢口曰「洋紋銀」、鎮江南京曰「二七寶」，上海銀錢業又用「九八規元」為記帳單位。自外國鷹洋流入中國，標準劃一，人民樂用，清政府亦即在各省設銀元局或造幣廠，鼓鑄銀幣，於是銀元，大為通用，而習用之元寶、銀塊等，社會乃少見。惟上海市面往來，銀兩銀元，均須照「九八規元」折合記帳，則其間有兌換率，名曰洋釐，其值每日不同，由錢業公所掛牌公告，所以洋厘有差額，又須收客戶之

陳光甫（左）毛根韜（中）胡適（右）合影

手續費，故於商民極為不便。上海銀行首創二者並用，可以銀元記帳，亦可以銀兩記帳，悉聽客便，不必折算；有如今日香港之銀行可以港幣存款，亦可以美鈔存款，則客戶之洋厘及手續費可省，豈不便利。二為「注重貨物押款」。中國以農立國，農產及手工業，所需資金不多，無須多與錢莊來往，縱有往來，數目不大，全憑個人之信用放款。但自對外通商，貨物聚散，數量鉅大，所需周轉資金，隨之增加，中國人無此鉅金，又無營運經驗，坐讓洋商輸入大宗洋貨，購運大批土產。現在歐戰方停，新興工業商行漸有興起，零星少數之信用放款，已不適用，且亦危險。故上海銀行特別注重貨物押款，聯絡可靠堆棧，即憑棧單用款。又如由此推展，舉辦貨運押匯、國外匯兌等，皆是新業務。我等聞之，自佩其見地之高。惟舍弟壽如則云，信用放款，在現階段，仍屬需要。後來舍弟改入中央銀行，抗戰期間，任南昌中央銀行經理，南昌失守，撤退贛南，在衝繁疲難之新贛南，服務甚久。

辦吳淞國民製糖公司

民國十五年秋，我在蘇寧教書，並在省政府混一小差使。忽接陳光甫先生函電，促即赴滬一晤。乃乘夜車前往，原來係以吳淞國民製糖公司事相商。緣在上海吳淞有一製糖廠，名曰國民製糖公司，原係華僑粵人馬玉山、嚴直方所辦，政府為優待華僑起見，特准該廠出品免稅十年，以示獎勵。時農商總長為南通張季直先生，同時張兼任淞滬商埠督辦，意欲振興吳淞市面，乃令該廠必須設在吳淞，於是馬玉山、嚴直方即在吳淞薇藻浜開闢馬路，購地建廠。裝置機器，並在南洋招募技術員工，未及開工，而資本已告罄，陷于停頓。乃有神戶華僑馬聘三先生，亦係吾邑鎮江人，做糖生意多年，來滬約同上海銀行陳光甫、金城銀行吳蘊齋，及糖商黃靜泉先生。（黃振東石屏昆仲之父），集資二百萬元，組織銀團，承租該廠接辦。中國人所吃之糖，大部分皆係日本台灣出品，合乎中國人之口味，乃擬聘用日本技師工友，來廠製造。而經理一職，因我係留日出身，能說日語，欲以相托。我聞言躊躇，因製糖銷糖，皆係外行，事關重大，何能接受。光甫先生剴切言道：糖為中國進口貨之大宗，我有海關經驗，知之最詳，若能自己製糖，可堵一大漏卮，且有免稅特權，不難與之競爭。如說是外行，你可向日本多買些製糖書冊來研究，再請一專家來上海，向他學若干時，則即不是外行。此種費用，由上海銀行供給，將來上海廠辦得好，各業皆可興辦，這並不是空想。黃靜泉在座大聲說：你不必顧慮，製糖技術有東洋技師，銷糖有我，銀根有他們兩家銀行，還怕甚麼，人家留學生都是烏煙瘴氣，你這留學生何以這樣斯文，如老夫子一樣！如此我只好答應。這位黃靜老原是皖人，而久居鎮江，在鎮江發跡，故其哲嗣鎮東石屏兩兄亦可以算是鎮江人。黃靜老生得方面大耳，鼻直口方，口操皖音，聲若洪鐘，昔時祇有一件竹布長衫，來到吾鎮，專營北貨買賣。後來人頭漸熟，可與錢莊掉用數百乃至一千元之莊票，往往此票尚未用出，而手中之貨已報漲。如此輾轉，日漸小康；遂自設字號於鎮江租界，號名「元生東」，嗣後且在上海九畝地，成為有名之大北貨行。頗聞黃靜老之發財，有許多奇蹟，如一次有大宗北貨，已裝津浦車，將由浦口轉運上海，中途忽遇孫美瑤在山東抱犢谷截車之案，津浦車斷，久久不決，上海之北貨，價格飛漲。忽有幫會大哥密報事已談好，津浦車指日可通。黃乃電滬拋售，果然，火車一通，貨價跌落，而黃之貨，則早以高價售出。即此一筆，盈餘不貲矣。

次日，糖廠事算已談定，光甫先生約宴，在四馬路杏花樓，其時我難得到上海，杏花樓係廣東館子亦未光顧過，所上之菜，覺到特別，余隨口問曰：陳先生歡喜廣東菜？陳氏拍廣東堂倌之肩曰：不錯，這位就是我的老朋友。

製糖廠事，由此進行，日本技工來後，相處尚好，共同努力，次年初出糖，略帶黃色而細軟，充份合乎市場銷路，不似香港產砂糖之白而成粒。果然，各糖商紛紛來謀經銷，同人咸感欣慰。不意是年，國民革命軍自廣東北伐，底定上海南京。廣西軍抵滬，李宗仁住在吳淞鎮，我以糖廠經理名義往謁，見其雙目烱烱，異常明亮，態度和靄，軍規亦嚴。逾日，有浙軍周鳳岐之隊伍，逕來廠中，態度橫暴，堅欲打開倉庫，口稱本軍到處備受歡迎，你們簡直是反革命，於是大演全武行。我只得掩護日本技工等，免致牽到外交，一同從後門逃出，由間道赴上海。從此偌大之國民製糖公司，竟以告終。

主持上海財政委員會

民國十六年，國民革命軍自廣東出師北伐，各省歷受北洋軍閥統治，久已民不聊生，革命軍到處受歡迎，一路催枯拉朽，不久抵達武漢。此時最重要者，乃軍餉問題，適唐壽民先生以上海銀行分行經理任漢口銀行公會主席，籌劃接濟盡力協助，革命軍得以喘一口氣，各要人對於唐氏甚重其才，以後唐氏之飛黃騰達，即基於此。既而節節勝利，五省聯軍總司令孫傳芳敗退，即將底定東南。但財政困難更為急迫，於是為宣撫人心計，臨時政府特派吳忠信往上海聯絡，吳係前清時軍事大員，各方熟識，與陳光甫最契合，一經接洽，各界對於蔣總司令一致擁護，旋即進行籌款，而三百萬元借款成立，此則全係陳光甫努力之功。

國民政府尚未移寧正式成立，先發行二五庫券三千萬元，在上海組織財政委員會，廣為勸募。聘陳光甫為主任委員，錢新之、吳蘊齋、虞洽卿、顧馨一、王曉籟等人為委員，顧貽穀為秘書長。此會職責，專在向廠商行號及各財富，推銷庫券，得款若干，隨即匯往軍次，不斷與軍需處函電往來。繼而顧秘書長另就江蘇銀行總經理，其遺缺由陳主委囑我繼任。我接事後，乃覺此會工作，頗不簡單。

庫券推銷日久漸困難，前方軍需，待款孔急，函電催索，應付維艱。周旋於官民之間，吃力而不討好。一日，前方軍需急電催款，措辭不善，竟有限期匯到等字樣，陳主委大為不悅，說我們不是他們的下屬。隨即電致蔣總司令，本會即行結束，盼即派員接收未了事宜。

國民政府在南京正式成立，陳氏財政部長之呼聲甚高，陳氏猶豫未決，適其尊翁在鎮江病故，陳回里治喪，再大局仍在紛亂，乃對於財長新命，決計不就。於是政府發表古應芬為財政部長，錢新之為次長，古氏因在廣東尚有職務，不能常在南京，遂由錢氏以次長代理部務。

新廈落成水災起謠言

上海銀行業務，日漸發達，遂在寧波路江西路口，自造大廈，建築瑰麗，裝修新穎。且有新式計算機，及最新式保管庫，全部係十多吋厚之鋼壁，庫門純鋼巨鎖，滬上人士，向所未見。落成之日，賀客盈門，各界人士各校學生，排日前往參觀，歷半月之久，此時上海銀行之聲譽，正如旭日中天，萬眾矚目。乃在民國二十年之夏秋，長江各省，鬧大水災，恰值英國宣布廢止金本位，中國內外債券，因之暴跌，人心惶惶。忽有謠言蠭起，集中於上海銀行。謂其漢口分行，水災損失數百萬元。（其實後來打聽漢口分行倉庫存鹽，水浸損失約二十餘萬元。）又云，總行債券損失數百萬元，乃紛紛來行提存，兩三星期之中，竟被提去約二千萬元。提去之款，多改存匯豐銀行，匯豐大班亦為驚奇，詢得真情後，乃用實力接濟。又有同鄉楊管北君熱心，走告杜月笙先生，杜氏在總商會演說，為上海銀行闢謠，於是，人心乃定，風潮遂息。自此陳杜二人，乃相結交，後復有陳氏私事，杜氏代為解決，陳氏心感無已。杜氏後在愛多亞路創辦中匯銀行。開幕之日，上海銀行送銀五十萬兩，作為「堆花」，存至一年，未曾動用，大為中匯銀行生色。

奉派赴美談白銀問題

中央銀行成立，財政部長宋子文兼任總裁，陳健庵（行）為副總裁，陳光甫、葉琢堂等銀行家及榮宗敬等實業家為理事，唐壽民為業務局總經理，朱博泉為總稽核，陳澄中為總發行。（後唐壽民以不嫻英語，改就交通銀行經理，由席德懋繼任業務局。）開幕之日，舉行儀式，主客致詞，吉語紛陳。惟陳光甫理事演說：略謂中央銀行，乃銀行之銀行，我們需要已久，後又說：中央銀行，也應與政府分開，財政部長不必兼任總裁，方可各盡職守云云，一般人莫不佩陳氏之卓見而直率敢言也。有一年，宋子文將赴美商談借款，在中央銀行召開理事會，宋氏報告，此行係政府需款建設，須向美國商借，但不能借到現款，只好借物資農產品，中國棉花小麥，生產不足，我想即借此兩樣，請問榮理事宜借多少數目？榮宗敬遽答：部長，越多越好，我的十幾家紗廠、麪粉廠，都可吃進。宋聞之大喜，到美國竟談成棉麥借款美金五千萬元。在彼時價值五千萬美金之棉麥，其數量之龐大驚人，一口氣運來，廠家何能吃得消。於是市場震動，紗布麥麪，各交易所市價狂跌，由朝到晚，一路傾瀉，跌到未曾有之低價。許多工廠為之擱淺，鄉下新花上市，新麥登場，價錢跌落，無人問津，穀賤傷農，即是此景，社會呻吟，報紙聲責。終於這位梯維宋，不從不從財政部長椅子上傾跌下來。

中日局勢，日見緊迫，不得不籌謀防衛，問題在財政經濟，國際收支，連年入超，海關稅收，華僑匯款，均尚不足維持差額，計惟有在國際市場拋售生銀，換取外匯。其時歐洲市面不景，最大購銀國家係美國。我駐美大使施肇基向美磋商，日本人破壞中國金融，浪人私運銀洋出口，美國亦不滿意，乃對我寄予同情，允加援助。政府擬派王正廷赴美接洽，美國財長毛根韜向施肇基大使表示，並不需要外交家政治家，只需要一位練達之財政專家。我政府乃改提陳光甫，適毛之左右，有陳氏賓夕凡尼亞大學同學某，將陳氏之為人，舉告毛氏，乃即同意，發出邀請電報。於是陳光甫以中國幣制代表團首席代表名義，偕同財政部次長郭秉文，中孚銀行協理顧翊羣，自上海啟程西行。結果，與毛根韜談判順利，頗為成功，美國承購白銀七千五百萬盎司，另接受五千萬盎司，作為二千萬美元借款之擔保。

此舉成功，各國驚奇。英國不甘落後，亦願助我改革幣制，隨派財政專家李滋羅斯來華為財政顧問。此人後來助我政府施行法幣政策，方能抗戰維持八年。英國人在中國多年，總算有此公代中國做了一件好事。同時，日本則極嫉妒美國助我，其駐美大使公然對毛根韜說：中國人向無信用，君其留意！毛根韜說：密斯脫陳光甫是一位坦白誠實奮鬬成功之銀行家，我看不出他會不守信用。

二次赴美談桐油借款

民國二十六年八月十三日，抗戰開始，滬寧不守，我等各銀行均隨政府西遷，由寧而漢。翌年，由漢而港，政府待至武漢危急時，遷往重慶。此時軍事而外，最困難者，莫如經濟，白銀已將售罄，外匯奇絀，通貨澎漲，幣值跌落，渝港電商，竟同煎逼。不久，交通銀行董事長胡筆江、浙江興業銀行總經理徐新六二公，應召飛渝，不幸殉難，我等心情，愈益沉重。一日，在皇后道上海銀行門口，遇見光甫先生，竚立略談，見其面色晦滯，健康欠佳。翌日，到其府上問候，承告近患糖尿病及胃病，隨身帶藥物餅乾，一聲說餓，即須取食，不能擔擱。因勸其暫宜靜養，不必再出遠門。陳氏云：現在身不由主，只好到一時說一時的話。我後來方知其時陳已數接孔祥熙來電，又邀其赴美借款也。

此時戰事已甚吃緊，華北江南，早已失陷，武漢會戰，正在爭持。我國企盼外援，至為迫切，駐歐美各外使，雖種種努力，難有效果。時適美國財長毛根韜赴法，我駐法大使顧維鈞與毛氏有舊，乃往訪談，探詢美國有無借款之可能性。毛即表示：此際不能給予任何承諾，但前曾與銀行家陳光甫接洽白銀問題，有過愉快之經過。如中國派陳來美，或可覓致農產品借款之途徑。顧氏即將經過飛電政府報告。同時，美國駐法大使亦電告華府，羅斯福總統素來同情中國，閱後，即命毛根韜研究此事。時有孔祥熙之友人卜克博士，常與毛根韜接近，即函孔氏，略謂：美國政府中，有許多對中國好感的朋友，極願想法幫忙中國，毛根韜相信的人是陳光甫，現在速派陳光甫來談，是唯一的好機會。卜克博士曾任南京金陵大學農科教授，與孔祥熙、陳光甫俱熟識，陳氏即因卜克之關係，上海銀行在金陵大學設置農村合作獎學金十名，卜克對陳非常尊重，故發此函。

孔氏當然立即邀請陳氏赴美，並囑其携眷去美就醫，陳氏不容辭卸，乃即允諾，著手籌備進行農產品以何者為宜。有美國友人相告，中國桐油屬於軍需範圍，是美國所需要，陳氏乃對桐油之產量運輸等，調查研究。旋即電召上海銀行工業部經理童侶青，自滬來港，共同商量。童氏乃紡織專家，在該行主持工廠紗廠放款，甚著成績。記憶力強，素來留心各省棉花及各農產品之出產額，能將數字背誦無訛。至是以三日三夜之功夫，擬成草案，桐油借款，配合生產，按期運美，分次償還。陳氏得此再與重慶數度計議，遂與席德懋、任嗣達等飛往美國。

陳光甫一行抵美，華府報紙即登出財長毛根韜將接見中國銀行家之消息。日本大使立即向國務院提出抗議，赫爾國務卿因之不擬接見陳氏。而且有孤立派及姑息分子堅持中立法案，監視政府。陳氏乃與中美友好，多方協議，必須避免政治性，而以商業行為出之。乃決定設立甲乙兩個貿易公司，甲名「復興商業公司」，設在中國，乙名「世界貿易公司」，設在紐約。甲公司專在國內收購桐油，運美售與乙公司，而由乙公司與美國進出口銀行，訂立貸款契約，由紐約中國銀行為擔保，使形式上完全成為商業行為。美國進出口銀行，屬於美國復興金融公司，其董事長瓊斯亦甚熱心幫助。原則既定，再將施行細則、桐油之品質標準、運輸祇有靠滇緬路等等問題，研究至再，中美雙方同意，始算議定。

美國國務院素來頑固，不願多事。赫爾國務卿又係胆小謹慎之人。毛根韜將此計劃請赫爾同意，赫爾不肯，反而向羅斯福總統說：此一借款，完全具有政治意味，並非純商業行為。陳氏後來曾說：此時赫爾如此態度，又值武漢戰事危急，他極為擔心不能成功，幸得羅斯福總統氣魄極大，遇事英斷，反而催國務院財政部，速辦此事，方告確定。是年（二十七年）十二月，美國復興公司董事長瓊斯宣布，給與紐約世界貿易公司桐油貸款二千五百萬美元。至是桐油借款，乃告成功。

三次借款國內生異言

在桐油借款將談成時，我政府發表以胡適為駐美大使。胡氏雖非職業外交家，而是名學者，外國人對於學者，甚為重視，不像中國人把學者當作書獃子。據陳氏云：胡適之頗得羅斯福總統之好感，他常以學者態度，隨便說話，總統每優容嘉許。借款成功後，胡以大使名義，具函申謝，稱頌其於極危難時援助，有東方古聖賢之美德，羅總統為之大樂。

不到半年，重慶來電，又囑陳氏向毛根韜商議，借一筆較大數目之款。陳氏連接數電，皆是此意，一而再，再而三，感覺為難。乃與胡大使商量，胡氏先往國務院各方面試探，皆無用。陳氏退而研究用何物品抵押，想到我國之錫、鎢等金屬產品，亦係國防用品，必為美國所需，當可作為此次借款之抵押品，乃函國內擬具計劃。迨滇錫借款計劃擬就寄來，秋間歐洲大戰爆發，美國朝野緊張，不能開談。而孔祥熙密電如雪片飛來，日本進軍內地，侵略愈亟，能否與毛根韜以私交相商援助。豈知此時中國人之聲譽，在美國進入低潮，使陳氏為之心痛。相傳大後方達官貴人，富商巨賈，奢侈浪費，外人皆知，所謂「前方吃緊，後方緊吃」，美國人據以撰文指摘。又傳中國高官富商，在美國存款甚多，美國人說：為何不動用此項存款？此種輿論，壓力強大，致陳氏與財政部屢次商談未得結論。

遷延復遷延，好容易等到桐油借款到期應還之首批桐油，如數運到，得到進出口銀行瓊斯之贊譽。大使胡適之即往見羅總統報告，並說：「中國對日本，決不講和（時有和謠）亦不投降，一定長期抗戰，如得美國接濟，最後勝利必屬中國，所談滇錫借款，懇求迅速決定。」羅斯福壯其言，允即關照毛根韜辦理。一方面，陳氏亦約毛根韜切實商談，略謂：「中國抗戰兩年，拖住日本泥足，如何如何的艱苦困難，今已愈逼愈緊，美國再不接濟，倘日軍勝利，決非世界之福，現在我國雖極窮蹙，仍守信用，將應還之桐油運到，此次續談之滇錫借款，能不能信任我，速賜解決。」此一席話，言詞懇切，毛氏深為動容，即說：「好吧，我答應你設法。」有此一言，即等於談成，陳氏喜極，起立稱謝，並謂：「今天是我五十九歲生辰，承允設法，實為最佳之禮品，非常感謝。」毛亦極為興奮，說既是生辰，為何不與家人團聚？陳云：為忙借款，日夜不寧，何暇再與家人團聚。毛即促陳赴紐約回家，並代定飛機座位，謂借款事彼當親自主理。陳氏吃了一顆定心丸，如釋重負，安然回家。

事後，陳氏與人談及此一段情形，尚慨嘆言道：「彼時的罪真不好受，重慶頻頻電催，我心如焚，但是你急，與對方無關，天天猜測對方之心理，留意其喜怒閒忙之情境，一有機會，即將開口，預先想好辭句，須使對方中聽，我們雖窮，人家是濶少，不關痛癢，要他高興，才肯幫忙，如輕易開口，他說一否字，一切都完。天天提心吊胆，好容易得了毛根韜這一句話，方才安心，他叫我回家過生日，我好比奉了聖旨回家過生日，真可算是一個紀念。」

翌年即民國二十九年春，進出口銀行增資及借款與芬蘭、中國，瓊斯在國會作證。忽有一議員說：中國信用不好，借款不妥。瓊斯當為中國辯護，並報告最近桐油借款到期應還之數目字已如數還來，乃告通過。至三月，瓊斯正式宣布，滇錫借款二千萬美元，借與中國。

大功告成，喘息方定，忽接孔祥熙來電，略云：「美國借款芬蘭，並無抵押，何以要我滇錫作抵？恐英法援例，望速商改善。」陳氏與胡適之均大為詫異。陳氏尤加氣憤云：半年來，皆是談滇錫作抵事，今在談成之後，忽要改悔，成為國際間大笑話。再調查芬蘭情形，原來芬蘭有關北歐安全，美國北歐移民極眾，在議會有發言力量，且助芬蘭，美國不易牽入戰爭，孤立派反對無力，中國已是破碎河山，何能相比，陳氏乃據以覆電，並云：「滇錫作抵，瓊斯已在國會報告，國際援助，皆係互利性質，不同慈善布施，今事後翻悔，萬一借款取消，則無法再談，弟失信事小，國失信事大，此後是否需要美國援助，務請審慎。」嗣又經幾次函電討論，孔亦不再持異議。

經此一大打擊，陳氏對于政府之無能，大為灰心，借款合約簽定，即行束裝回國，政府特設一貿易部，擬請其擔任貿易部長，陳氏堅辭不幹。隨往雲貴，視察其自己事業（即上海銀行與中國旅行社）而去。

功成身退優游享大年

綜觀光甫先生，遇事能見其大，思慮總在人之先，是非利害，判斷分明，故其成功多而失敗少。但並不固執己見，能擇善而從。戰前我在江西路上海銀行與李芸侯兄飯後閒談。適陳氏推門而入，略一招呼，即對李說：適才與西人某某吃飯，談好一筆某種生意，可以放款六十幾萬元。李遽云：不行不行，這筆生意有某種原故，萬不能做。陳說：我已允他們了，奈何！李仍說不行，如做的話，我們要受損失。陳氏僵坐良久，只好說：等我想法回覆他吧，言訖出門而去。我在一旁，不覺深佩此二公之民主作風。所以我說知人善任，能聽人言，是陳氏成功因素之一。

陳氏平素薄酒微醺，語喜幽默，但多含蓄，寓意深遠。在抗戰前一年，我等一同赴日本時，（吳鼎昌組織之日本經濟視察團）同人暇輒往中國菜館小吃。但當時東京之中國菜館，皆係小本經營，地方齷齪，器具不整，予人以不良印象。一日，正金銀行總裁兒玉謙次來約少數同人，到一家日本所開之中國菜館小酌，計有陳光甫、宋漢章、錢新之、周作民、唐壽民及我，餘為兒玉等日本人。至則外表仍似日本酒館，進內則明窗淨几，室無纖塵，中國紅木棹椅，光潔可鑑，和服下女，小心伺應，菜亦可口，器皿尤精。大家吃得甚為舒服。陳氏乃曰：你們知道新名辭「合理化」如何解釋？今天這一頓吃法，就是「合理化」。又以英語對兒玉說：我們中日兩國的關係，能做到像今天這一頓吃法，便是

「合理化」，還怕不能攜手合作嗎？眾人為之鼓掌不置。

抗戰勝利，陳氏東旋，對於事業，猶具雄心。曾在美國與李馥蓀及美商合組一商業公司。對於上海銀行及附屬之公司、旅行社等，擴充改進，不遺餘力。乃自大陸變色，一切皆空，來到香港，事業心之高潮，已成過去，絢爛歸于平淡，兢兢然守住上海銀行，分設港台，仍然事必躬親，廉頗未老。平居對於身體健康，極為當心，藥不離身，惟不相信中醫。楊管北兄曾以吉林參相贈，而置之不食。我有短文，登在報上係記我患鼻癰，西醫不能斷根，賴中醫費繩甫先生（費子彬兄之令伯）醫好，又記楊研君兄代李彌庵醫好攝護腺病。陳氏見之，對童侶青說我腦筋開倒車了，然而他晚年在台，亦吃中藥調補身體。對於藝術，甚有興趣，名瓷名畫，亦喜收藏，大會堂書畫展，時見其蹤跡，胡惠春兄發起敏求精舍，徵集友好收藏，共同觀摩欣賞，陳氏欣然參加，而於此中得少樂趣。對於佛教，並無信仰，而常同吳蘊齋兄訪謁當代高僧倓虛老法師，請益求教。在上海時，偶亦看平劇，嘗偕夫人景氏太太同看「冬皇」孟小冬女士演《搜孤救孤》，大為讚美，來香港後，老夫婦約宴孟氏多次，景氏太太與孟最談得來。又有一次，陳氏在童侶青家中晚宴，見一少年豪飲，倜儻不羣，陳氏問我，這是何人？我說他就是崑曲名家俞振飛，陳亟囑為介紹，同坐一桌，暢談甚歡。

一九六八年，上海銀行香港皇后道舊址翻新，建成現在之巍巍大廈。陳氏特由台北來港，主持落成典禮，嘉賓如雲，頗極一時之盛。是年陳氏春秋八十有八，精神尚健，惟間有多年不見之老友，見面已不相識。

去年（一九七二年）六月十八日，香港雨災，旭和大廈整座坍倒，住客幾全部罹難，不幸上海銀行有九位重要行員，李世偉、姚天民、張澤民、顏培奇、劉敦強、盧煥儀、顧德祥、沈宗洵、侯繼雄九位亦在其內，浩劫空前，全港震悼。陳氏在台聞之，甚為悲傷，如喪子弟，親函代董事長徐謝康先生，諄屬妥為安排，對被難同人厚予撫卹，優待遺族。聞當九位同人住入該大廈之際，有九龍旺角分行經理王宗鏊君，亦曾申請加入，乃因陳董事長以其辦公在九龍，而住香港半山，每天出入不方便，未予批准。在當時，王君或許心中怏怏，又豈知竟救了他一條命，塞翁失馬，安知非福，古有明訓，正此之謂。於此又喜見我這位老鄉長之神明未衰，克享大年也。

錢新之外圓內方

李北濤

銀行界而具有政治才者，吳達詮（鼎昌）而外，當推錢新之先生。二公同是日本留學生，同在銀行界共事，其所合作之四行聯合準備庫及儲蓄會，（四行為鹽業、中南、金城、大陸四銀行）成績優異，開聯營之創舉，在當日實為南北商業銀行之重點。而吳氏先商後政（先為鹽業銀行總經理，後入政途，為貴州省主席），錢氏則先政後商（先為財政部次長，後為各銀行董事長總經理）。錢處事接物，和易近人，不若吳之嚴肅鋒厲，人不敢近。錢思慮周密，詞令圓到，善能排難解紛，每為人所悅服。往往有佳客三五，面紅耳赤，盛氣而來，入其辦公室，高聲爭辯，叫囂良久，已而寂然，旋見錢含笑送客，各人和顏悅色，談笑而去。錢交遊極廣，多方面具有人緣，綜其極盛時期，一身兼職，有三四十處之多，不外為各銀行及工商團體之董事會、常董、總經理等，但並不空擔虛名，重要事項，絕不馬虎，總能按步就班，措置裕如。但亦並非無個性之人，主觀甚強，責任心尤重，遇事並不輕易苟同，立定主張，不易改變，我嘗稱其為人外圓內方，友好無不認為允當。

一、早年求學遇恩師王培孫

錢新之先生名永銘，浙江吳興人，早年居滬，就讀於王氏育材書塾，此塾為宿儒王培孫先生所辦，王氏毀家興學，五十年盡瘁于斯，錢在塾攻讀，中英文俱有根底，皆受王氏之薰陶。後來此塾改為南洋中學，錢曾加以力助，促其成立。王培孫先生於抗戰時故世，其遺作有《箋注蒼雪大師詩集》，錢復代為印行傳世。南洋中學為上海有名之中學，人才輩出，多為黨國名流，此堪與當時負有盛名之長沙明德中學媲美。明德為湖南老名士胡元倓先生（字子靖）所辦，校中經費初係譚延闓所出，西南軍政要人，多半出於其門。有一年胡老先生自湘抵滬，為印書及向其濶弟子們募捐而來，愚嘗見及其人，一口湖南話，精神矍爍，只處校務，不及其他，老輩辦事之持力堅定志，志一神凝，真可佩也。

二、馬相伯氏精通各國方言

新之先生中學畢業後，即加入社會工作，從時賢馬相伯（單名良）先生創辦滬學會，公開演講提倡新學。馬相伯先生吾童時曾及見之，其軼事值得在此一提。相老為吾邑鎮江人，其弟眉叔先生，在曾文正公幕中，以知外交出名，著有《馬氏文通》一書行世。相老久居歐西，在天主教會中，地位高。來滬創辦震旦書院，教育後學，有一年，報載華工在美國遭受虐待，清廷不加注意，馬老先生在上海總商會演說反美，與總商會會長粵人馮少山等，聯名電致清政府及駐美使館，促其抗爭，各報附和，抵制美貨，新舞台戲院排出新戲《黑奴籲天錄》，由夏月珊、夏月潤、馮子和、毛韻珂等主演，一時反美空氣，如火如荼，果然生效，而馬相伯遂成為國際知名人士。日俄戰後，余弱冠隨鄉人赴東留學，忽馬老先生翩然來日，鎮江留學生同鄉，在上野「精養軒」西菜館，設宴歡迎。此菜館在當日，為東京最高尚之店，至今仍在上野原處，惟規模大不相同。馬相老著中裝棉袍，上罩黑布方袖馬褂，惟腦後無髮辮（清代一般人均有長辮，）年紀約在六七十歲，一見似為一鄉下土老兒，而口音半滬半鎮，亦莊亦諧，大家說鎮江話，談笑風生，闔座食客，羣為注目。鄰座有西婦，以法語點菜，僕歐不懂，呶呶不休，馬相老掉頭向西婦一點頭，用英話代為譯告僕歐。西婦大喜，乃與相老寒暄，互以法語相談，旁有二西婦亦來向相老攀談，惟後說意大利語，相老亦以意大利語應之。一時滿座賓客，不覺愕然，何以此一中國土老兒能操幾國方言。後來馬相老告我等云：彼在羅馬，拉丁語嫻熟，故歐州拉丁語系國家之方言，易於通曉。迨抗戰時，相老高壽百齡，曾避居廣西某地，不久逝世。其每日早點懂係以蘋果泡在熱牛奶中同食，或者有利於消化耳。震旦書院後因師生不斷，一部份學生退學，改創復旦公學，錢新之因馬相老而與法國人多相識，後來被推為中法銀行董事、駐法公使，及復旦公學校長等，皆發源於此。

三、蘊齋弘一同赴日本留學

錢新之先生赴日留學，係與李叔同、吳蘊齋同行三人同船同一旅館。李叔同富於文學氣息，性孤獨，有潔癖，吳蘊齋遇事隨便馬虎，二人時有爭執，每由錢新之拉開。李旋入東京美術專門學校，錢、吳入早稻田大學。錢後來考得清廷官費，改入神戶高等商業學孜。畢業返滬，三人仍常會晤。李叔同改名息霜，文藝詩畫，傳誦一時，暇則走馬章台，厮磨金粉，後赴杭州師範學校教書，不久，忽聞其已落髮為僧，法名弘一，戒律謹嚴，竟成為一代高僧。吳蘊齋頗為之感動，屢次訪晤，後亦信佛。錢氏對於宗教素無信仰，既未因馬相老而信天主，亦未因李息霜而信佛教。

四、南京當教授上海辦銀行

錢新之吳蘊齋二公後來聯袂赴寧，在復成橋高等商業學校做教員。同事中有周作民、談丹崖亦是日本留學生。校中師資賢良，造就人才不少。舉所知者，有該校出身之湯筱齋（後為交通銀行副總經理），章叔淳（中南銀行南京香港各行經理，現仍居港），浦心雅（無錫人，抗戰勝利後任上海市財政局長），李鍾楚（戰後天津交通銀行經理），趙漢生（戰時在重慶，任上海銀行總經理）等。

已而清廷舉行留學生考試，錢氏遂偕各人赴京應考，分發各部門行走。民國成立，銀行勃興，周作民入交通銀行當總稽核，談丹崖為南京中國銀行經理，錢薪之亦任上海交通銀行副理，二年之後，升充經理。

中交兩行之總管理處在北京，以前曾因政治關係，而有過鈔票擠兌風潮，上海分行自受影響。錢新之在滬交行經副理任內，前後六七年，承以往疲敝之餘，施展才智，努力整頓，遂得信譽重恢，業務大振。三馬路外灘德華銀行大廈行將標售，錢迅速決議，一夕得之，交通銀行遂有輪奐之行屋，而躋於外灘銀行之列。銀行同業之中，如中國銀行宋漢章、上海銀行陳光甫、浙江實業銀行葉揆初、浙江興業銀行李馥蓀、金城銀行吳蘊齋等，皆屬志同道合，聲應氣求。錢氏發起組織銀行同業公會，各銀行發行證券，自建會址，眾議贊同，錢遂被推為銀行公會會長。至工商界中，如航業界三北公司盧洽卿、申新紗廠榮宗敬、溥益紗無徐靜仁、南通大光紗廠吳季誠（吳蘊齋之叔）等，皆係交通銀行之主顧，而與錢個人相交甚好，其中尤以徐靜仁為最交厚。在此時期，交通銀行信譽，固已恢復，而錢在銀行界之聲望地位，亦於以奠定。

時在上海大馬路新世界遊樂場之右鄰有「十號」俱樂部，乃銀錢兩業及紗廠巨頭，公餘憩遊之所，圍棋一局，麻將八圈，或侑酒召妓，或嘯傲煙霞。錢氏與徐靜仁吳蘊齋等，皆為常客。徐靜仁先生皖人而久居鎮江，前清秀才，為人亢爽有豪氣，南通張季直先生當鹽政總辦時，徐為其股肱，言聽計從，後外放徐為某處鹽運使，史量才時為松江運副，因之得以識徐，後來史量才辦申報，深得徐之助力。張季直在南通辦大生紗廠，多由徐擘劃，而徐在上海，亦自辦溥益紗廠，其友人及部屬多是鎮江人，良莠不齊，以致溥益紗廠失敗而徐從不計較。我在鎮江，每以長輩敬之，但彼對我極為客氣，每與我作文學上之商談。週末我常赴滬小遊，徐聞之，總托陸小波（鎮江商會會長）來招呼到「十號」盤桓。至則燈紅酒綠，熟人甚多，而彼等所談，都是金價市面紗布趨勢，不敢說他們全是市儈，但殊覺無可與談之人。後經蘊齋介紹錢氏，見其從不加入賭局，談吐溫和，並無銀錢幫習氣，由此每去「十號」，常相晤對，此為我與新之先生識荊之始。

五、中國銀行創辦成立經過

談銀行之掌故，要當首及中交兩行，因其成立較早，而鈔票之流通，在民間最為普遍。中國銀行，最先約在前清光緒二十九年，由戶部提議籌辦，並收商股，擬名為戶部銀行。光緒三十三年，戶部改稱度支部，戶部銀行改為大清銀行，度支部尚書載澤，派費浩叔兄（現任鹽業銀行經理）之尊翁裕如先生籌備，旋調任天津造幣廠總辦。銀行則由張允言（前兩江總督張人駿之子）繼續籌備，及將開業，張允言奉派為大清銀行正監督。宣統三年袁世凱回京，以嚴修為度支部大臣，大清銀行升格，奏派葉景葵為正監督，而張允言改為幫辦。葉子揆初，為趙爾巽治理東三省時得力能員，文章經濟，名重公卿，任浙江興業銀行董事長，垂三十年。

辛亥革命，南京臨時政府，改度支部為財政部，將上海大清銀行，改為中國銀行，派日本留學生吳達詮（鼎昌）張彬人（競立）等籌備改組，擬將總行置於南京首都，倣照日本章制，以中國銀行為國家銀行，（如同中央銀行，日本之中央銀行，即名日本銀行）旋即發表吳達詮為中國銀行正監督。袁世凱任總統，政治中心北移，中國銀行亦由南京移往北京。民國元年秋間，內閣改組，周緝之（學熙）先生出任財政總長，周氏為素負時望之理財家，人稱周四先生，與南通之張季直，時人稱為南北兩位四先生。其長公子志輔兄，博學多聞，著述豐富，現亦居港。中國銀行時適籌備就緒，正監督改稱總裁，下設副總裁及五總。所謂五總者，為總文書、總稽核、總發行、總司庫、總司帳（會計）。後來幾年之中，中國銀行聲勢甚盛，即此五總人員，亦夠顯赫，如總司庫羅鴻年（雁峯，英國留學生）曾一躍而為財政次長。其時政府鬧窮，京官欠俸，常賴銀行接濟，一般人能得接近中國銀行五總者，即可不虞窮困，五總到處受人歡迎，上自達官貴人，下至八大胡同，無不視之為趙玄壇活財神。中國銀行之首任總裁，為孫多森（清相國孫家鼐之姪），吳達詮早已為南昌中國銀行經理，籌備員張彬人，即留本行供職，任總發行。中國銀行初發行之鈔票，第一人簽名印行者即張氏，所簽為競立二字。後來彬人為交通部邀去，任會計司長，修訂鐵路會計，赫赫有名，故張彬人與劉竹君等被稱為交通界元老，實不知彬人亦係銀行界之老前輩也。

此後中國銀行當政者，隨政局而轉移，至民國十七年北伐南下為止，計有金邦平、湯覺頓、薩福懋、李士偉、徐恩元、王克敏、金還、馮耿光等，年份先後不能記憶。其中湯覺頓之中國銀行總裁係民六段祺瑞討滅張勳之後組閣，梁任公為財政總長時代所發表。但湯氏旋在廣州被刺由王克敏繼任總裁。而副總裁則以滬行副理張公權不次擢陞，公權為張君勱之介弟，君勱與梁任公同為政友。公權做副總裁甚久，直到北伐南遷，始改任總經理。中國銀行之滬行經理為宋漢章，此人在中國銀行數十年，迭經患難，至上海易幟時始離行，實中國銀行之功臣也。逮馮國璋繼黎元洪任總統，其在軍諮大臣任內，有同寅馮耿光（幼偉）相處甚洽，乃允其請發表其為中國銀行總裁。馮耿光乃留日陸軍士官學校出身，不握兵符來掌泉幣，由是中國銀行，引進留日陸軍學生不少，如吳震修（南京中國銀行經理）及外放者，陳其采（國民政府主計處長）許伯明（江蘇財政廳長）舒石父（福州中央銀行經理）等人皆是。馮總裁以粵人而喜平劇，人稱馮六爺，捧梅蘭芳甚力，其時都中捧角之風甚盛，捧譚鑫培者被人稱為痰迷，捧梅蘭芳者被稱為梅毒，又如捧程艷秋者稱為秋瘟，捧梅蘭芳者目為梅黨，馮六爺成為梅黨之黨魁。後來中交兩行南遷改組，馮氏下台，經中交兩行協商，延其為中交合辦之新華銀行董事長以資安頓。

六、交通銀行創辦成立經過

交通銀行成立較後，清光緒三十二年，由郵傳部撥款聯合一部分商股所創辦。郵傳部尚書陳璧被參，由侍郎沈雲沛署理，派李經楚（佑三）為交通銀行總理，章希瑗（邦直）為協理，著手籌備。李係合肥李瀚章之子，書香門弟，而好貨殖，但終未能善其後，在交行不能保持令名。交行創設全賴協理章邦直經營布置，方克觀成。章之後人叔淳兄年近八十，現亦居港，早年即露頭角，為諸大老所器重，歷任交通中南各處分行經理，所至有聲。至徐世昌由東三省內調為郵傳部尚書，喜用新學人才，派日本留學生陸宗輿為交行協理，章外放為五行經理，又派郵傳部五路局總辦梁士詒為交行幫理。梁氏字燕蓀，廣東三水人，經綸滿腹，富有才華，進士及第，復以經濟特科第一名名聞當世，駸駸然將大用，乃西太后見其名與康有為之名「祖貽」是同一詒字，（其實貽詒不同）又是廣東人姓梁，當是梁啟超同宗，必是康梁一黨，乃加革職，以後同鄉唐紹儀之關係而屈居郵傳部五路總辦，管理五處鐵路，梁以其才智經營得法，五路之權，不落外人之手而漸上軌道。徐世昌不久他調，武進盛宣懷繼任，以四川國有鐵路風潮釀成革命，清室退位。

民國成立，郵傳部改為交通部。梁士詒已任交通銀行總理，任鳳苞為協理，此時梁已聲勢顯赫，五路收入甚豐，且可用以抵借外債，世人稱財神有五路，今五路現成，乃稱梁氏為五路財神，後且直呼之為梁財神矣。梁身兼數處潤差，部屬極多，且不少聰明才智之士如葉譽虎（恭綽）即其尤者，於是人稱之為交通系。後來梁又成為袁總統之紅人，任其為公府秘書長，袁起身極早，梁清晨即到公府伺候。到交通銀行辦公，已是申酉時分，公事山積，屬員陳述，雖在百忙之中，必靜待其詞畢，然後逐項指示，從未見其疾言厲色。帝制失敗，袁死，梁亦以罪魁遁跡香港。交通系羣龍無首，曹潤田（汝霖）以曾勸阻帝制，被邀出任財政總長，乃環請曹兼任交通銀行總理，以維持交通系勢力，而世人又稱曹為新交通系，此民國五年間事也。

七、交行危殆張錢任總協理

北方政局日非，不能再如袁項城之能控御一切，軍閥橫行，各省不獨無款接濟中央，而且截取路款稅收，有時竟帶盒子炮到財政部坐索軍餉。中交兩行鈔票，信用喪失，發生擠兌風潮，軍閥聲勢洶洶，幾將攫取交通銀行，以為餉源。曹潤田（汝霖）任振采（鳳苞）無法維持，掛冠而去。行務主持無人，董事長汪有齡（前大理院院長）出而維持局面，由董事會函囑滬行經理錢新之，往請南通張季直（謇）先生出任總理，而由錢任協理，以共同收拾危局。錢接函後約同徐靜仁、吳季誠往南通，商談成功，張氏允諾。故自民國十一年起，張謇為交通銀行總理，錢永銘為協理，實際上張常在南方，行務全由錢協理代行，至民國十五年，交行改粗，張錢方始退職。

張錢北上就任之後，果然交行氣象一變。張四先生平時在家，東南各省之督軍省長，經常書信問候。段合肥親信徐樹錚來滬時，督軍孫傳芳特陪徐到南通謁候，此是何等聲望。眼前北方軍閥，多半馬弁出身，朝中當政，更是後生小輩。故張季直一經到任，上自總統內閣，遠及京外文武，對於交通銀行總要客氣三分。一方面錢協理對內，以其在滬行之聲譽交遊，下車伊始，即受到各銀行及實業界之歡迎，送禮堆花（即存款）絡繹不絕。但究竟資本枯竭，周轉為難，事為中興煤鑛公司聞知，即以值百萬元之煤斤倉單，送來備交行之緩急。同時錢整理內部，刻苦綢繆。未數月，存款激增，信譽復著。錢行三，舊京人士均稱之為錢三爺，後遂為人所習稱。四年之中，交行反絀為盈，不可謂非張四先生之聲望，錢三爺之經營有以致之也。

八、四行準備庫錢氏任經理

當是時也，各商業銀行，已多興起，昔時富戶有錢，每喜存在外國銀行，後聞諸多不便，傳聞為馮國璋故後，存款無法取出，故咸具有戒心，不如存於熟友自辦之銀行。所以銀行事業，大有遠景。周作民本係交通銀行總稽核，外放蕪湖兼蚌埠分行經理，因與安徽督軍倪嗣沖常相接近，得其投資，而有金城銀行之產生。談丹崖外放為南京中國分行經理，與督軍馮國璋之軍需相熟，得其拉攏各方加入股份，而有大陸銀行之成立。河南督軍張鎮芳退休回京，投資開辦鹽業銀行。南洋華僑黃奕柱，回國投資，特請胡筆江先生（交通銀行京行經理）創辦中南銀行，並以胡之力請得政府獎勵華僑投資，准許發行鈔票。此四家銀行，因人事及種種關係，無形中聯合在一起。迨吳達詮（鼎昌）財政次長退休，出任鹽業銀行總經理，雄才大略，遂與胡商量，共同辦理儲蓄業務，而成立「四行聯合儲蓄會」。胡繼而建議中南銀行鈔票願與三行共同發行，共同擔負準備，三行咸佩胡筆江有遠見。乃又組織「四行聯合準備庫」，公推吳達詮為主任。上海為工商業集中地，中南銀行總管理處又在上海，乃在上海設立聯合分會分庫，而請錢新之先生出任總會總庫副主任兼上海分會分庫之經理。

事屬四行合營，措置原多牽掣，總會遠在北地，不明南方情形，錢新之周旋其間，經之營之，悉力以赴，羣情翕然，會務日盛。於是在上海靜安寺路跑馬廳對面，自建大廈二十二層，以樓下兩層為會庫辦公之用，樓上全供旅舍餐廳，一流設備，所有裝修陳設，皆係最新西式，粵菜西餐皆是上乘。其時上海正缺乏一高貴華麗之大場所，可供招待外賓貴客，今有此樓，正合需要，此即當時號稱一流之「國際飯店」。此前錢新之與吳達詮曾組織經濟考察團赴日，日本工商團體今次來華報聘，吳達詮已做實業部長，不便出面，乃由錢新之周作民主辦招待，遍請上海官商名流為陪，即在此國際飯店，筵開百餘席，極一時之盛。

至民國二十四年，政府實行法幣政策，鈔票由中、中、交、農四國家銀行，統一發行，其他銀行鈔票發行，一律取消，「四行聯合準備庫」亦遵令結束，以十足現金準備，移交國家銀行，可見平日業務之穩健充實，以後「四行聯合儲蓄會」之業務則照舊經營。

九、財政委員會陳錢任委員

民國十六年，國民革命軍北伐成功，東南粗定，決定奠都南京。但國民政府尚未暇組織完備，蔣總司令率師在前方，軍餉孔急，乃先發行二五庫券三千萬元，請上海工商界勸募推銷。在上海組織財政委員會，聘陳光甫為主任委員，錢新之、吳蘊齋、虞洽卿、王曉籟等十餘人為委員，顧貽穀為秘書長。此會職責專在向工廠行號及各財富推銷庫券，匯款前方，與軍需處不斷函電往來，相當忙碌。後來顧貽穀秘書長就任江蘇銀行總經理，光甫先生邀我繼任。我到會後，看到規模甚大，分設文書、會計、庫券、銀行往來等各科。陳主委錢委員二人每日必到，陳祇提綱挈領，錢則事必躬親，公事一一過目，隨時與我商談解決。所困難者，推銷儲券，日漸困難，而前方軍需不斷催款，甚至用「十萬火急」之電來催，會中無法只得以庫券分向各銀行抵借匯出，辦理日見困難。不久，光甫先生電請蔣總司令結束本會，餘事交與政府接收，我等乃得卸職。

南京財政部組織成立，部長一職，陳光甫之呼聲甚高，迭有人奉命來商，陳猶豫不決，沉思再三，終於不就。政府始發表古應芬為財政部長，錢新之為次長。古氏在粵，兼有要職，不克常駐在粵，即由錢新之以次長代理部務。

十、中國交通兩行改組遷滬

國民政府程序既定，宋子文出任財政部長，能國語滬語，而愛說外國語，精明強幹，自非北洋官僚之顢頇可比。其金融政策示意中交兩行首先南遷，受政府之管制，一反北洋政府仰賴銀行之無能。另又撥款先後設立中央銀行及中國農民銀行，發行鈔票，與中交鈔票並行。中央銀行總裁，外邦大國很少由財政部長兼任，而宋則居然為之，曾為陳光甫先生所譏。對於中國銀行將其北京時代之特權取銷，其總裁副總裁及交通銀行總理協理之名稱，一律取消改稱為董事長總經理。於是著手改組，表面係股東會改選，實際由財政部示意由李馥蓀（浙江實業銀行總經理）為中國銀行董事長，張公權為中國銀行總經理。後來宋子文財長下台，亦來中國銀行做董事長，將張公權趕走。交通銀行改組後亦歸財政部管轄，從此與交通部無關係，原係盧鑑泉任董事長，胡孟嘉任總經理，不多時改選，如法泡製，由胡筆江（中南銀行總經理）為董事長，唐壽民（國華銀行總經理）為總經理，而錢新之、胡孟嘉等為常務董事。

十一、錢新之北上迎段氏南下

民國二十一年，日本軍閥在平津施其在滿州之政策，製造傀儡，脅持同胞，在北通州成立冀察偽政權，以浙人殷汝耕為首領。更欲逼宋哲元叛離中央，宋氏堅拒，風聲鶴唳，謠言極多。北洋元老段合肥（祺瑞）寓居天津，不與外事，乃聞有人前往窺探意旨，並與合肥左右來往頻繁。中央聞之，恐其被人挾持利用，甚不放心。蔣委員長初本保定軍官學校學生，段係校長，誼屬師生，乃先執弟子禮，修書通候，然後議派人前往說其南下。惟防耳目眾多，派去之人，既須與段有舊，尤須無政治色彩，方可免人注意。商議結果，以銀行家錢新之為最適宜。乃電召錢赴寧接洽，錢受命返滬，即以電話到交行，約我去談，至則以此事相商，蓋恐此伊不能如意，託我密與曹潤老（汝霖）函商，我即趕辦。曹覆信贊成，且催速去，來是錢乃啟行。抵津之後，先往晤曹，由其通知段氏，再陪錢往謁談。

寒暄之後，陳明來意，並云：「蔣先生有許多事，須向老師求教。」合肥聞之，似頗樂意，即說：「很好很好，我這兒也住膩了，久已不到南邊，要去就去吧。」即關照吳光新豫備車票，錢如釋重有，辭出之後，曹盛讚錢之善於辭令措詞得體，而錢則佩合肥之爽快果斷。翌日竟有人勸阻，段之公子駿良，即不贊成，幸段之個性，向來立定主意不改，致未為所動，終得成行。

火車抵浦口車站，蔣先生已率眾迎候，口稱老師扶段下車，同過江到行館暢談甚歡。南京已代預備房屋，擬請合肥長住，合肥想住上海，蔣先生也贊同。次日，合肥先往中山陵，獻花圈致敬，回寓下午見客。第三天，蔣先生派員及錢新之陪同赴滬，借住陳調元之舊宅，花園洋房，寬敞安靜，段甚安之。一切供應而外，月致用費兩萬元，合肥在寧，即對蔣先生說：「用不著許多。」蔣先生說：「老師自己用不了，可分送舊部，聽說許多人很清苦。」合肥乃同意。後聞合肥以半數分送吳光新、曹潤田、曾毓雋、梁鴻志等人。合肥於抗戰前一年在滬因病逝世，蔣先生派員來滬，料理喪事，政府飾終典禮，甚為隆重，北洋小站三傑惟合肥三造共和，可算是最值得紀念者。

十二、胡氏殉國錢繼任董事長

民國二十六年秋，抗戰開始，政府西遷，各銀行總行及重要人物紛紛離滬，前赴港渝，新之先生自與四行儲蓄會同人，亦赴香港。政府金融決策在重慶，銀行要員，須常往來渝港。詎於二十七年夏，交通銀行董事長胡筆江與浙江興業銀行總經理徐新六兩先生，不幸在奉召赴渝之上空，為日軍所乘而殉難。二公為國捐軀，舉世震悼，在港人士忙於打撈盛殮，喪葬追悼，悲傷擾攘，多日不寧。豈意重慶方面對於交行董事長遺缺，覬覦者紛紛，後竟有行內之人動念，重慶分行經理浦心雅，慫恿財政次長徐堪出任董事長，自己可以升任總經理，諸如此類，謠言孔多。港地聞知，董事會同人，深恐牛鬼邪神，胡來亂搞，乃由董事葉琢堂（中國農民銀行總經理）、杜月笙等電致中央，保舉常務董事前任協理錢永銘，堪以勝任本行董事長等語，中央接電照准，謠風始悉，人心乃定。

錢新之接任董事長後，首先刷新人事，聘用新人擴展業務。行內組織添設「設計處」，以研究設計新興事業，聘新華銀行總經理王志莘兼任處長，前行政院參事徐景薇（法國留學生現居美國）為副處長。又聘前京漢鐵路局副局長鄒安眾為副稽核處長。在西南內地各處，增設分支行，推廣業務。此時海外華僑，最受重視，星加坡已有中國銀行，交通乃擬在菲律賓設行，派員前往調查接洽，用當地華僑名義，集資開辦銀行，取名為菲律賓交通銀行，組織股份有限公司，在菲政府註冊立案。菲行董事長請老外交家王儒堂（正廷）先生擔任，經理則由香港交行經理李道南兼任，以便頭寸調撥。從此交行業務，多了一條出路。後來錢因在重慶避空襲時，輒日夜坐防空洞中辦公，大概受潮濕影響，忽於返港途中，兩足麻痺，抵家病作，高熱不省人事者二三日，醫藥不見效，自言曾為冥司邀去，以第一殿相屬，堅辭不允，又見朱衣捧匾相贈，文曰：「天與粟」，至是而醒，後有粟姓醫生，自滬來港，診治數日，而病霍然，亦奇事也。

民國二十九年冬，錢董事長有一天在家請客，語我云：「今晚談華僑事，我行應該幫忙，請你參加可與他們談談。」我屆時前往，見客人係周雍能（前上海市政府秘書長，今在台北為立法委員），俞鴻鈞（本係上海市長，其時係中央信託局常務理事），沈怡（前上海市工務局長，前幾年，在台任交通部長），黃伯樵（前滬寧滬杭兩路局長）諸公，席間暢談華僑生產事業，各人議論風生，惟俞鴻鈞不多發言，發則中肯，視其年約三四十歲，廣東官話，口齒爽朗，英氣勃勃，我覺到無怪其以一小職員而一步一步升至市長地位。但在幾年前，在台北時，俞已榮任行政院長，言語顢頇，老態畢現，毫無昔年之英氣，故人呼之為O・K俞也。是晚談得盡歡，最後我作結論：「華僑事業，我行極願盡力，請選南洋一二埠試辦先擬計劃概算，下次討論。」散後，錢董事長說：「這幾位皆是有希望的英才，乃黃膺白（郛）之舊部，此事如辦得好，則網羅他們到交行來，豈不甚好。」可見錢氏對於事業，具有雄心萬丈也。第二次約會由周雍能略為說明計劃，討論頗有進展。其時大局頗緊張，日本派來栖特使赴專談中日戰事問題，我個人對此不抱樂觀，故對眾聲明，進行步驟，應注視時局之進展。錢董事長點頭稱是。但有人說：「不要緊，現在A.B.C（America British China）已包圍成功，日本小鬼不敢輕動的。」豈知不到二旬，十二月八日，廣州的日軍，來打香港矣。

在此一禮拜前，錢董事長與杜月笙先生聯袂飛重慶，及日軍攻陷香港，「邀請」重慶分子關在一起，我與本行總經理唐壽民及周作民、林康侯、顏駿人（惠慶）、李贊侯（思浩）等，同被關在香港酒店。（即現在之中建大廈原址），此幾個月中，說來話長，一言難盡。直到次年四月，被日軍用飛機押解回滬，不得越雷池一步，因此我與錢董事長音訊中斷了數年之久。

十三、抗戰勝利我赴渝錢飛滬

我等一行，被日軍飛機載抵上海，一見上海情形大變。一片悽涼景況，無甚貨品，租界已無，西人不見。吳蘊齋被逼出任新聞報社長，唐壽民先生最苦，不得不仍辦交通銀行，以維持淪陷區各地支行同人。周作民與我想盡方法，幸免拖下水。作民在其江西路金城銀行八樓，每星期六預備午飯，約我等同難諸友，聚餐一次，以資聯繫。顏駿老出行習慣，必帶一小打字機，李贊老則常即景賦詩，楷書寫送各人以紀念。偽政權方面，汪精衛為主席，陳公博為行政院長，周佛海為財政部長兼中央儲備銀行總裁，往來寧滬，有時以電話約談，派車來接我到其家中，因其住在愚園路，一帶俱是他的新同僚，禁衛森嚴，非他車子來接，我不願往。如有地下工作友人，被七十六號捉去，或被日本憲兵搗亂，托其解救，總承他快諾。（營救萬墨林，尚係太平洋戰爭以前之事），每與談至戰局，我將在港所聞日軍厭戰，士氣低沉之情形相告，英美必會反攻，勸其及早回頭，有以自贖。佛海深感我言，以後與戴雨農（笠）秘密聯絡，勝利後，得免死刑，此或其一因也。

民國三十四年，日軍投降，真是普天同慶，萬眾歡騰，幾天之後，錢三爺哲嗣廷玉兄，自渝飛來，云將派我到台灣開設交通銀行。因即摒擋乘機飛渝。萬墨林兄特來相送，並托帶許多大閘蟹送人。抵重慶下機，行中舊同事多人來接，逕到打銅街交通銀行，錢董事長、趙總理棣華、湯筱齋兄等人已在相待，相見甚歡，劫後重逢，恍如隔世。大眾問長問短，逐個應對。適錢太太進來，亦云聞我將到，乃絮絮問上海各種情形。我腹中覺甚餓，錢太太即說：「我請你去吃好點心，跟我走」，隨之出門步行，重慶街道不寬，約如本港皇后道，但人煙無如此之多，市民樸實，市招亦多係上海名目，走到一巷口麵攤坐下。錢太太說：「這一家是重慶最有名的擔擔麵，你吃吃看，」我一吃，辣得我眼淚掉下來，我只好慢慢吃，始覺味道卻是甚好，名下無虛。再走回行，我對錢太太說：「你這件陰丹士林布袍，在上海何嘗著過，現在能吃辣貨，能跑路，真是換了一個人了！」錢太太說：「到一時說一時話，現住在歌樂山上，各事不得不自己來，弄慣了倒也無所謂了。」到行後，她坐汽車回歌樂山而去。晚間在行晚飯，錢董事長王儒堂（正廷）湯筱齋等數人，王儒堂酒量甚宏，錢董事長興致亦好，我只得勉力奉陪，吃得酩酊大醉，談至深夜始散。錢董事長平時即宿在行內四樓，我亦宿此，這一大廈，樓下二層，歸重慶分行辦公，餘則另作別用，杜月笙先生之辦公室即在此，徐柏園亦住四樓，伊本係天津分行經理，現在係四聯總處副秘書長，與我相見，握談良久，尚殷殷問唐壽老之起居也。

本行人事，已有變動，由趙棣華先生（江蘇財政廳長）任總經理，湯筱齋任副總經理，兼渝行經理，李道南外放為上海分行經理，徐景薇為昆明分行經理，鄒安眾為漢口分行經理。關於台灣開行之事，原係中央、中國、中國農民及我行四個國家銀行，一致進行，我乃偕同三行之人，隨時到財政部接洽。詎知台灣行政長官陳儀竟然來電擋駕，其意以為台灣現有台灣銀行，發行鈔票，正夠流通，信用甚好，如四行來台，鈔票亂發，必將台灣市面搞亂云云。以一行省拒用國幣，此種跋扈之地方官，口出狂言，形同割據，財政部居然忍受，即囑四行暫緩，部長係孔庸之，真可謂名副其實也。

台灣之事既暫時不談，我趁暇到化龍橋本行總管理處宿舍小住，總管理處各部處均在此辦公，趙棣華總經理每天必到。每星六錢董事長回歌樂山住宅，路過化龍橋，即接我同去，盤桓兩晚，至星一再一同進城。歌樂山風景絕佳，居民稀少，抗戰中，各要人始來住家於此，簡便小洋房，衛生設備齊全。鄰舍多是熟人，金城銀行總經理戴自牧兄亦住此，其酒量之大，實可驚人，其府上所做四川泡菜，風味雋美。故每週末及星期，歌樂山絕不寂寞。但是我去之時，戰事已停，居民陸續離山東歸，有少數房屋，人去樓空，屋內裝飾及浴缸等，當初費事運來，現在只好委之而去，算是贈與鄉民而已。金城銀行自與上海總行音信斷絕後，在重慶即用獨立之形式，另組董事會，由錢三爺為董事長，戴自牧為總經理。勝利之後，獨立取銷，仍改為分行矣。

其時各機關已紛紛忙於東歸，一般下江人士回鄉之心更切。交通銀行總管理處自不例外，先由趙經理率一部分人，乘機飛滬布置，餘者覓船尋車，束裝待發，無如交通工具有限，何能普及大眾，逐次挨班，徒喚奈何。粵人趙士養先生，佛學深入三昧，有時能預言休咎，本行之人多與為友，此時爭請其看光，問何日可以成行？有一文書員從其身旁走過，並未請問，趙忽指其明日即可動身。此人並未忙走，次日果有其戚在財政部者，臨時不能啟行，特將機票送來相讓，此人果如趙言而飛去。又一日，大家爭問行期先後，惟浦心雅坐在一旁不响，趙忽指浦說：「你日內就要走了，恭喜你，有好機會」。眾以為浦將外放何處分行經理，詎浦聞言，出了一身冷汗而去。原來新任上海市長錢大鈞，已密保浦為上海市財政局長，一俟圈定，即須動身，此事無人知曉，惟浦自己心中有數。果然，次日發表，一如趙言，浦即飛滬去上任矣。

政局方面，重慶此時，國內政治改革之呼聲甚高，各黨各派，紛紛活動，要求國民黨開放政權，尤其國共之間，未能談好，乃設「政治協商委員會」。國共兩黨及其他各黨均派有代表之外，再有「無黨無派」，邀請社會知名人士為代表，共同參加會商。國民黨代表有孫科、王世杰、邵力子、吳鐵城等，共產黨有周恩來、董必武等，民社黨有張君勱、蔣勻田等，青年黨有曾琦、李璜、左舜生等，民主人士有黃炎培、羅隆基、沈鈞需、梁漱溟等，無黨無派則有錢新之、郭沫若、王雲五、胡霖等。開會幾次後，漸有齟齬，唇槍舌戰，愈爭愈厲。錢新老本其一貫的誠懇態度，拉攏調解，而並無用，每次會後，新老回來，均現辛勞之色。及至返上海之後，國共情形更為緊張，美國馬歇爾將軍仍在熱心國共和談，政協第三方面諸公（即國共以外各代表），更欲苦心挽救。錢新老每亦僕僕寧滬，寢食不安，南京交通銀行常為其接待各代表會談之所。每次雖不能成議，然苟未絕望，尚不惜以病軀供奔走之役。錢新老總算以其一貫之勤懇公正，博得各方之好感而已。

上海適有函催，錢董事長不得不啟程返滬。臨行囑我在渝留守，將其私章交下，以便代行處理公私各務。我乃回到打銅街四樓，在渝行調來二人為助，上午辦公，代我繕寫收發，下午陪我出外視察八年抗戰遺迹。見到發電廠、化工廠、兵工廠許多設在山洞之內仍在開工製造鎗彈，彷彿不知外間已無戰事。又有大防空洞可以辦公，不由得驚嘆我國抗戰精神之偉大。直至次年春，往成都、陝西等處視察各分行業務之後，始行東歸。

十四、風雲變色同人又作港遊

我既抵滬回行交差，又到三馬路外灘本行舊址，八年未到，面目依然，海關鐘聲，音響仍舊，窗外江浪，不盡東流，而前後局面，大不相同。錢趙二公，異常忙碌，在外開會，回行會客，我遂整日不能離行。至於上海一般情形，混亂擾攘，大不如勝利初期之欣欣向榮。漢奸案件，層出不窮，敵產官司，隨處會有。許多熟人好友，不問青紅皂白，鋃鐺入獄，所謂「有條（金）有理，無法（幣）無天」，勝利佳果，已成苦果。

錢新老此時與各輪船公司聯合，組織成立「復興輪船公司」。事緣錢新老本係中興輪船公司董事長（總經理為程餘齋），在抗戰中，政府命令集合船隻，沉堵要塞，以防堵日本海軍之衝過。既經勝利，各輪船公司環請政府賠償，由錢新之、杜月笙、楊管北、董浩雲諸公為代表，向政府力陳其要，終獲定議。由各航商組織一輪船公司，定名復興，向美國賒購船隻若干，船價緩付由我政府擔保。須知戰後向各國買不到船，今以我政府之力始得美國之同意。當時張岳軍任行政院長。錢杜楊等以公誼私交，懇商種種細節，方得成功。至於公司股額，照沉船多少各家分攤，其有不願續營航業者，則出讓其股權，由錢新老創導投資補足。公司成立，杜楊諸公以盤根錯節，錢新老煞費苦心，乃公推為董事長，楊、董及黃鎮東等為常務董事，聘請留德工程家譚伯英為總經理，程餘齋、李志一、鍾山道為副總經理。今者此公司已發揚光大，各國設有分公司，新船日增，業務蓬勃。最近股東會改選，楊管北兄當選董事長，錢氏哲嗣廷玉兄當選常務董事，公司咸慶得人，錢新老天上有知，當亦為之含笑引慰也。

民國三十八年，國共和談不成，戰事爆發，由北而南，各銀行機關又作遷港打算，本行錢趙二公，先行飛港，命我留守，會同各部處成立行務委員會以觀時變。不多日，解放軍抵滬，第二日，即由冀朝鼎（山西人，留美學生，中央銀行專員）帶同一位軍官，到中交兩行談話，略謂：「現在等於公司老闆換人，請各位安心，仍舊為人民服務。」其帶來之衛兵，見桌上紙煙，即說你們用的是美帝之貨。過了幾天，有一位張某來做經理，北方口音，先叫各部分之人，分別成立檢討會，互相檢討以往功過，天天開會，互相爭辯。又有年輕行員及滬行之行員，組織一起，將行中庫房加封。有一天，到我秘書室，對我未廢禮貌，說我平常公正，一無架子，請我放心，不會受到批評，然後即將公文櫥櫃加封而去。後來年老之人，都甚擔心害怕，我想我亦年紀老邁，應該退休，乃向行告退，入住醫院休養，次年，乃同王燧生兄一同倉卒來港。

抵港之後，氣象又自不同，本行各處分行經理，已多集中來港，並多隨趙總經理赴台灣設行。錢董事長住在新寧道，仍舊好客。我來時周作老先一日返滬，係其金城銀行總經理徐國懋來勸而一同回去。曹潤老（汝霖）舉家在港，因其子在日經商，亦於日前赴東京。吳達老（鼎昌）罷官在港，適在錢家會見，神氣蕭索，與以前之氣派大不相同，談話頗多感慨，蓋其事業銀行報館（大公報）俱付東流，毋怪其然。三天後，達老又來告，將入醫院施手術，聞其曾到各友處如同辭行，人感詫異，詎入院開了刀，竟然仙去。又聞其來港後，有人問起發行金圓券事，你以老金融家在朝，何以熟視無睹，達老無辭以對，心中鬱抑，此或其病源之一。錢新老頗為傷感，此時意境本亦不好，經此一來，萬念皆灰，遂將交通銀行及復興輪船公司之董事長，一律辭去，終日在家一杯在手，最盼有酒友前去。

粵人趙士養兄亦已在港，常來錢家，以其預言多驗，咸呼為趙神仙。彼曾在九龍飛機場，對徐柏園兄說：你將來總要做部長的，其時柏園方有財次之呼聲也。有一晚又在錢家陪新老暢飲，趙兄係學密宗，故不禁酒，有史詠賡兄在座，錢太太請趙神仙代史先生看看幾時生子？趙說：「無啊」，後另對人云：「史先生有病不會有子」，可謂奇驗。趙兄家住澳門，時來時往。有一年，在陰曆七月初，趙兄忽自澳來信與我云：「杜月笙先生七月生日將近，特代其修法念經，不料入定時，見杜先生有大災難，即在七月半以前，要十分當心，望轉告。」我隨即告知錢新老及楊管北兄，果然，杜先生病勢日重，延至十四日斷氣，一代聞人，回生無術，殯殮之日，弔者塞途，其時之萬國殯儀館，係在灣仔海旁一矮房子，我去弔時，見小客廳上，坐滿大人先生，許靜老、錢新老二位，眼圈紅腫，可見彼等故人情重也。

自杜先生逝世後，新之先生又少一老友，居常抑鬱，忽又聞趙棣華先生在美國病院開刀死去，及周作民在滬逝世之惡耗，感舊傷時，情懷益惡而疾常發，不良於行，終日長坐沙發中，一到晚間客來，則精神一振，把酒縱談。我常勸其多多行動，酒勿過量，故遇我在座，則先對我說：今天不多吃，只吃三個指（威士忌酒），其實飲至半酣，必強客人對飲，不暇問幾個指矣，故每飲必醉，醉後益憊。後因廷玉兄在台業務甚好，新老乃全家遷台。我在台北見其所住日式房屋，常在樓下起坐，潮濕氣重，我更勸其在家緩步徐行，切宜少飲。如逢吉慶或其大壽，親友總是帶酒來賀。記得于右任先生乃其老友，每次必到，早年在滬，二公詩酒遣懷，平章風月，勝利後大選，于右老被人擁出，陪孫科競選副總統，右老殊不在意，而新老在國大代表中力為遊說拉票，雖未得中，亦見故人之風義也。新老七十三歲辰，于右老曾有賀詩一首如左：

春暮游樂天，共飲滬西道，醉後推小車，各矜手臂好。
轉瞬三十年，時光催人老，翠柏參天立，精神自浩浩。

我離台返港，魚雁常通，知其又添胃病，實亦酒之害。延至民國四十七年，終於病逝台北中心診所，享年七十有四，身後遺金，僅得美金三千餘元。在金融界縱橫幾十年，手創事業，大小數十處，身後所遺，戔戔此數，值茲末世，亦可風已。在台喪葬，備極哀榮，于右老亦有輓聯曰：

儲淚酬知己
軫懷念老成

各方至好輓聯，多數提及其生前好酒，如許世英輓聯云：

晚歲益綢繆，尊酒餘溫公遽瞑，
故交漸寥落，神州可挽道彌孤。

舊王孫溥心畬輓聯云：

魯野麟傷，少微星落，
西州淚盡，北海尊空。

洪蘭友輓聯云：

淵深識度，經濟才猷，主計阜民財，繼志爭誇雛鳳美，
憂樂情懷，亂離歲月，餘生付盃酒，傷心未見九州同。

江一平輓聯云：

杯酒佐清談，深巷停車客布席，

明燈懷永夜，靈床鼓曲不成聲。

噩耗傳來，在港友好聞之，無不驚悼，首由吳蘊齋來與我商，乃徵得林康侯、陳光甫、王儒堂諸公發起，於同年七月二十日在跑馬地東蓮覺苑，追悼公祭，由王儒堂主祭，吳蘊齋報告生平，林康侯讀祭文，到者百餘人。我追念未能強其戒酒，深為遺憾。謹具輓聯如左：

律己以嚴，矩矱堪矜，卅餘年杖履追隨，緣生慎事深心，治安策動關大計。

厚我有加，蒭蕘多採，百千劫心情終始，獨恨就醫止酒，養生論未盡愚衷。

在香港舉行之錢新之先生追悼會會場一角

在香港舉行之錢新之先生追悼會會場一角

錢新之先生遺影

Do歷史28 PC0449

民初銀行大亨

原　　著／李北濤等
主　　編／蔡登山
責任編輯／鄭伊庭
圖文排版／陳彥廷、莊皓云
封面設計／楊廣榕

發 行 人／宋政坤
出　　版／獨立作家
地址：114 台北市內湖區瑞光路76巷65號1樓
電話：+886-2-2796-3638　傳真：+886-2-2796-1377
服務信箱：service@showwe.com.tw
http://www.bodbooks.com.tw
印　　製／秀威資訊科技股份有限公司
http://www.showwe.com.tw
展售門市／國家書店【松江門市】
地址：104 台北市中山區松江路209號1樓
電話：+886-2-2518-0207　傳真：+886-2-2518-0778
網路訂購／http://www.govbooks.com.tw
法律顧問／毛國樑　律師
總 經 銷／時報文化出版企業股份有限公司
地址：333桃園縣龜山鄉萬壽路2段351號
電話：+886-2-2306-6842

出版日期／2015年5月　BOD一版　定價／450元

獨立作家
Independent Author
寫自己的故事，唱自己的歌

民初銀行大亨 / 李北濤等原著 ; 蔡登山主編. -- 一版.
-- 臺北市 : 獨立作家, 2015.05
面 ;　公分
BOD版
ISBN 978-986-5729-61-5 (平裝)

1. 金融史 2. 銀行史 3. 民國史

561.092　　103027847

國家圖書館出版品預行編目

讀者回函卡

感謝您購買本書，為提升服務品質，請填妥以下資料，將讀者回函卡直接寄回或傳真本公司，收到您的寶貴意見後，我們會收藏記錄及檢討，謝謝！

如您需要了解本公司最新出版書目、購書優惠或企劃活動，歡迎您上網查詢或下載相關資料：http:// www.showwe.com.tw

您購買的書名：________________________________

出生日期：________年________月________日

學歷：□高中（含）以下　□大專　□研究所（含）以上

職業：□製造業　□金融業　□資訊業　□軍警　□傳播業　□自由業

□服務業　□公務員　□教職　□學生　□家管　□其它____

購書地點：□網路書店　□實體書店　□書展　□郵購　□贈閱　□其他

您從何得知本書的消息？

□網路書店　□實體書店　□網路搜尋　□電子報　□書訊　□雜誌

□傳播媒體　□親友推薦　□網站推薦　□部落格　□其他________

您對本書的評價：（請填代號　1.非常滿意　2.滿意　3.尚可　4.再改進）

封面設計____　版面編排____　內容____　文／譯筆____　價格____

讀完書後您覺得：

□很有收穫　□有收穫　□收穫不多　□沒收穫

對我們的建議：________________________________

____

____

____

請貼
郵票

11466
台北市內湖區瑞光路 76 巷 65 號 1 樓
獨立作家讀者服務部 收

(請沿線對折寄回,謝謝!)

姓　　名:＿＿＿＿＿＿＿＿　年齡:＿＿＿＿　性別:□女　□男

郵遞區號:□□□□□

地　　址:＿＿＿＿＿＿＿＿＿＿＿＿＿＿＿＿

聯絡電話:(日)＿＿＿＿＿＿＿＿（夜）＿＿＿＿＿＿＿＿

E-mail:＿＿＿＿＿＿＿＿＿＿＿＿＿＿＿＿